부동산
경매와 권리분석
완전정복

2023년 개정법률을 반영한
실전사례 103가지

개정
증보판

코아채권관리연구소 이충호 지음
정오경매학원 김유한 감수

PREFACE
실전사례 103가지로 파헤치는 **부동산 경매와 권리분석 완전정복**

그동안 코로나 및 오미크론으로 경제활동에 많은 제약이 따르고 있었지만 진정 기미를 보이면서 정상적인 경제활동이 가능하게 되어 무엇보다 기쁘다.
하지만 고물가, 고금리로 여전히 시장은 불안한 상황으로 전개되고 있어 심히 우려를 하지 않을 수 없다.
최근 주택시장에서 일부 임대인의 임차인에 대한 불안한 상황이 조성되면서, 임차인들의 임대보증금을 우선해서 배분하도록 국세징수법이 개정되었다.
2023년부터 확정일자 임차인은 경·공매의 배분절차에서 조세채권(당해세)보다 우선 배당을 하도록 세금 우선 변제 원칙에 예외를 두었다.
법적인 우선순위는 여전히 국세가 보유하지만 배분 우선순위는 전세금에 먼저 둔다는 것이다.
따라서 추가로 이에 대한 확정일자를 받은 임차인과 조세채권과의 사례, 조세채권과 가압류 경합 시 사례를 추가로 반영을 하였고, 또한 주택임대차보호법상의 소액보증금 범위가 변경 시행 예정에 있어서 이를 반영하였다.
경기가 좋지 않으면 경매시장에 많은 물건이 나온다. 따라서 경매에 관심을 갖는 분들이 많다.
본서는 경매에서 입찰자 입장과 채권자 입장에서 경매절차와 권리분석에 대하여 전반적인 내용을 다루었다.
따라서 경매를 처음으로 공부를 하시거나 공부는 어느 정도 했으나 권리분석에 자신감이 없으신 분, 또한 금융기관 및 기업에서 채권관리 담당자 및 자산을 관리하시는 분들은 분명히 많은 도움이 될 것이라 확신을 한다.

투자에 있어서 중요한 것은 투자금을 잃지 않는 것이다

부동산에 투자하는 방법에는 여러 가지가 있다. 가령 중개사를 통하여 취득한다든지, 청약을 통하여 분양을 받는다든지, 경매를 통하여 취득하는 방법이 있는데, 경매는 상대적으로 저렴하게 취득할 수 있는 장점이 있다.

PREFACE
실전사례 103가지로 파헤치는 **부동산 경매와 권리분석 완전정복**

경매는 시세에 비하여 낮은 가격으로 취득하는 것이 중요한데, 물건에 대한 분석이 필요하다. 하지만 권리분석을 잘못하여 추가 인수하여 할 금액이 있기라도 한다면 낭패를 볼 수 있다. 따라서 부동산 가치를 잘 판단하고 적정가격에 입찰하는 것이 무엇보다 중요하다. 투자에서 제일 중요한 것은 무엇보다도 투자금을 잃지 않는 것이다. 이는 수익을 내는 것보다 더 중요하다고 생각한다.

부동산 경매는 물건 선정에서부터 권리분석, 수익성 분석, 임장활동, 입찰가 산정, 입찰참여, 매수, 잔금, 배당, 명도, 수익실현 등으로 진행된다.

또한 이외에도 동시에 여러 가지를 검토하여야 한다. 경매물건에 대한 도로와 배수로, 용도, 지목, 위치, 공시지가, 거래시세, 지적도, 상승 추이, 향후 발전 추이 등도 함께 살펴보아야 한다.

경매에서 권리분석은 가장 중요하다

경매물건은 여러 가지 기준에 의해서 감정평가사들에 의하여 감정평가서가 작성되고 집행관들이 현황을 조사하러 나가서 임차, 점유, 기타 권리 등 현황조사보고서를 작성한다. 그리고 이해관계자들이 배당을 요구한 매각물건명세서가 작성되어 있다. 이러한 서류들을 보고, 분석할 수 있어야 한다.

이와 같이 경매를 하다 보면 검토하여야 할 내용들이 많다. 물건에 대한 검토와 분석을 하지 않고 입찰에 참여한다면, 남들이 시장 갈 때 따라가는 것과 다를 바 없다.

경매물건에 대하여 가장 먼저 검토하는 것이 권리분석을 하는 것이다. 첫째 부동산등기사항전부증명서를 통하여 말소기준권리를 찾는 것이고, 둘째 임차인에 대한 권리분석을 하는 것이고, 셋째 부동산등기사항전부증명서에 나타나지 않은 특수물건, 즉 유치권, 법정지상권, 선순위가등기 등을 분석하여야 한다. 따라서 부동산등기사항전부증명서를 발급받아 다양한 권리들을 갑구와 을구를 배당순위에 따라 나열한다. 그중에서 순위가 가장 앞선 것이 말소기준권리 또는 인수기준권리가 된다.

이렇게 말소기준권리 이후의 권리는 말소되어 낙찰자가 인수하지 않아도 되기 때문에 부담이 없다. 물론 무조건 말소되지는 않는 권리도 있다. 예를 들어 말소기준권리 이후

라도 건물에 대한 철거가처분, 토지인도가처분, 예고등기(2011. 10. 13. 폐지됨)는 말소가 되지 않고 인수를 하여야 하는 경우도 있다.

따라서 권리분석을 잘못하여 인수하지 않아도 된다고 검토를 하였는데, 인수를 해야 하는 상황이 발생되면 입찰보증금을 포기해야 하는 상황이 발생할 수 있기 때문에 권리분석을 잘 하여야 한다.

경매물권은 일반 매매의 부동산보다 개별성이 강하다. 즉 물건 하나하나가 위치, 규모, 용도, 가격 등이 다양하다.

이 때문에 권리분석이 복잡하고 물건이 하자가 있는 경우가 있다. 이 중에서도 다소 어렵다고 보는 분야가 법정지상권 성립 여부가 있는 물건, 토지별도등기가 있는 물건, 유치권 성립 여지가 있는 물건, 임차인이 많은 다가구주택, 임차권등기가 있는 물건, 선순위전세권이 있는 물건, 선순위가처분이 있는 물건, 선순위가등기가 있는 물건, 공유자우선매수청구권이 있는 물건, 토지인도 및 건물철거 가처분이 있는 물건, 토지 또는 건물만 매각된 물건, 입찰 외 또는 제시 외 물건 등이 있는 물건은 잘하면 큰 수익을 낼 수도 있지만 잘못하면 낭패를 볼 수도 있기 때문에 철저히 학습하고 권리분석을 잘 하여야 한다.

다양한 103개의 사례와 판례를 본서의 내용에 담다

본서는 경매를 공부하고자 하는 분들에게 체계적이고 종합적으로 권리분석에 대한 다양한 103개의 사례와 판례를 도표화하여 다루었기 때문에 입문자부터 고급 실무자에게 이르기까지 많은 도움이 될 것으로 보인다.

그동안 필자가 강의 및 컨설팅을 하면서 연구한 자료와 수많은 실무 경험을 통하여 집필한 노하우를 체계적으로 담고 있다.

또한 최신 법 개정을 최대한 반영하였다.

본서의 내용은 다음과 같다.

제1장에서는 부동산 경매와 권리분석의 첫걸음을 다루었다.

본장에서는 경매를 시작할 때 물건검색을 하는 방법, 임의경매와 강제경매의 차이점, 경매절차, 이해관계인이 누구인지를 이해를 할 것이다.

PREFACE

실전사례 103가지로 파헤치는 **부동산 경매와 권리분석 완전정복**

제2장에서는 각종 공적장부 체크 사항을 다루었다.
본장에서는 부동산등기사항전부증명서, 토지대장, 지적도, 임야도, 토지이용계획확인원, 건축물관리대장을 보고 무엇을 체크하여야 할지를 이해하게 된다.

제3장에서는 부동산 권리분석과 배당순위를 다루었다.
본장에서는 권리의 우선순위, 말소기준권리, 사례를 통한 권리분석의 지름길, 배당에 대한 이해를 할 것이다.

제4장에서는 부동산 물건에 대한 권리분석을 다루었다.
부동산등기사항전부증명서 상의 권리에는 채권과 물권의 다양한 권리가 존재한다. 등기사항에 나타난 권리자도 있지만 나타나지 않는 권리자들도 있다.
본장에서는 가압류, 가처분, 가등기, 지상권, 구분지상권, 법정지상권, 선순위전세권, 주택임대차, 임차권등기, 상가건물임대차. 유치권, 근저당, 환매등기, 대지권미등기, 토지별도등기, 미등기건물 등에 대한 다양한 사례를 통하여 구체적으로 이해를 하게 될 것이다.

제5장에서는 경매절차에서 구제방법을 활용하는 방안에 대하여 다루었다.
본장에서는 경매를 진행하다 보면 취하, 이의, 즉시항고, 불허가, 취소, 매각대금반환, 부당이득청구 등을 하여야 할 경우가 있는데, 이를 이해하게 될 것이다.

제6장에서는 경매에 있어서 주의하여야 할 사항을 다루었다.
경매절차를 진행하다 보면 부동산에 대한 권리분석 외 기타 사항에 대하여 이해를 하면 많은 도움이 된다.
따라서 본장에서는 세대합가, 대위변제, 임차권의 양도와 전대, 다가구주택과 다세대주택 및 연립주택의 권리분석, 재건축·재개발 아파트의 조합원 지위 승계, 입목과 명인방법, 분묘기지권, 불법건축물, 제시외 및 매각제외, 담보책임에 대한 하자, 경매절차에서 불허가 및 취소, 위법건축물, 종중재산, 학교법인, 사회복지법인, 의료법인, 전통사찰, 산업단지 내 산업용지 또는 공장 취득, 상계신청, 지분경매의 공유자매수청구권, 명도확인서, 인도명령과 명도소송 등을 이해하게 될 것이다.
이와 같이 부동산에 대한 경매절차, 권리분석 및 배당은 복잡한 내용을 담고 있어 결코

쉬운 일이 아니다. 따라서 반복적인 학습과 노력을 할 필요가 있다.
여러분의 학습에 보다 충분한 이해를 돕기 위하여 동영상을 제작하였다. 추가적으로 학습이 필요하신 분들은 코아채권관리연구소아카데미(www.coreraacademy.com)에서 유료로 시청을 하실 수 있다.

경매를 하면서 기본적으로 알아야 할 내용

경매를 하면서 권리분석을 잘 모르고 뛰어들었다가는 낭패를 보기 싶다. 가령 말소기준권리는 무엇인지, 인수주의는 무엇인지, 대항력은 무엇인지, 최우선변제액은 무엇인지, 확정일자는 무엇인지, 당해세는 무엇인지, 법정기일은 무엇인지, 선순위가등기는 무엇인지, 선순위가처분은 무엇인지, 선순위전세권은 무엇인지, 지분경매는 무엇인지, 대지권미등기는 무엇인지, 토지별도등기는 무엇인지 등을 모르고 하면 안 된다.
또한 수익성 분석을 하여야 하는데, 최소한 배당표를 작성하여 보아야 한다. 배당표를 작성하면 추가로 인수하여야 할 유치권, 선순위임차인, 선순위전세권 등 금액이 있는지를 체크 할 수 있다.
또한 낙찰을 받아 잔금을 납부하면 소유권을 취득하게 되는데, 여러 취소 사유에 의하여 소유권이전이 무효가 되는 경우가 있다. 이는 부동산등기사항전부증명서만이라도 보고 분석할 줄 알았다면 문제가 되지는 않았을 것이다.
이와 같이 각종 공적장부 및 권리에 대한 개념을 먼저 잘 이해하고 권리분석과 수익성 분석, 임장활동 등을 통하여 입찰 여부를 결정할 수 있을 것이다.
이러한 내용들에 대하여 잘 이해하고 철저히 분석하여 리스크 문제를 해결할 수 있다면 성공 투자자로 거듭날 것이다.
본 도서가 나오기까지 도움을 준 많은 분들과 마지원출판사 관계자분들께 감사의 마음을 전한다.
여러분들의 건투를 빈다.

저자 이충호

CONTENTS
실전사례 103가지로 파헤치는 부동산 경매와 권리분석 완전정복

PART 1　부동산 경매와 권리분석의 첫걸음

1. 자! 부동산 경매를 시작하자 ·· 19
2. 임의경매와 강제경매의 차이점을 알자 ································· 22
3. 경매절차를 숙지하라 ·· 34
4. 입찰할 물건을 선택하자 ··· 68
5. 이해관계인은 누구인가 ·· 70

PART 2　각종 공적장부 체크 사항

1. 부동산 등기사항증명서 체크 사항 ·· 75
2. 토지대장 체크 사항 ·· 81
3. 지적도, 임야도 체크 사항 ··· 84
4. 토지이용계획확인서 체크 사항 ··· 86
5. 건축물관리대장 체크 사항 ·· 89

PART 3　부동산 권리분석과 배당순위를 알아야 한다

1. 용어의 정의 ·· 95
2. 권리의 우선순위를 이해하자 ·· 97

3. 말소기준권리를 알자 ·· 100
사례 1 말소기준권리를 후순위 임차인이 대위변제 하는 경우 / 100

4. 사례를 통한 권리분석의 지름길 ·· 104
사례 2 선순위 임차인이 있는 경우 / 104
사례 3 소액 임차인은 최우선 변제를 받는다. / 105
사례 4 선순위 임차인의 보증금 이하로 낙찰된 경우 / 106
사례 5 확정일자가 말소기준권리보다 늦은 경우 / 107
사례 6 확정일자가 근저당권자보다 앞선 경우 / 108
사례 7 확정일자와 근저당권자가 동일한 날짜인 경우 / 109
사례 8 배당요구종기일 이후에 배당을 요구한 경우 / 110
사례 9 대항력 있는 임차인이 배당을 요구한 경우 / 112
사례 10 대항력 있는 임차인이 배당을 요구하지 않은 경우 / 113

5. 배당을 이해하자 ·· 114
사례 11 배당을 요구하지 않아도 배당받는 당연배당권자 / 117
사례 12 배당을 요구하여야 배당에 참여할 수 있는 자 / 118
사례 13 부동산등기사항증명서상에 등기된 권리자들에 대한 배당 / 119
사례 14 가압류 경합시 배당(안분배당) / 140
사례 15 근저당권 경합시 배당(순위 배당) / 142
사례 16 가압류권자와 근저당권자 경합시 배당(안분후 흡수배당) / 143
사례 17 가압류 경합시 배당(안분후 흡수배당) / 145
사례 18 공동담보 경매시 배당(동시 배당) / 147
사례 19 공동담보 경매시 배당(이시 배당) / 148
사례 20 공동저당에서 물상보증인 소유의 부동산이 경매된 경우 배당(이시배당) / 149
사례 21 순환 배당 / 152

CONTENTS

실전사례 103가지로 파헤치는 **부동산 경매와 권리분석 완전정복**

PART 4 　부동산 물건에 대한 권리분석

1. 가압류에 대한 권리분석 ·· 157
- 사례 22 가압류권자와 근저당권자 경합시 배당(안분 배당) / 159
- 사례 23 가압류권자와 근저당권자 경합시 배당(안분후 흡수배당) / 160
- 사례 24 가압류 → 근저당 → 가압류 → 근저당 경합시 배당 / 161
- 사례 25 甲의 가압류채권 확정판결에 의하여 강제경매가 진행되었다. 배당할 교부 금액은 5,000만 원이다. 甲, 乙, 丙, 丁이 배당받을 금액은 얼마인가? / 163
- 사례 26 가압류권자와 근저당권자 조세채권자 경합시 배당 / 164

2. 가처분에 대한 권리분석 ·· 167
- 사례 27 소유부동산에 대하여 소유권이전금지가처분 / 169
- 사례 28 근저당권 등 말소기준권리 이후에 소유권이전금지가처분 / 170
- 사례 29 가처분이후 근저당권 등 말소기준권리가 있는 경우 / 171
- 사례 30 재산을 은닉한 경우 소유권이전등기말소가처분 ① / 172
- 사례 31 재산을 은닉한 경우 소유권이전등기말소가처분 ② / 173
- 사례 32 가압류 이후 소유권을 말소하는 가처분 / 174
- 사례 33 근저당권설정등기 이행청구권가처분 / 175

3. 가등기에 대한 권리분석 ·· 176
- 사례 34 근저당권 이후 가등기 / 177
- 사례 35 가등기이후 근저당권 설정 / 178
- 사례 36 선순위 가등기후 말소기준권리인 경우 / 180
- 사례 37 선순위가 말소기준권리이고 후순위가 가등기인 경우 / 181
- 사례 38 가등기와 임차인이 있는 경우 / 182

4. 지상권에 대한 권리분석 ·· 184

　　사례 39 선순위 근저당권이 설정되고 후순위 지상권이 설정된 경우 / 189
　　사례 40 선순위 지상권과 후순위 근저당권자가 동일인 경우 / 190
　　사례 41 선순위 지상권과 후순위 근저당권자가 다른 경우 / 191

5. 구분지상권에 대한 권리분석 ·· 192

6. 법정지상권에 대한 권리분석 ·· 194
　　사례 42 법정지상권이 성립하는 경우 / 200
　　사례 43 법정지상권이 성립하지 않는 경우 / 202
　　사례 44 토지에 근저당권 설정후 건물을 신축한 경우 / 204
　　사례 45 토지와 건물에 공동근저당을 설정하였으나 건물을 멸실후 신축한 경우 / 205
　　사례 46 건물은 있었으나 토지에만 근저당을 설정한 경우 / 208
　　사례 47 토지를 임대차계약하여 임차인이 신축한 경우 / 209
　　사례 48 공동저당후 구건물을 철거하고 신축한 경우 / 212
　　사례 49 건물의 재축시 법정지상권이 성립하는가 ? / 213

7. 전세권에 대한 권리분석 ·· 215
　　사례 50 전세권이 말소기준권리에 해당되는 경우 / 218
　　사례 51 전세권이 말소기준권리에 해당되지 않는 경우 / 219
　　사례 52 선순위 전세권자가 경매신청 후 배당을 요구한 경우 / 220
　　사례 53 다른 채권자가 경매시 선순위 전세권자가 배당을 요구하지 않은 경우 / 221
　　사례 54 전세권자와 후순위 임차인이 동일인 경우 / 222
　　사례 55 선순위 임차인과 전세권자가 동일인 경우 / 223
　　사례 56 단독주택의 건물 전부전세권자가 있는 경우 / 224
　　사례 57 단독주택의 건물 일부전세권자가 있는 경우 / 225
　　사례 58 선순위 전세권자가 2개인 경우 / 226
　　사례 59 선순위 전세권자가 있는 경우 / 227
　　사례 60 선순위 임차인이 후순위 전세권을 갖고 있는 경우 / 228
　　사례 61 전세권과 임차권의 비교 사례 / 229
　　사례 62 선순위 전세권과 후순위 전세권 있는 경우 / 230

CONTENTS

실전사례 103가지로 파헤치는 **부동산 경매와 권리분석 완전정복**

8. 주택임대차에 대한 권리분석 ·········· 232

- 사례 63 임차인이 없는 경우 / 233
- 사례 64 말소기준권리 이후에 임차인이 있는 경우(소액임차인이 아님) / 234
- 사례 65 말소기준권리 이후에 임차인이 있는 경우 / 234
- 사례 66 말소기준권리 이전에 임차인이 있는 경우 / 235
- 사례 67 대항력 있으나 확정일자는 근저당보다 늦게 한 경우 / 236
- 사례 68 근저당보다 전입과 확정일자를 늦게 한 경우 / 237
- 사례 69 확정일자, 근저당, 전입의 순서인 경우 / 238
- 사례 70 전입, 확정일자, 근저당의 설정일이 같은 경우 / 239
- 사례 71 확정일자, 조세채권(당해세), 근저당권의 순서인 경우 / 241
- 사례 72 최우선변제를 받을 수 없으나 확정일자 있는 경우 배당 / 243
- 사례 73 최우선변제도 받을 수 없고 확정일자도 없는 경우 배당 / 247
- 사례 74 최우선변제를 받을 수 있으나 확정일자가 없는 경우 배당 / 249
- 사례 75 최우선변제를 받을 수 있고 확정일자도 있는 경우 배당 / 251
- 사례 76 선순위가압류, 임차인, 근저당, 확정일자의 경우 / 253
- 사례 77 임차인이 여러 명인 다가구 건물인 경우 / 254
- 사례 78 대항력 있는 임차인이 낙찰 받는 경우 / 256
- 사례 79 대항력 없는 임차인이 낙찰 받는 경우 / 257
- 사례 80 임차인이 배당요구종기일 이후에 배당을 한 경우 / 258
- 사례 81 임차인이 경매신청한 경우 / 259

9. 임차권등기에 대한 권리분석 ·········· 260

- 사례 82 임차권등기가 근저당권자보다 후순위인 경우 / 263
- 사례 83 임차권등기가 근저당권자보다 후순위이지만 대항력을 먼저 갖춘 경우 / 264

10. 상가건물임대차에 대한 권리분석 ·········· 267

- 사례 84 2002년 11월 1일 이전에 근저당이 설정되었을 경우 / 271
- 사례 85 2002년 11월 1일 이후에 근저당이 설정되었을 경우 / 272

11. 유치권에 대한 권리분석 ·· 274
- 사례 86 유치권행사에 대한 인정여부 / 283
- 사례 87 건물 신축공사와 관련하여 대지에 대한 유치권 성립 여부 / 286

12. 근저당권에 대한 권리분석 ·· 288
- 사례 88 근저당권 경합시 배당(순위 배당) / 290
- 사례 89 가압류권자와 근저당권자 경합 시 배당(안분 후 흡수배당) / 291
- 사례 90 담보물권인 근저당권자에 대한 배당 / 293
- 사례 91 담보물권인 담보가등기권자에 대한 배당 / 294
- 사례 92 시효완성된 채무를 피담보채무로 하는 근저당권 실행 / 296
- 사례 93 후순위 근저당권자 경매 신청시 피담보채권 확정시기 / 298
- 사례 94 담보건물 멸실 후 건물을 신축한 경우, 낙찰자는 소유권을 취득할 수 있는지? / 300

13. 환매등기에 대한 권리분석 ·· 302
- 사례 95 환매등기 인수에 따른 손익 / 303

14. 대지권미등기에 대한 권리분석 ·· 304
- 사례 96 구분소유권매도청구권 행사 / 305

15. 토지별도등기에 대한 권리분석 ·· 309
- 사례 97 토지별도등기 / 313
- 사례 98 토지별도등기(구건물 철거후 신축) / 314

16. 건축허가는 있는데, 미등기건물에 대한 권리분석 ······························ 315
- 사례 99 미등기주택이 있는 토지를 낙찰받은 경우의 대응 / 317
- 사례 100 미등기주택 소액임차인의 대지 매각대금에 대한 우선변제권 행사 / 318

CONTENTS
실전사례 103가지로 파헤치는 **부동산 경매와 권리분석 완전정복**

PART 5 경매절차에서 구제방법을 확인하라

1. 매각허가결정 확정일 전의 구제 방법 ·· 323
2. 매각허가결정 확정일 이후 매각대금납부 전 구제방법 ················ 326
3. 매각대금납부 이후 배당기일 이전 구제방법 ······························ 327
4. 배당기일 이후 구제 방법 ··· 328

PART 6 경매에 있어서 주의하여야 할 사항

1. 세대합가는 꼼꼼히 확인한다 ··· 331
   사례 101 세대합가 / 332
2. 대위변제 있는 물건은 가급적 피한다 ·· 334
   사례 102 대위변제 / 335
3. 임차권의 양도와 전대가 있는지 면밀히 체크한다 ······················ 338
4. 다가구주택과 다세대주택 및 연립주택의 권리분석 ···················· 340
5. 재건축·재개발 아파트의 조합원 지위 승계 ······························· 344
6. 입목과 명인방법에는 차이가 있다 ··· 346
7. 분묘기지권에도 지료를 청구할 수 있다 ···································· 349
8. 위법건축물은 가급적 피하는 게 좋다 ·· 351

9. 제시외 및 매각제외가 있는 경우 ·· 353
10. 담보책임에 대한 하자는 꼼꼼히 확인하라 ································ 356
11. 경매절차에서 불허가 및 취소 될 수 있는 경우 ······················ 359
   사례 103 경매절차에서 매각물건명세서가 하자인 경우 / 365
12. 종중재산은 조심해야 한다 ··· 367
13. 학교법인, 사회복지법인, 의료법인, 종교법인은 특히 주의해야 한다 ·· 369
14. 산업단지 내 산업용지 또는 공장 취득 ······································ 373
15. 경매절차에서 상계신청은 가능하다 ·· 374
16. 지분경매의 공유자매수청구권 행사는 가능하다 ······················ 377
17. 물건을 낙찰받았는데, 경매취하 또는 취소, 정지가 될 수 있다 ········ 379
18. 임차인은 배당금 수령 시 명도확인서와 인감증명서가 있어야 한다 ·· 384
19. 건물을 비워주지 않으면 부동산인도명령과 명도소송을 하라 ······· 386
20. 가장임차인이 있는 경우 형사고소를 하라 ································ 389
21. 경매를 통하여 수익률 계산하는 방법을 알자 ·························· 392
22. 경매와 공매가 동시에 진행되는 경우 잔금 납부를
    우선하는 자가 소유자가 된다 ··· 394

실전사례 103가지로 파헤치는 **부동산 경매와 권리분석 완전정복**

부동산 경매와 권리분석의 첫걸음

PART 1

1. 자! 부동산 경매를 시작하자.
2. 임의경매와 강제경매의 차이점을 알자.
3. 경매절차를 숙지하라.
4. 입찰할 물건을 선택하자.
5. 이해관계인은 누구인가.

1. 자! 부동산 경매를 시작하자

부동산 경매를 시작할 때는 우선 권리분석을 할 줄 알아야 한다. 권리분석을 하기 위해서는 경매 대상물건에 대하여 검색을 한 후, 이를 바탕으로 다양한 분석을 한다.
권리분석은 크게 3단계로 나누어 진행한다.
첫째는 부동산등기사항증명서를 기준으로 분석을 하고,
둘째는 임차인에 대한 분석을 하고,
마지막으로 등기상에 나타나지 않은 유치권, 법정지상권 등 특수물건에 대한 분석을 한다.

1) 경매대상 물건을 검색한다.
① 대법원 사이트(www.courtauction.go.kr)를 검색하여 활용한다.
② 신문의 광고란에 있는 정보를 활용한다.
③ 사설 경매정보지 및 법원 민사과의 정보를 활용한다.
④ 경매정보 사이트(지지옥션, 옥션원(구. 굿옥션), 스피드옥션, 탱크옥션 등)를 활용한다.

경매사이트는 유료와 무료(대법원, 네이버 경매, 디에스디옥션, Dooin, 윈스옥션, 경매마당) 사이트가 있다. 처음 경매를 할 때에는 무료사이트를 이용하다가 점점 실력이 붙고, 많은 물건을 검색하기 위해서는 유료사이트를 활용하는 방법이 좋을 것이다.
이들 사이트에 대한 장점은 많은 정보와 권리분석이 되어 있다는 점이다.
다만, 사설 경매정보지나 사이트를 통하여 믿고 분석을 하였는데, 잘못되었을 경우 본인의 책임이 있기 때문에 이들 사이트를 통하여 참고는 하되, 반드시 별도의 확인이 수반되어야 할 것이다.

또한 법원을 방문하면 감정평가보고서, 현황조사보고서, 매각물건명세서가 비치되어 있는데, 이를 통하여 확인할 수도 있다. 또한 경매사이트를 통하여도 확인할 수 있다. 다만 감정평가보고서와 현황조사보고서는 매각기일 2주 전에, 매각물건명세서는 1주 전에 공개를 한다.

2) 부동산 경매 참여 시 아래 내용을 확인하여야 한다.

① 말소기준권리를 확인한다.

대법원 사이트에 있는 등기소를 통하여 부동산등기사항증명서를 확인한다. 권리분석시 가장 먼저 부동산등기사항증명서를 보고 말소기준권리, 즉 압류, 가압류, 근저당, 저당, 경매개시결정, 담보가등기, 전부전세권 등이 있는지 먼저 확인하는 것이다.

② 임차인의 전입일자, 보증금액, 확정일자, 배당요구사항 등을 확인한다.

전국 주민행정센터에서 전입세대 열람을 한다.

이해관계인은 전입세대를 열람할 수 있다. 임차인이 있는 경우는 대항력이 있는지, 낙찰자가 인수를 하여야 하는지 여부를 판단하여야 한다.

또한 법원의 매각물건명세서를 통하여 임차인의 보증금액, 확정일자, 배당요구사항을 확인한다.

③ 특수물건에 해당하는지를 체크한다.

선순위임차인, 선순위가등기, 유치권, 법정지상권, 지분경매인지 등을 확인한다.

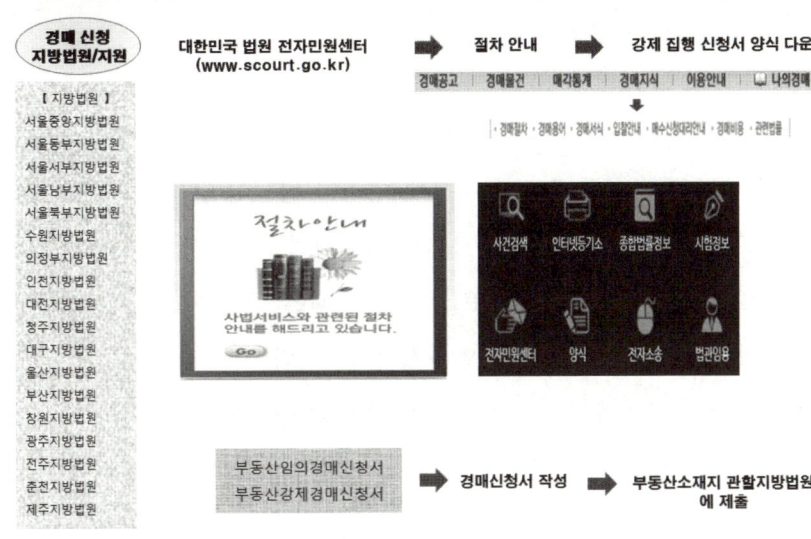

PART 1. 부동산 경매와 권리분석의 첫걸음

2. 임의경매와 강제경매의 차이점을 알자

부동산 경매란 채무자 소유의 부동산에 대하여 법원이 압류·현금화하여 그 매각대금으로 배당을 통하여 채권자의 금전채권의 만족을 얻기 위하여 행하는 것으로 강제집행절차이다. 개인 또는 기업 등 채권·채무가 발생한 경우 법원이 정한 절차에 따라 진행되므로 민사집행사건이다.

민사집행법에서 규정하고 있는 부동산에 대한 집행방법은 크게 경매와 강제관리로 구분하여 볼 수 있다. 부동산 경매에는 강제경매와 임의경매(담보권실행 등을 위한 경매)가 있다.

임의경매는 다시 실질적 경매와 형식적 경매가 있다. 실질적 경매는 전세권, 권리질권, 근저당권, 담보가등기 등 권리자가 진행하는 것이고, 형식적 경매는 유치권, 공유물분할에 의한 경매, 청산절차에서의 경매를 말한다.

1) 강제경매

부동산에 대한 강제경매는 채권자의 신청에 의하여 개시되고(민사집행법 제78조 제1항), 강제경매신청서에는 다음의 사항을 기재해야 한다(민사집행법 제80조).
① 채권자·채무자와 법원의 표시
② 부동산의 표시
③ 경매의 이유가 된 일정한 채권과 집행할 수 있는 일정한 집행권원

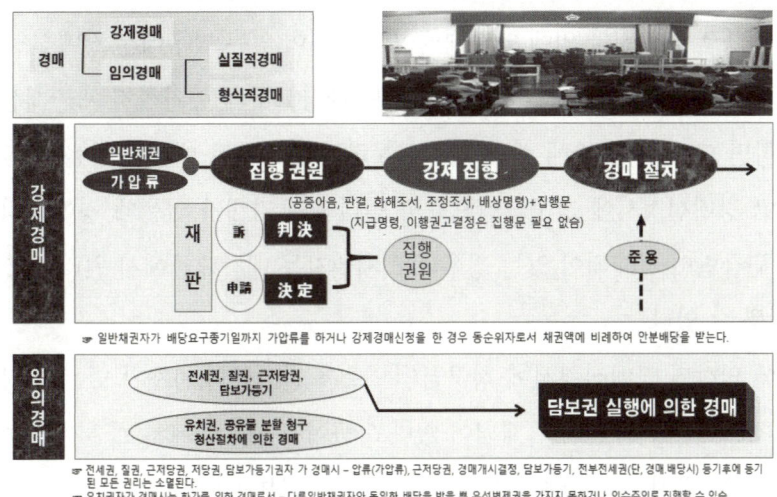

강제경매란 채무자소유의 부동산을 압류·현금화하고 그 매각대금을 가지고 채권자의 금전채권의 만족을 얻는 것을 목적으로 하는 강제집행절차이다.

강제경매는 집행권원을 필요로 한다. 집행권원이 없으면 강제경매를 할 수 없다. 강제경매신청서에는 집행력 있는 정본이 있어야 한다. 집행권원에는 어음공증, 확정된 지급명령결정문, 판결문, 이행권고결정문, 민사조정조서, 인낙조서, 가집행선고부판결문, 검사의 배상명령 등이 있다.

강제경매에 있어서 채권의 일부청구를 한 경우 경매개시 결정 후에는 청구금액의 확장이 허용되지 않는다.

그러나 매각절차 개시 후 청구금액의 확장은 배당요구의 효력이 있다. 경매개시결정 후 청구금액을 확장해 잔액을 청구하면 민사집행법 제88조에 의한 배당요구의 효력이 있으므로, 강제경매의 경우 채권의 일부 청구금액으로 경매신청을 한 후 나머지 채권에 대해 배당요구의 종기까지 배당요구를 하면 된다.

즉 채권의 일부는 압류채권, 즉 경매신청채권으로, 일부는 배당요구채권으로 구분되어 모두 배당을 받게 된다.

또한 집행권원에 원금 외에 이자채권이 포함되어 있는 경우에는 경매신청 시에 이자채권에 관해 표시가 없었다 하더라도 배당요구의 종기까지 채권계산서에 기재하면 그 부분에 관해 배당요구의 효력이 있으므로 배당을 받을 수 있다.

그리고 경매신청서에 청구금액으로서 원리금의 기재가 있는데 경매개시결정에는 원금만이 기재되어 있는 경우라도 채권자는 매각대금에서 원리금의 변제를 받을 수 있다.

판례에 의하면 경매신청서에 청구금액으로서 원리금의 기재가 있는데 경매개시 결정서에는 원금만이 기재되어 있다고 하여서 매득금에서 채권자가 변제받을 수 있는 금액이 원금에 한정된다고 할 수는 없다(대판 68마378).

강제경매신청을 기각하거나 각하하는 재판에 대하여는 즉시항고를 할 수 있다(민사집행법 제83조 5항).

부동산강제경매신청서

채 권 자 ㅇㅇㅇ(주민등록번호)
　　　　　ㅇㅇ시 ㅇㅇ구 ㅇㅇ길 ㅇㅇ(우편번호)
　　　　　전화·휴대폰번호 :
　　　　　팩스번호, 전자우편(e-mail)주소 :
채 무 자 ◇◇◇(주민등록번호)
　　　　　ㅇㅇ시 ㅇㅇ구 ㅇㅇ길 ㅇㅇ(우편번호)
　　　　　전화·휴대폰번호 :
　　　　　팩스번호, 전자우편(e-mail)주소 :

청 구 금 액

금 ○○○원 및 이에 대한 20○○. ○. ○.부터 다 갚는 날까지 연 ○○%의 비율에 의한 이자 및 지연손해금

집행권원의 표시

채권자의 채무자에 대한 ○○지방법원 20○○. ○. ○. 선고 20○○가단○○○ 손해배상(자)청구사건의 집행력 있는 판결정본

경매할 부동산의 표시

별지목록 기재와 같음.

신 청 취 지

1. 채권자의 채무자에 대한 위 청구금액의 변제에 충당하기 위하여 별지목록 기재 부동산에 대한 강제경매절차를 개시한다.
2. 채권자를 위하여 별지목록 기재 부동산을 압류한다.

라는 재판을 구합니다.

신 청 이 유

1. 채권자는 채무자에 대하여 위 집행권원의 집행력 있는 판결정본에 의한 금 ○○○원 및 이에 대한 이에 대한 20○○. ○. ○.부터 다 갚는 날까지 연 ○○%의 비율에 의한 이자 및 지연손해금채권을 가지고 있습니다.
2. 그런데 채무자는 위 채무를 지금까지 이행하지 않고 있습니다.

3. 따라서 채권자는 위 채권의 변제에 충당하기 위하여 채무자소유의 별지목록 기재 부동산에 대하여 강제경매를 신청합니다.

첨 부 서 류

1. 집행력 있는 판결정본	1통
1. 판결정본송달증명원	1통
1. 부동산등기사항전부증명서	1통
1. 건축물대장등본	1통
1. 토지대장등본	1통
1. 주민등록표등본(채권자의 것)	1통
1. 등록면허세세, 지방교육세영수필확인서, 영수필통지서	각 1통
1. 집행비용예납서	1통
1. 이해관계인목록	2통
1. 부동산목록	30통
1. 송달료납부서	1통

20○○. ○. ○.

위 채권자 ○○○ (서명 또는 날인)

○○지방법원 귀중

[별지]

경매할 부동산의 표시

1. ○○시 ○○구 ○○로 ○○○-○○ 대 200m^2
2. 위 지상건물
   시멘트벽돌조 슬래브지붕 소매점 및 2층 단독주택
   1층 주택 100m^2
   2층 주택 100m^2. 끝.

[별지]

이해관계인의 표시

1. 1번근저당권자 ○○은행
   ○○시 ○○구 ○○길 ○○(우편번호)
   대표자 은행장 ○○○(소관 ○○지점)
   전화·휴대폰번호 :
   팩스번호, 전자우편(e-mail)주소 :
2. 2번근저당권자 ○○○
   ○○시 ○○구 ○○길 ○○(우편번호)
   전화·휴대폰번호 :
   팩스번호, 전자우편(e-mail)주소 :
3. 3번근저당권자 ○○○
   ○○시 ○○구 ○○길 ○○(우편번호)
   전화·휴대폰번호 :
   팩스번호, 전자우편(e-mail)주소 :

경매신청서는 경매할 부동산이 있는 곳의 지방법원(민사집행법 제79조 제1항, 제268조)에 신청한다.

부동산목록표는 30통을 제출한다.

- 인지액 : 5,000원(민사접수서류에 붙일 인지액)
- 송달료 : (이해관계인 수 + 3)×000원(우편료)×10회분
- 등록면허세 및 지방교육세 : 채권금액의 1,000분의 2에 해당하는 등록면허세(지방세법 제28조 제1항 제1호 라목 1) 및 등록면허세액의 100분의 20에 해당하는 지방교육세(지방세법 제151조 제1항 제2호)를 납부한다.
- 감정료, 신문공고료, 부동산현황조사료, 매각수수료를 예납하여야 한다.

2) 임의 경매(담보권실행에 의한 경매)

담보권실행을 위한 임의경매는 그 실행에 집행권원을 필요로 하지 않는다.

담보권실행을 위하여 하는 임의경매는 강제경매에 준용하여 진행하되 경매를 진행하기 전에 전세권(일부 전세권 제외), 유치권, 질권, 근저당권, 담보가등기 등 권리가 있으면 실행이 가능하다.

담보권실행을 위한 경매는 강제경매와 달리 공신력이 인정되지 않는다. 왜냐하면 담보권실행을 위하여 하는 경매는 담보권자의 담보권에 기한 경매의 실행을 국가기관이 대행하는 것이기 때문이다. 따라서 그 근본이 되는 담보권에 이상이 있으면 매각허가결정의 효력에 영향을 미치게 된다.

즉, 담보권실행을 위하여 하는 경매는 실체상의 하자가 있으면 경매개시결정을 할 수 없으며 또한 매각불허가사유에 해당된다. 만약 이를 간과하여 매수인이 매각대금을 완납하고 소유권이전등기를 마쳤다 하더라도 매수인은 소유권을 취득하지 못한다.

그러나 담보권실행을 위하여 하는 경매라고 하더라도 실체상 존재하는 근저당

권에 의하여 경매개시결정이 있었다면 공신력이 인정된다. 즉, 그 후 근저당권이 소멸되었거나 변제 등에 의하여 피담보채권이 소멸되었더라도 경매개시결정에 대한 이의 또는 매각허가결정에 대한 항고에 의하여 매각절차가 진행된 결과 매각허가결정이 확정되고, 잔금을 완납하였다면 매각대상 부동산의 소유권을 취득한다.

근저당권을 설정한 근저당권자가 계약기일 이전에 담보권실행을 위하여 하는 경매신청을 하였을지라도 진행된 경매가 취소되거나 무효가 되지 않는다. 이 경우에는 채무자나 소유자는 이의신청 등의 방법으로 경매절차진행을 저지하는 방법을 하여야 한다.

아무런 대책을 강구하지 않고 가만히 지켜만 보고 있으면 경매는 진행된다. 이렇게 된 경우 모든 경매절차가 끝나면 채무자 또는 담보제공자는 소유권을 잃게 된다.

근저당권설정행위가 사해행위로 인정되어 근저당권계약이 취소되는 경우에도 매각절차가 진행되어 낙찰자가 잔금을 완납하였다면 소유권을 취득한다. 낙찰자가 낙찰되어 잔금을 납부하였는데, 소유권을 취득하지 못하였다면 매수인은 어떻게 하여야 할까?

이러한 경우는 다음과 같은 행위를 할 수 있다.

첫째, 경매절차가 유효한 경우라면 담보책임을 추급할 수 있다.

둘째, 경매절차가 무효인 경우에는 배당을 받기 전이라면 법원에 반환을 청구할 수 있다.

셋째, 만약 배당을 받은 이후라면 배당받은 상대방에게 부당이득반환청구소송을 통하여 반환을 받을 수 있다.

임의경매 신청권자는 청구금액의 확장은 금지된다.

판례를 보면, 신청채권자가 경매신청서에 피담보채권의 일부만을 청구금액으로 하여 경매를 신청하였을 경우에는, 다른 특별한 사정이 없는 한 신청채권자의 청구금액은 그 기재된 채권액을 한도로 확정되고, 그 후 신청채권자가 채권계산서에 청구금액을 확장하여 제출하는 등의 방법에 의하여 청구금액을 확장할 수 없다 함은 대법원의 확립된 견해이다(대판 92다50270, 95다22788, 96다39479, 98다46938).

또한 신청채권자가 경매신청서에 피담보채권의 일부만을 청구금액으로 하여 경매를 신청하였을 경우에는 다른 특별한 사정이 없는 한 신청채권자의 청구금액은 그 기재된 채권액을 한도로 확정되고 그 후 신청채권자가 채권계산서에 청구금액을 확장하여 제출하는 등 방법에 의하여 청구금액을 확장할 수 없으나, 이러한 법리는 신청채권자가 경매신청서에 경매청구채권으로 이자 등 부대채권을 표시한 경우에는 나중에 채권계산서에 의하여 부대채권을 증액하는 방법으로 청구금액을 확장하는 것까지 금지하는 취지는 아니라고 할 것이다(대판 99다11526).

단, 신청채권자의 청구금액은 그 기재된 채권액을 한도로 확정되고 그 후 신청채권자가 채권계산서에 청구금액을 확장하여 제출하는 등 방법에 의하여 청구금액을 확장할 수 없으나, 이중경매신청 또는 집행력 있는 정본으로 배당요구를 한 경우에 배당을 받을 수 있다.

부동산담보권실행을 위한 경매신청서

채 권 자   ○○○(주민등록번호)
　　　　　○○시 ○○구 ○○길 ○○(우편번호)
　　　　　전화·휴대폰번호 :
　　　　　팩스번호, 전자우편(e-mail)주소 :

채무자 겸 소유자 ◇◇◇(주민등록번호)
주소 ○○시 ○○구 ○○길 ○○(우편번호)
등기부상 주소 ○○시 ○○구 ○○길 ○○○
전화·휴대폰번호 :
팩스번호, 전자우편(e-mail)주소 :

청 구 금 액

원금 ○○○원 및 이에 대한 20○○. ○. ○.부터 다 갚는 날까지 연 ○○%의 비율에 의한 이자 및 지연손해금

경매할 부동산의 표시

별지목록 기재와 같음

신 청 취 지

채권자의 채무자에 대한 위 청구금액의 변제에 충당하기 위하여 별지목록 기재 부동산에 대한 담보권실행을 위한 경매절차를 개시하고 채권자를 위하여 이를 압류한다.
라는 재판을 구합니다.

신 청 이 유

1. 담보권의 표시
   채권자는 채무자에게 아래 표시와 같이 돈을 대여하고 ○○지방법원 20○○. ○. ○. 접수 제○○○호 저당권(또는 근저당권)등기를 마쳤습니다.
2. 피담보채권의 표시
   채권자는 채무자에게 20○○. ○. ○. 금 ○○○원을, 변제기 20○○. ○○. ○○. 이자는 연 ○○%로 정하여 대여하였습니다.

3. 변제기경과 및 이행지체

   채권자는 위 채권의 변제기가 지나 채무자에게 위 채권의 변제를 여러 차례에 걸쳐 독촉하였는데도, 채무자는 지금까지 위 채권을 갚지 않고 있습니다.

4. 따라서 채권자는 위 담보권의 실행을 위하여 별지목록 기재 부동산에 대한 경매개시를 신청합니다.

첨 부 서 류

1. 금전소비대차약정서(차용증서)	1통
1. 근저당권등기권리증(근저당권설정계약서)	1통
1. 최고서	1통
1. 부동산등기사항증명서(토지, 건물)	각 1통
1. 건축물대장등본	1통
1. 토지대장등본	각 1통
1. 주민등록표등본(채무자 겸 소유자의 것)	1통
1. 등록면허세, 지방교육세영수필확인서, 영수필통지서	각 1통
1. 집행비용예납서	1통
1. 이해관계인목록	2통
1. 부동산목록	30통
1. 송달료납부서	1통

20○○. ○. ○.

위 채권자　○○○ (서명 또는 날인)

○○지방법원　귀중

[별지]

경매할 부동산의 표시

1. ○○시 ○○구 ○○로 ○○○-○○ 대 200m^2
2. 위 지상건물
   시멘트벽돌조 슬래브지붕 소매점 및 2층 단독주택
   1층 주택 100m^2
   2층 주택 100m^2. 끝.

[별지]

이해관계인의 표시

1. 1번 근저당권자   ○○은행
                        ○○시 ○○구 ○○길 ○○(우편번호)
                        대표자 은행장 ○○○(소관 ○○지점)
                        전화 · 휴대폰번호 :
                        팩스번호, 전자우편(e-mail)주소 :
2. 2번 근저당권자   ○○○
                        ○○시 ○○구 ○○길 ○○(우편번호)
                        전화 · 휴대폰번호 :
                        팩스번호, 전자우편(e-mail)주소 :
3. 3번 근저당권자   ○○○
                        ○○시 ○○구 ○○길 ○○(우편번호)
                        전화 · 휴대폰번호 :
                        팩스번호, 전자우편(e-mail)주소 :

3. 경매절차를 숙지하라

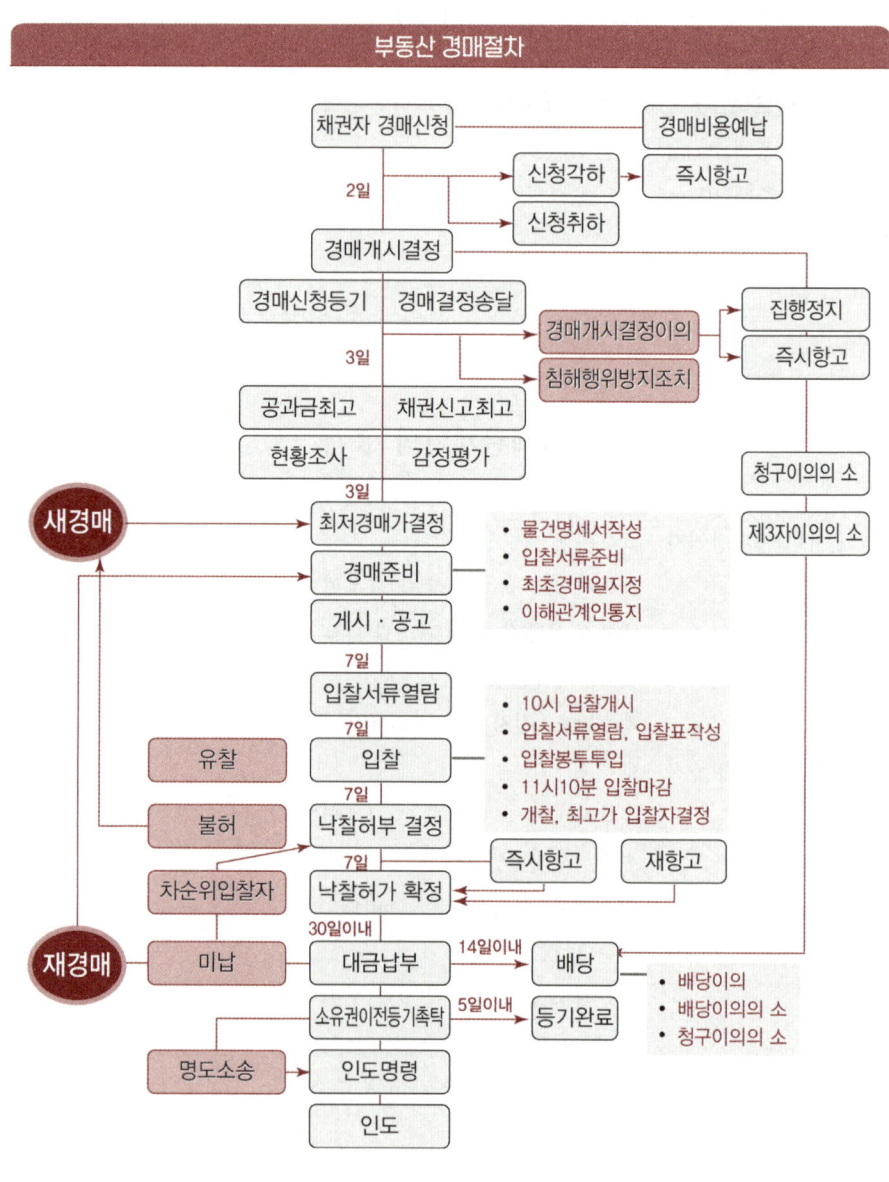

일정별 부동산 경매 세부 절차

단계	절차	기간	세부 안내	비 고
1	경매신청	당일	• 경매신청서 작성(강제/임의) • 경매비용 예납	• 청구금액의 1~2% 납부
2	경매개시결정	2일	• 경매신청등기 촉탁(기입등기) • 경매개시결정 채무자에게 정본 송달 • 경매개시 결정에 대한 이의 신청	• 압류 효력 발생 • 개시결정일로부터 3일이내 • 이의신청 (즉시항고) • 집행정지신청
3	배당요구종기 결정	7일	• 첫 매각기일이전으로 정함	• 개시결정일로부터 2~3개월
4	매각 준비	3일	• 부동산 현황조사 • 부동산평가 및 최저매각가격 결정 • 매각물건명세서의 작성, 비치 • 공과를 주관하는 공무소에 대한 최고 • 이해관계인에 대한 채권신고의 최고	• 개시결정일로부터 3일이내(조사기간은 2주 이내)
5	매각방법 등의 지정 공고 통지	3일	• 매각기일 및 매각결정기일의 지정 • 매각기일의 공고 • 매각기일의 통지	• 기일입찰 or 기간입찰 지정
6	매각의 실시	매각 기일	• 최고가매수신고인 결정 • 차순위 매수신고	• 유찰시 새매각 • 공유자매수신청 • 탈락자 보증금 반환
7	매각결정 절차	7일	• 매각허가 여부의 결정 • 매각허부에 대한 즉시 항고	• 불허가 신청 • 이해관계인 즉시 항고 • 상계신청

단계	절차	기간	세부 안내	비고
8	매각결정 확정	7일	• 진정한 매수인	• 매각취소 • 이의/재항고
9	매각대금의 납부	1개월 이내	• 지급기한 안에 언제든지 납부	• 소유권 취득 • 매매계약해제 • 경매대금반환청구
10	소유권이전 등기 등의 촉탁	2일	• 등록세납부일로부터 2일 이내 • 소유권 이전 등기	• 주민등록등본, 등록세영수필통지서와 영수필확인서, 국민주택채권매입필증 등 제출
11	부동산 인도명령		• 매각대금 완납 후 6개월 이내	• 집행관
12	배당절차	대금납부 후 2주일내	• 배당표 작성과 확정	• 미배당금 공탁 • 배당이의 신청 • 배당이의의 소
13	종료			• 매매계약해제 • 부당이득반환청구
14	명도소송		• 매각대금 완납 후 6개월 후	• 인도 못받았을 경우

▸ 경매신청에서 종료까지 기간은 통상적으로 6개월 이상 소요되며, 이의신청이나 송달여부, 기타절차 등에서 사건별로 다르다.

1) 경매신청

경매신청의 당사자는 채권자와 채무자이다. 당사자가 미성년자, 피성년후견인인 경우에는 법정대리인을 표시하여야 한다.

경매의 목적물은 당연히 부동산등기사항전부증명서의 기재와 일치하여야 한다. 그런데 경매 목적물이 미등기부동산일 경우에는 법원이 직권으로 소유권보존등기를 하고 경매개시결정등기를 한다.

채무자가 상속을 받았으나 아직 상속등기를 하지 않은 경우에는 대위에 의한 상속등기를 먼저 한 후에 경매신청을 할 수 있다.

또한 사용승인이 되지 않은 건축물이 있는 토지를 낙찰받은 경우는 대위등기를 신청하여 지료청구에 대한 이행판결을 받아 강제경매를 진행할 수 있다.

경매의 신청은 반드시 서면으로 하여야 한다. 일정한 양식(대법원 양식을 다운받아 활용)으로 신청하면 된다. 경매신청을 관할 집행법원에 신청하면 법원에서는 사건번호를 부여하고 담당법관에게 배당을 한다.

경매를 신청하려면 경매신청자는 법원보관금취급규칙이 정하는 바에 따라 경매비용을 예납하여야 한다. 예납비용은 감정료, 현황조사수수료, 송달료, 신문 등의 공고료, 경매수수료 등이다.

부동산 경매의 관할 법원은 부동산소재지 관할 법원이고 지방법원과 지원에서 진행한다.

채권자의 경매신청이 있으면 법원은 경매개시결정을 하여 해당 부동산을 압류하고, 관할 등기소에 경매개시결정의 기입등기를 촉탁하여 등기관으로 하여금 등기부에 기입등기를 하도록 하고 있으며, 경매개시결정에 대하여 채무자에게 송달한다.

판례에 의하면 부동산에 대한 강제경매신청서에 청구금액으로서 원리금의 기재가 있는데 경매개시 결정서에는 원금만이 기재되어 있다고 하여서 매득금에서 채권자가 변제받을 수 있는 금액이 원금에 한정된다고 할 수는 없다(대판 자

68마378).

즉 이자에 대한 배당을 받을 수가 있다.

강제집행에 있어서 채권자가 채무자에 대하여 가지는 집행채권의 범위는 집행권원(구, 채무명의)에 표시된 바에 의하여 정하여지므로, 집행권원 즉, 집행력 있는 공정증서정본상 차용원금채권 및 이에 대한 그 변제기까지의 이자 이외에 변제기 이후 다 갚을 때까지의 지연손해금채권에 대하여는 아무런 표시가 되어 있지 않은 한 그 지연손해금채권에 대하여는 강제집행을 청구할 수 없다(대판 자94마542).

담보권실행을 위한 임의 경매절차에서 신청채권자가 경매신청서에 피담보채권의 일부만을 청구금액으로 하여 경매를 신청하였을 경우에는 다른 특별한 사정이 없는 한 신청채권자의 청구금액은 그 기재된 채권액을 한도로 확정되고, 그 후 신청채권자가 채권계산서에 청구금을 확장하여 제출하는 등 방법에 의하여 청구금액을 확장할 수 없으나, 이러한 법리는 신청채권자가 경매신청서에 경매청구채권으로 이자 등 부대채권을 표시한 경우, 나중에 채권계산서에 의하여 부대채권을 증액하는 방법으로 청구금액을 확장하는 것까지 금지하는 취지는 아니라고 할 것이다(대판 99다11526).

경매신청서에 청구금액을 '원금 ○○원 및 이에 대한 연체이자(지연이자)'라고 표시한 것도 배당기일까지의 이자를 청구한 것으로 본다.

경매신청서에 이자의 기재가 없는 경우 후에 채권계산서를 제출하면서 이자를 청구할 수 없다.

2) 경매개시결정

경매개시 등기가 이루어지면 압류의 효력이 발생한다. 압류의 효력은 경매절차를 개시하는 결정에는 동시에 그 부동산의 압류를 명하여야 한다. 압류는 채무자에게 그 결정이 송달된 때 또는 등기가 된 때에 효력이 생긴다.

[집합건물] 울산광역시 중구 서동 5- 신라맨션 재비동 제5층 제515호

순위번호	등 기 목 적	접 수	등 기 원 인	권리자 및 기타사항
			843)	(채권관리부)
7	강제경매개시결정	2018년9월4일 제124370호	2018년9월4일 울산지방법원의 강제경매개시결정(2018타경105707)	채권자 폭스바겐파이낸셜서비스코리아 주식회사 110111-4385856 서울 강남구 영동대로 731 (청담동, 신영빌딩)
8	가압류	2018년10월18일 제142431호	2018년10월18일 서울중앙지방법원의 가압류 결정(2018카단42731)	청구금액 금 ,598,037 원 채권자 주식회사 한국씨티은행 110111-0303539 서울 중구 청계천로 24 (다동)
9	7번강제경매개시결정등기말소	2019년1월15일 제6399호	2019년1월15일 취하	
10	가압류	2019년1월28일 제12513호	2019년1월28일 창원지방법원 마산지원의 가압류 결정(2019카단67)	청구금액 금 ,845,524 원 채권자 주식회사 경남은행 194211-0226226 창원시 마산회원구 3.15대로 642 (석전동)
11	임의경매개시결정	2019년2월1일 제15675호	2019년2월1일 울산지방법원의 임의경매개시결정(201 타경3)	채권자 주식회사 경남은행 194211-0226226 창원시 마산회원구 3·15대로 642 (석전동) (여신관리부)

강제경매신청을 기각하거나 각하하는 재판에 대하여는 즉시항고를 할 수 있다(민사집행법 제83조 제1항~제5항).

채권자가 경매신청을 하면 법원에서는 요건이 구비되었는지 판단한다. 요건이 만족되었다고 판단되면 통상적으로 경매신청서가 접수되고 2일 이내에 경매개시결정을 한다.

경매신청에 의하여 집행법원이 경매개시를 하였을 경우, 직권으로 그 사유를 등기사항증명서에 기입할 것을 등기관에게 촉탁하며, 이 촉탁에 의하여 경매신청 기입등기가 이루어진다.

채권자의 경매신청을 접수한 관할 경매법원은 경매신청서의 내용과 첨부서류에 의하여 경매집행의 일반요건과 필요한 요건 등을 심사한 결과 신청이 적합하면 강제(임의)경매개시결정을 하고 만일, 요건에 흠결이 있고 그 하자가 보

정될 수 없는 경우는 결정으로 경매신청 각하를 한다.

경매신청을 기각하거나 각하하는 재판에 대하여는 즉시 항고할 수 있다. 경매개시결정 등본은 채무자에게 송달된다.

만일 채무자가 채무를 변제한 경우 채권자가 경매를 취하하여야 하나, 이를 간과하고 강제경매가 진행되는 경우가 있는데, 이 경우에 채무자는 청구이의의 소를 제기할 수 있다.

만일 청구이의 소송 중에 이미 집행이 완료되었다면, 이 경우는 부당이득반환이나 불법행위로 인한 손해배상을 청구하여야 한다.

이해관계인은 매각대금이 모두 지급될 때까지 법원에 경매개시결정에 대한 이의신청을 할 수 있다(민사집행법 제86조 제1항). 관할 법원은 경매개시결정을 한 법원에서 한다(민사집행법 제3조).

경매개시결정은 당사자에게 송달이 되어야 한다. 원칙적으로 송달이 없으면 경매를 실시하지 못한다. 그러나 제3자가 제공한 담보물에 대한 경매에 있어서의 채무자에 대하여는 송달 없이 경매절차를 진행하여도 매각의 효력에 아무런 영향이 없다.

3) 배당요구의 종기 결정 및 공고

경매개시결정에 따른 압류의 효력은 채무자에게 그 결정이 송달되거나 개시결정 기입등기가 된 때에 발생하는데, 집행법원은 그 효력이 생긴 때부터 1주 안에 채권자들이 배당요구를 할 수 있는 종기를 결정한다.

배당요구의 종기는 첫 매각기일 이전의 날짜로 결정된다(민사집행법 제84조 제1항). 배당요구의 종기가 정하여지면 법원은 즉시 경매개시결정을 한 취지 및 배당요구의 종기를 2월 이상 3월 범위 내에서 공고한다.

만일, 배당요구를 하지 아니한 경우는 선순위채권자라도 경매절차에서 배당을 받을 수 없게 될 뿐만 아니라 자기보다 후순위 채권자로서 배당을 받은 자를 상대로 부당이득반환청구를 하여 배당액에 해당하는 금액을 돌려받을 수도 없다. 따라서 배당요구의 종기까지 반드시 배당요구를 하여야 할 채권자는 다음과 같다.

① 집행력 있는 정본을 가진 채권자
② 우선변제청구권이 있는 채권자
③ 첫 경매개시결정등기 후에 가압류한 채권자
④ 국세 등의 교부청구권자 국세 등 조세채권 이외에 보험료 기타 징수금의 청구권을 갖는 자
⑤ 배당요구 없이도 배당받을 수 있는 채권자
⑥ 담보권자, 임차권등기권자, 압류등기권자
  단, 첫 경매개시결정등기 전에 등기된 우선변제권자(압류, 가압류, 근저당권, 임차등기권, 후순위전세권, 2중경매신청권) 등은 당연히 배당받을 자로서 배당요구가 필요하지 않으나 이자 등을 추가 배당 받으려면 채권계산서를 신고하여야 한다.

법원은 특별히 필요하다고 인정하는 경우에는 배당요구의 종기를 연기할 수 있다(민사집행법 제84조 제6항). 배당요구의 종기를 연기한 때에는 법원은 다시 이를 공고하여야 한다.

4) 매각의 준비

경매개시결정이 등기되고 채무자에 대한 경매개시결정이 송달되면, 부동산에 대한 현황조사를 명하며 감정인에게 부동산의 평가를 명하여 최저매각가격결정을 위한 준비를 하게 된다.

법원은 경매개시결정을 한 뒤에 바로 집행관에게 부동산의 현상, 점유관계, 차임 또는 보증금의 액수, 그 밖의 현황에 관하여 조사하도록 명하여야 한다(민사집행법 제85조 제1항).

(1) 현황조사

현황조사는 집행관이 하게 되는데 조사를 하기 위하여 부동산을 출입을 할 수 있다. 현황조사는 부동산의 현상, 점유관계 및 임대차관계, 그 밖의 현황에 대하여 조사를 한다.

집행관은 건물에 출입하기 위하여 필요한 때에는 잠긴 문을 여는 등 적절한 처분을 할 수 있다(민사집행법 제82조 제2항). 현황조사보고서는 매각 2주 전에 감정평가보고서와 함께 법원에 비치한다.

(2) 부동산감정평가

부동산을 평가한 감정인은 감정평가서를 집행법원에 제출하여야 한다. 감정평가서의 내용에는 사건의 표시, 부동산의 표시, 부동산의 평가액과 평가일, 부동산이 있는 곳의 환경을 포함한다.

평가의 목적이 토지인 경우에는 지적, 법령에서 정한 규제 또는 제한의 유무와 그 내용 및 공시지가, 그 밖에 평가에 참고가 된 사항을 첨부 제출한다.

평가의 목적이 건물인 경우에는 그 종류·구조·평면적, 그 밖에 추정되는 잔존 내구연수 등 평가에 참고가 된 사항, 평가액 산출의 과정, 그 밖에 법원이 명한 사항(민사집행법 제51조 제1항)을 제출한다. 평가서에는 부동산의 모습과 그 주변의 환경을 알 수 있는 도면·사진 등을 붙여야 한다(민사집행법 제51조 제2항).

감정평가서가 제출되면 감정평가액을 참작하여 최저매각가격을 정하고 경매신청서, 등기필증(등기필 정보)과 함께 송부된 등기사항전부증명서, 배당요구서, 채권신고서 등을 조사하여 남을 가망성이 있는지를 조사한다. 남을 가망성이 없으면 취소 절차를 밟고, 그렇지 않으면 매각기일과 매각결정기일을 지정·공고·통지하고 매각물건명세서를 작성·비치하여 매각절차로 나아간다.

부동산 감정평가서

(부동산)감정평가표

Page : 1

이 감정평가서는 감정평가에 관한 법규를 준수하고 감정평가이론에 따라 성실하고 공정하게 작성하였기에 서명날인합니다.

감 정 평 가 사 (인)

감정평가액	오억일천육백만원정(₩516,000,000.-)			
의 뢰 인	서울동부지방법원 사법보좌관	감정평가목적	법원경매	
채 무 자	-	제 출 처	서울동부지방법원 경매4계	
소 유 자 (대상업체명)	외 4명 (2020타경)	기 준 가 치	시장가치	
		감정평가 조 건	-	
목 록 표시근거	귀 제시목록 등	기 준 시 점	조 사 기 간	작 성 일
		2020.09.14	2020.09.11 ~ 2020.09.14	2020.09.14

감정평가내용	공부(公簿)(의뢰)		사 정		감 정 평 가 액	
	종 류	면적(㎡) 또는 수량	종 류	면적(㎡) 또는 수량	단 가	금 액
	구분건물	3개호	구분건물	3개호	-	516,000,000
	이		하	여	백	
	합 계					₩516,000,000

감정평가액의 산출근거 및 결정의견

" 별 지 참 조 "

부동산감정평가서는 매각 2주전에 현황조사보고서와 함께 법원에 비치한다.

(3) 매각물건명세서 작성

법원은 매각물건명세서를 작성하여 매수 희망자들에게 필요한 정보를 제공할 수 있도록 현황조사보고서(매각 2주 전 비치), 부동산감정평가서(매각 2주 전 비치)와 함께 매각 1주 전에 법원에 비치하여야 한다. 다만, 법원은 상당하다고 인정하는 때에는 매각물건명세서·현황조사보고서 및 평가서의 기재 내용을 전자통신매체로 공시함으로써 그 사본의 비치에 갈음할 수 있다(민사집행법 제105조 제2항, 민사집행규칙 제55조).

매각물건명세서의 내용에는 부동산의 표시, 부동산의 점유자와 점유의 권원, 점유할 수 있는 기간, 차임 또는 보증금에 관한 관계인의 진술, 등기된 부동산에 대한 권리 또는 가처분으로서 매각으로 효력을 잃지 아니하는 것, 매각에 따라 설정된 것으로 보게 되는 지상권의 개요, 법원은 매각물건명세서·현황조사보고서 및 평가서의 사본을 법원에 비치하여 누구든지 볼 수 있도록 하여야 한다(민사집행법 제105조 제1항~제2항).

(4) 남을 가망이 없을 경우의 경매 취소

법원은 최저매각가격으로 압류채권자의 채권에 우선하는 부동산의 모든 부담과 절차비용을 변제하면 남을 것이 없겠다고 인정한 때에는, 압류채권자에게 이를 통지하여야 한다(민사집행법 제102조 제1항).

압류채권자가 남을 것이 없다고 통지를 받은 날부터 1주 이내에 압류채권자에게 경매 부동산의 모든 부담과 절차비용을 변제하고 남을 만한 가격을 정하여, 그 가격에 맞는 매수신고가 없을 때에는 자기가 그 가격으로 매수하겠다고 신청하면서 충분한 보증을 제공하지 아니하면, 법원은 경매절차를 취소하여야 한다(민사집행법 제102조 제2항). 취소 결정에 대하여는 즉시항고를 할 수 있다(민사집행법 제102조 제3항).

매각물건명세서

매각물건명세서

사건	2021타경 부동산강제경매	매각물건번호	1	작성일자	2022.05.02	담임법관(사법보좌관)	
부동산 및 감정평가액 최저매각가격의 표시	별지기재와 같음	최선순위 설정		2020. 7. 20.가압류		배당요구종기	2021.06.08

부동산의 점유자와 점유의 권원, 점유할 수 있는 기간, 차임 또는 보증금에 관한 관계인의 진술 및 임차인이 있는 경우 배당요구 여부와 그 일자, 전입신고일자 또는 사업자등록신청일자와 확정일자의 유무와 그 일자

점유자 성명	점유 부분	정보출처 구분	점유의 권원	임대차기간 (점유기간)	보증금	차임	전입신고일자, 사업자등록 신청일자	확정일자	배당요구여부 (배당요구일자)
	건물전부	등기사항 전부증명서	주거 임차인		190,000,000		2020.05.28.	2020.05.28.	
미상	현황조사		주거 임차인	미상	미상	미상	2020.05.28	미상	

〈비고〉
정현우:임차권자가 경매신청채권자임.

※ 최선순위 설정일자보다 대항요건을 먼저 갖춘 주택·상가건물 임차인의 임차보증금은 매수인에게 인수되는 경우가 발생 할 수 있고, 대항력과 우선변제권이 있는 주택·상가건물 임차인이 배당요구를 하였으나 보증금 전액에 관하여 배당을 받지 아니한 경우에는 배당받지 못한 잔액이 매수인에게 인수되게 됨을 주의하시기 바랍니다.

등기된 부동산에 관한 권리 또는 가처분으로 매각으로 그 효력이 소멸되지 아니하는 것

매각에 따라 설정된 것으로 보는 지상권의 개요

비고란

주1 : 매각목적물에서 제외되는 미등기건물 등이 있을 경우에는 그 취지를 명확히 기재한다.
 2 : 매각으로 소멸되는 가등기담보권, 가압류, 전세권의 등기일자가 최선순위 저당권등기일자보다 빠른 경우에는 그 등기일자를 기재한다.

5) 매각·매각결정기일의 지정·공고 통지

(1) 매각기일과 매각결정기일의 공고

위 절차가 끝나면 법원은 매각 및 매각결정기일을 지정하여 이를 공고한다. 매각 실시 14일 이전에 공고한다(① 법원게시판 ② 관보·공보, 신문 ③ 전자통신 매체 중 선택).

법원은 최저매각가격으로 부담과 비용을 변제하고도 남을 것이 있다고 인정하거나, 압류채권자가 충분한 보증을 제공한 때에는 직권으로 매각기일과 매각결정기일을 정하여 대법원규칙이 정하는 방법으로 공고한다(민사집행법 제104조 제1항).

판례에 의하면 매각결정기일은 매각기일부터 1주 이내로 정하여야 한다(민사집행법 제109조 제1항). 다만 이는 훈시규정에 불과하므로 집행법원이 경매기일로부터 7일을 경과한 일자로 경락기일을 지정하였다 할지라도, 그 경락기일을 부적법한 것이라고 할 수 없다(대판 84마 454).

매각기일을 정한 후 위법이 있는 경우 매각기일을 변경할 수 있다.

(2) 매각기일과 매각결정기일의 통지

법원은 매각기일과 매각결정기일을 이해관계인에게 통지하여야 한다(민사집행법 제104조 제2항). 통지는 집행기록에 표시된 이해관계인의 주소에 대법원규칙이 정하는 등기우편 방법으로 발송할 수 있다(민사집행법 제104조 제3항, 민사집행규칙 제9조).

판례에 의하면 부동산임의경매에 있어 이해관계인에 대한 경매기일의 통지를 집행기록에 표시된 이해관계인의 주소에 등기우편으로 발송할 수 있도록 되어 있는바, 위에서 말하는 이해관계인의 주소는 집행기록에 의하여 알 수 있는 주소 중 최근의 주소여야 할 것이다(대판 93마549).

통지방법은 부동산임의경매에 있어 이해관계인에 대한 경매기일의 통지를 집행기록에 표시된 이해관계인의 주소에 등기우편으로 발송하여 할 수 있도록 되어 있는바, 이는 그 통지를 발송한 때에 송달된 것으로 본다(대판 94마1107).

6) 매각의 실시

(1) 매각조건

① 법정매각조건

매각조건이란 법원이 경매부동산을 매각하여 매수인에게 그 소유권을 이전시켜 주는 조건을 말한다. 매각조건은 법정매각조건과 특별매각조건으로 구분된다.

법정매각조건은 다음과 같다.

법원은 감정인에게 부동산을 평가하게 하고 그 평가액을 참작하여 최저매각가격을 정하여야 한다(민사집행법 제97조 제1항).

허가할 매수가격의 신고가 없이 매각기일이 최종적으로 마감된 때에는 법원은 최저매각가격을 상당히 낮추고 새 매각기일을 정하여야 한다. 그 기일에 허가할 매수가격의 신고가 없는 때에도 또한 같다(민사집행법 제119조).

매각부동산 위의 모든 저당권은 매각으로 소멸된다. 지상권·지역권·전세권 및 등기된 임차권은 저당권·압류채권·가압류채권에 대항할 수 없는 경우에는 매각으로 소멸된다. 지상권·지역권·전세권 및 등기된 임차권은 매수인이 인수한다. 다만, 그중 전세권의 경우에는 전세권자가 제88조에 따라 배당요구를 하면 매각으로 소멸된다. 매수인은 유치권자에게 그 유치권으로 담보하는 채권을 변제할 책임이 있다(민사집행법 제97조 제2항~제5항).

법원은 최저매각가격으로 압류채권자의 채권에 우선하는 부동산의 모든 부담과 절차비용을 변제하면 남을 것이 없겠다고 인정한 때에는 압류채권자에게 이를 통지하여야 한다(민사집행법 제102조 제1항).

매수신청인은 대법원규칙이 정하는 바에 따라 집행법원이 정하는 금액과 방법에 맞는 보증을 집행관에게 제공하여야 한다(민사집행법 제113조).

② 분할매각(개별매각)과 일괄매각

여러 개의 부동산을 매각하는 경우에 각 부동산별로 매각하는 것을 분할매각이라 하고, 여러 개의 부동산 전부에 대하여 매각하는 것을 일괄매각이라고 한다. 분할매각을 원칙으로 한다.

법원은 여러 개의 부동산의 위치·형태·이용관계 등을 고려하였을 때, 이를 일괄매수하게 하는 것이 알맞다고 인정하는 경우라면, 직권으로 또는 이해관계인의 신청에 따라 일괄매각하도록 결정할 수 있다(민사집행법 제98조 제1항). 법원은 부동산을 매각할 경우, 그 위치·형태·이용관계 등을 고려하여 다른 종류의 재산(금전채권은 제외)을 그 부동산과 함께 일괄매수하게 하는 것이 알맞다고 인정하는 때에는 직권으로 또는 이해관계인의 신청에 따라 일괄매각하도록 결정할 수 있다(민사집행법 제98조 제2항).

일괄매각은 그 목적물에 대한 매각기일 이전까지 할 수 있다(민사집행법 제98조 제3항). 법원은 각각 경매 신청된 여러 개의 재산 또는 다른 법원이나 집행관에 계속된 경매사건의 목적물에 대하여 일괄매각결정을 할 수 있다(민사집행법 제99조 제1항).

다른 법원이나 집행관에 계속된 경매사건의 목적물의 경우에 그 다른 법원 또는 집행관은 그 목적물에 대한 경매사건을 일괄매각결정을 한 법원에 이송한다(민사집행법 제99조 제2항). 이송받은 법원은 그 경매사건들을 병합한다(민사집행법 제99조 제3항).

③ 특별매각조건

부동산의 경매에 있어서 경락인에게 그 부동산의 소유권을 취득시키는 조건, 이 매각조건 가운데 법률에 의하여 정해진 것은 법정 매각조건(최저경매가액의 결정, 경매가격의 10분의 1에 해당하는 금액의 경매보증금 결정 등) 등이며, 이 가운데 최저 경매가액에 관한 것 이외의 매각조건은 경매기일에 달할 때까지 이해관계인의 합의가 있으면 변경할 수 있다. 변경된 것을 특별매각조건이라고 한다. 이와 같은 특별매각조건이 있을 때에는 집행관은 경매기일에 이를 고지하여야 한다.

최저매각가격 외의 매각조건은 법원이 이해관계인의 합의에 따라 바꿀 수 있다. 따라서 최저매각가격은 이해관계인의 합의로는 변경하지 못한다(민사집행법 제110조 제1항). 이는 경매부동산이 저가로 매각되는 것을 막기 위함이다.

집행관은 기일입찰 또는 호가경매의 방법에 의한 매각기일에는 매각물건명세서·현황조사보고서 및 감정평가서의 사본을 볼 수 있게 하고, 특별한 매각조건이 있는 때에는 이를 고지하며, 법원이 정한 매각방법에 따라 매수가격을 신고하도록 최고하여야 한다(민사집행법 제112조).

매각기일에는 집행관이 집행보조기관으로서 미리 지정된 장소에서 매각을 실시하여 최고가 매수신고인 및 차순위 매수신고인을 정한다.

매각기일에 매수인이 없는 경우에는 법원은 최저매각가격을 상당히 낮추고 새 매각기일을 정하여 다시 매각을 실시한다. 다시 매각하는 것을 새매각이라 한다. 새매각은 지역에 따라 20%에서 30% 가격이 내려간다.

매각방법은 매각기일에 하는 호가경매, 매각기일에 입찰 및 개찰하는 기일입찰, 입찰기간 내에 입찰하고 매각기일에 개찰하는 기간입찰이 있다. 기일입찰은 1일 1회(오전)가 주로 진행되나 예외적으로 1일 2회(오전, 오후) 입찰이 있을 수 있다.

부동산경매는 호가경매를 실시하지 않는다. 이때 매수신청인은 원칙적으로 최저매각가격의 10분의 1에 해당하는 보증금액을 집행관에게 보관해야 한다. 이는 매수신청을 한 자가 매수인으로 결정이 되었음에도 불구하고 대금을 납부하지 아니한 경우 이미 납부한 보증금액을 돌려받지 못하는 불이익을 주어서 대금납부를 강제하기 위함이다.

(2) 매각실시

① 매각기일의 개시

부동산 경매 집행법원은 집행관으로 하여금 매각을 실시하게 하기 위하여 매각기일 전에 매각명령이 첨부된 집행기록을 집행관에게 교부하여야 한다.

집행관은 매각기일 공고에 기재된 일시와 장소에서 매각기일을 열어야 한다. 매각기일에 매각부동산의 매수에 참가하는 데에는 일정한 제한이 있고, 매수희망자가 매수에 참가하는 유형도 본인, 대리인, 공동신청 등의 경우가 있다.

② 매각기일 지참 서류
매각에 참여하는 자는 주민등록증을 지참하여야 한다. 매수대리인이 이사 또는 지배인이 아닌 대리인은 대리권을 증명하는 위임장·인감증명서를 첨부한다. 또한 위임자가 법인대표나 지배인인 경우 자격을 증명하는 등기사항증명서를 첨부한다.

매수대리인은 주민등록증, 도장을 지참한다. 매수신고는 재판상의 행위라고 할 수 없으므로 변호사가 아니라도 무방하며 법원의 허가를 받을 필요도 없다. 그러나 매각을 실시하는 집행관은 매각참가자의 대리인이 될 수 없는 것으로 보아야 한다.

매수가격의 10%에 해당하는 보증금(현금 또는 자기앞수표) 또는 보증보험증권을 지참한다. 매수인이 공유 또는 합유를 목적으로 공동하여 매수를 신청하는 경우 소유권이전등기를 함에 있어서 각자의 지분을 표시하여야 하므로 지분을 표시하여 신청한다.

만약 매수신청에 지분의 표시가 없으면 평등한 비율로 취득하는 것으로 취급하며, 공동매수신청인은 각자 매각대금의 전액을 지급할 의무가 있다.

③ 매수신고를 받는 방법
(가) 기일입찰
㉠ 입찰표 작성
기일입찰에서 입찰은 매각기일에 입찰표를 집행관에게 제출하는 방법으로 한다(민사집행규칙 제62조 제1항).
입찰표에는 다음의 사항을 적어야 한다. 이 경우 입찰가격은 일정한 금액으로 표시하여야 하며, 다른 입찰가격에 대한 비례로 표시하지 못한다.

사건번호와 부동산의 표시, 입찰자의 이름과 주소, 대리인을 통하여 입찰을 하는 때에는 대리인의 이름과 주소, 입찰가격, 법인인 입찰자는 대표자의 자격을 증명하는 문서를 집행관에게 제출하여야 한다. 입찰자의 대리인은 대리권을 증명하는 문서를 집행관에게 제출하여야 한다.

공동으로 입찰하는 때에는 입찰표에 각자의 지분을 분명하게 표시하여야 한다. 입찰은 취소 · 변경 또는 교환할 수 없다.

보증금봉투

서울중앙지방법원

입찰보증금봉투

사건번호	20 타경	호
물건번호		
제 출 자		인

(인)　　　　　　　(인)　　　　　　　(인)

1. 입찰보증금을 넣고 날인의 표시가 있는 부분에 꼭 날인하시기 바랍니다.
2. 입찰표와 함께 입찰봉투(황색 큰 봉투)에 넣으십시오

입찰표

입 찰 표

서울중앙지방법원 집행관   귀하   년   월   일

사건번호		20 타 경 호		물건번호	

입찰자	본인	성 명	㊞		
		주민등록번호		전화번호	
		주 소			
	대리인	성 명	㊞	본인과의관계	
		주민등록번호		전화번호	
		주 소			

| 입찰가액 | | 10억 | 백만 | 천 | 원 | 보증금액 | 10억 | 백만 | 천 | 원 |

보증금을 받았습니다.   제출자   ㊞

〈주의사항〉

1. 입찰표는 물건마다 별도의 용지를 사용하십시오. 다만, 일괄입찰시에는 1매의 용지를 사용하십시오.
2. 한 사건에서 여러 개의 물건을 개별적으로 입찰하는 경우는 사건번호 이외에 물건번호를 기재하십시오.
3. 입찰자가 법인인 경우에는 본인의 성명란에 법인의 명칭과 대표자의 지위 및 성명을, 주민등록번호란에는 법인의 등록번호를 기재하고, 대표자의 자격을 증명하는 문서를 제출하여야 합니다.
4. 주소는 주민등록상의 주소를, 법인은 등기부상의 본점소재지를 기재하시고, 신분확인상 필요하오니 주민등록증을 꼭 지참하십시오.
5. 금액의 기재는 수정할 수 없으므로 수정을 요하는 때에는 새 용지를 사용하십시오.
6. 대리인이 입찰하는 때에는 입찰자란에 본인 및 대리인의 인적사항을 모두 기재하는 외에 본인의 위임장과 인감증명을 제출하십시오.
7. 위임장, 인감증명 및 자격증명서(법인의 등기사항증명서 등·초본)는 이 입찰표에 첨부하십시오.
8. 일단 제출된 입찰표는 취소, 변경이나 교환이 불가능합니다.
9. 공동으로 입찰하는 경우에는 허가받은 공동입찰허가원을 입찰표와 함께 제출하고, 입찰표 본인란의 성명, 주민등록번호, 주소 등은 별지로 첨부하고 간인하십시오.
10. 입찰가액란과 보증금액란이 구분되어 있으니 구분하여 아라비아숫자로 액란 금액을 표시하십시오.

| 입찰봉투 |

입찰자용 수취증

주의 : 이 부분을 절취하여 보관하다가 보증금을 반환 받을 때 제출 하십시오. 분실시에는 보증금을 반환받지 못할 수가 있으니 주의 하십시오.

서울중앙지방법원(연결번호   번)

················· 절 ····················· 취 ···················· 선(집행관인) ···················

☐ ← 봉투를 반으로 접어서 이곳을 호치키스로 찍으시오 → ☐

서울중앙지방법원(연결번호   번)

················· 접 ····················· 는 ···················· 선 ···················

사 건 번 호	20 타경 호
물 건 번 호	
입 찰 자 성 명	

················· 접 ····················· 는 ···················· 선 ···················

1. 입찰보증금 봉투와 입찰표를 넣고 봉하십시오.
2. 입찰자용 수취증의 절취선에 집행관의 날인을 받으십시오.
3. 사건번호를 타인이 볼 수 없도록 접어서 입찰함에 넣으십시오.

ⓛ 입찰표 제출

입찰은 본인 또는 대리인이 매각기일에 출석하여 입찰표를 집행관에게 제출하는 방법으로 한다. 법인인 입찰자는 대표자의 자격을 증명하는 문서를 집행관에게 제출하여야 한다(민사집행규칙 제62조 제2항).

입찰자의 대리인은 대리권을 증명하는 문서를 집행관에게 제출하여야 한다(민사집행규칙 제62조 제3항).

기일입찰에서 매수신청의 보증금액은 최저매각가격의 10분의 1로 한다(민사집행규칙 제62조 제1항). 매수신청보증은 금전·자기앞수표로, 지급제시기간이 끝나는 날까지 5일 이상의 기간이 남아 있는 것으로, 입찰표와 함께 집행관에게 제출하는 방법으로 제공하여야 한다.

ⓒ 입찰의 변경, 취소 금지

입찰은 취소·변경 또는 교환할 수 없다(민사집행규칙 제62조 제6항). 실무상, 입찰표상 금액의 기재는 그것이 착오에 기한 경우라도 수정할 수 없고, 이 경우에는 새 용지를 사용토록 하고 있으며, 입찰가액의 기재가 정정된 경우에는 정정날인 여부를 불문하고 무효처리하고 있다.

또한 이미 행한 입찰은 그대로 둔 채 동일인이 다시 입찰표를 제출한 것도 허용되지 않는다. 따라서 2개의 다른 매수신고를 한 경우에는 모두 입찰 무효이다.

(나) 기간입찰

경매매각방법의 하나로, 입찰기일을 확인해서 그 기간 내에 입찰표를 작성한 후 매수신청보증과 함께 등기우편으로 제출하거나, 집행관에게 직접 제출하는 경매방식을 말한다.

기간입찰에 참여하려는 사람은 사건번호와 부동산의 표시, 입찰자의 이름과 주소를 기입하고, 대리인이 대신 입찰하는 경우에는 대리인의 이름과 주소,

입찰가격 등을 기입한다. 공동입찰의 경우에는 각자의 지분을 기재한 기간입찰표를 작성한다. 매각물건의 최저매각가격의 10분의 1에 해당하는 금액을 보증으로 제공하는 매수신청보증과 함께 등기우편으로 제출하거나 집행관에게 직접 제출한다.

개찰은 매각기일에 입찰자가 출석한 가운데 실시하며, 입찰표에 기재된 입찰가격을 비교해서 최고가매수신고인을 결정한다.

이때 차순위매수신고가 있으면 차순위매수신고인을 정하고 입찰을 종결한다. 입찰절차의 종결이 고지되면 최고가매수신고인과 차순위매수신고인을 제외한 다른 입찰자는 매수신청보증의 반환을 요청할 수 있다.

입찰한 후에는 그 취소나 변경을 할 수 없으므로 신중히 해야 한다.

기간입찰표

(앞면)

기 간 입 찰 표

지방법원 집행관 귀하   매각(개찰)기일 :   년   월   일

사건번호		타 경 호	물건번호	※ 물건번호가 여러 개 있는 경우에는 꼭 기재
입찰자	본인	성 명 ㊞	전화번호	
		주민(사업자)등록번호	법인등록번호	
		주 소		
	대리인	성 명 ㊞	본인과의 관계	
		주민등록번호	전화번호	—
		주 소		

| 입찰가격 | 천억 | 백억 | 십억 | 억 | 천만 | 백만 | 십만 | 만 | 천 | 백 | 십 | 일 | 원 | 보증금액 | 백억 | 십억 | 억 | 천만 | 백만 | 십만 | 만 | 천 | 백 | 십 | 일 | 원 |

| 보증의 제공방법 | ☐ 입금증명서 ☐ 보증서 | 보증을 반환 받았습니다.
☐ 보증서를 반환 받았습니다.
　　　　　　　　　　입찰자　　㊞ |

〈주의사항〉

1. 입찰표는 물건마다 별도의 용지를 사용하십시오. 다만, 일괄입찰 시에는 1매의 용지를 사용하십시오.
2. 한 사건에서 입찰물건이 여러 개 있고 그 물건들이 개별적으로 입찰에 부쳐진 경우에는 사건번호 외에 물건번호를 기재하십시오.
3. 입찰자가 법인인 경우에는 본인의 성명란에 법인의 명칭과 대표자의 지위 및 성명을, 주민등록란에는 입찰자가 개인인 경우에는 주민등록번호를, 법인인 경우에는 사업자등록번호를 기재하고, 대표자의 자격을 증명하는 서면(법인의 등기사항증명서 등·초본)을 제출하여야 합니다.
4. 주소는 주민등록상의 주소를, 법인은 등기사항증명서상의 본점소재지를 기재하시고, 신분확인상 필요하오니 주민등록등본이나 법인등기사항증명서를 동봉하십시오.
5. 입찰가격은 수정할 수 없으므로, 수정을 요하는 때에는 새 용지를 사용하십시오.
6. 대리인이 입찰하는 때에는 입찰자란에 본인과 대리인의 인적사항 및 본인과의 관계 등을 모두 기재하는 외에 본인의 위임장(입찰표 뒷면을 사용)과 인감증명을 제출하십시오.
7. 위임장, 인감증명 및 자격증명서는 이 입찰표에 첨부하십시오.
8. 입찰함에 투입된 후에는 입찰표의 취소, 변경이나 교환이 불가능합니다.
9. 공동으로 입찰하는 경우에는 공동입찰신고서를 입찰표와 함께 제출하되, 입찰표의 본인란에는 '별첨 공동입찰자목록 기재와 같음'이라고 기재한 다음, 입찰표와 공동입찰신고서 사이에는 공동입찰자 전원이 간인하십시오.
10. 입찰자 본인 또는 대리인 누구나 보증을 반환받을 수 있습니다(입금증명서에 의한 보증은 예금계좌로 반환됩니다.).
11. 보증의 제공방법(입금증명서 또는 보증서) 중 하나를 선택하여 ☑표를 기재하십시오.

기간입찰표(뒷면)

(뒷면)

위 임 장

대리인	성 명		직업	
	주민등록번호	−	전화번호	
	주 소			

위 사람을 대리인으로 정하고 다음 사항을 위임함.

다 음

지방법원   타경   호 부동산

매각사건에 관한 입찰행위 일체

본인 1	성 명	(인감인)	직 업	
	주민등록번호	−	전화번호	
	주 소			
본인 2	성 명	(인감인)	직 업	
	주민등록번호	−	전화번호	
	주 소			
본인 3	성 명	(인감인)	직 업	
	주민등록번호	−	전화번호	
	주 소			

* 본인의 인감 증명서 첨부
* 본인이 법인인 경우에는 주민등록번호란에 사업자등록번호를 기재

(다) 최고가매수신고인과 차순위매수신고인

㉠ 기일입찰

집행관이 입찰을 최고하는 때에는 입찰마감시각과 개찰시각을 고지하여야 한다. 다만, 입찰표의 제출을 최고한 후 1시간이 지나지 아니하면 입찰을 마감하지 못한다(민사집행규칙 제65조 제1항).

집행관은 입찰표를 개봉할 때에는 입찰을 한 사람을 참여시켜야 한다.

입찰을 한 사람이 아무도 참여하지 아니하는 때에는 적당하다고 인정하는 사람을 참여시켜야 한다(민사집행규칙 제65조 제2항).

집행관은 입찰표를 개봉할 때에 입찰목적물, 입찰자의 이름 및 입찰가격을 불러야 한다(민사집행규칙 제65조 제3항).

기일입찰의 방법에 의한 매각기일에서 매각기일을 마감할 때까지 허가할 매수가격의 신고가 없는 때에는 집행관은 즉시 매각기일의 마감을 취소하고, 같은 방법으로 매수가격을 신고하도록 최고할 수 있다(민사집행법 제115조 제4항). 다만, 같은 매각기일에 다시 매수신고를 허용할 수 있는 것은 1회에 한하며, 두 번째로 매수가격의 신고를 최고한 후에도 허가할 매수가격의 신고가 없어 매각기일을 마감하는 경우에는, 재차 매각기일의 마감을 취소하지 못한다(민사집행법 제115조 제4항, 제5항). 이를 1기일 2회 입찰이라고 한다.

입찰을 마감한 때에는 입찰표의 개찰을 하여야 한다. 개찰은 입찰마감시간으로부터 10분 안에 하여야 한다. 집행관은 입찰표를 개봉할 때에 입찰을 한 사람을 참여시켜야 한다. 입찰을 한 사람이 아무도 참여하지 아니하는 때에는 적당하다고 인정하는 사람을 참여시켜야 한다(민사집행규칙 제65조 제2항).

현금이나 자기앞수표로 매수신청보증금을 제공한 경우, 매수신청보증봉투는 최고의 가격으로 입찰한 사람의 것만 개봉하여 정하여진 보증금액에 해당하는 여부를 확인한다.

매수신청보증금이 정하여진 보증금에 미달한 경우는 그 입찰자의 입찰을 무효로 하고, 차순위가격으로 입찰한 사람의 매수신청보증금을 확인한다(경매지침 제33조 제5항). 최고가매수신고를 한 사람이 둘 이상인 때에는 집행관은 그 사람들에게 다시 입찰하게 하여 최고가매수신고인을 정한다. 이 경우 입찰자는 전의 입찰가격에 못 미치는 가격으로는 입찰할 수 없다(민사집행규칙 제65조 제1항). 다시 입찰하는 경우에 입찰자 모두가 입찰에 응하지 아니하거나(전의 입찰가격에 못 미치는 가격으로 입찰한 경우에는 입찰에 응하지 아니한 것으로 본다) 두 사람 이상이 다시 최고의 가격으로 입찰한 때에는 추첨으로 최고가매수신고인을 정한다(민사집행규칙 제65조 제2항).

집행관은 최고가매수신고인의 성명과 그 가격을 부르고 차순위매수신고를 최고한 뒤, 적법한 차순위매수신고가 있으면 차순위매수신고인을 정하여 그 성명과 가격을 부른 다음 매각기일을 종결한다고 고지하여야 한다(민사집행법 제115조 제1항).

최고가매수신고인 외의 매수신고인은 매각기일을 마칠 때까지 집행관에게 최고가매수신고인이 대금지급기한까지 그 의무를 이행하지 아니하면, 자기의 매수신고에 대하여 매각을 허가하여 달라는 취지의 신고(이하 '차순위매수신고'라 한다)를 할 수 있다(민사집행법 제114조 제1항).

차순위매수신고는 그 신고액이 최고가매수신고액에서 그 보증액을 뺀 금액을 넘는 때에만 할 수 있다(민사집행법 제114조 제2항).

● 차순위매수신고

> 가령 8억 원의 건물(입찰보증금 8천만 원)에 입찰한 경우, 1등이 7억2천만 원을 썼다면 2등이 차순위매수신고인이 되기 위해서는 최소한 7억2천만 원에서 8천만 원을 공제한 6억4천만 원 이상을 쓰고 신고하여야 한다.

차순위매수신고를 하게 되면 보증금은 최고가매수신고인이 잔금을 완납할 때까지 묶여 있게 된다.

ⓛ 기간입찰

개찰은 매각기일에 입찰자가 출석한 가운데 실시하며, 입찰표에 기재된 입찰가격을 비교해서 최고가매수신고인을 결정한다.

이때 차순위매수신고가 있으면 차순위매수신고인을 정하고 입찰을 종결한다. 입찰절차의 종결이 고지되면 최고가매수신고인과 차순위매수신고인을 제외한 다른 입찰자는 매수신청보증의 반환을 요청할 수 있다.

입찰을 한 후에는 그 취소나 변경을 할 수 없으므로 신중히 해야 한다.

④ 새매각

매각기일에 적법한 매각을 실시하였으나, 매수인이 결정되지 않았기 때문에 다시 기일을 정하여 실시하는 매각을 말한다. 새매각을 정하여야 하는 경우는 다음과 같다.

첫째, 허가할 매수가격의 신고 없이 매각기일이 최종적으로 마감된 때에는, 제91조 제1항의 규정에 어긋나지 아니하는 한도에서, 법원은 최저매각가격을 상당히 낮추고 새 매각기일을 정하여야 한다. 그 기일에 허가할 매수가격의 신고가 없는 때에도 또한 같다(민사집행법 제119조).

둘째, 민사집행법 제121조와 제123조의 규정에 따라 매각을 허가하지 아니하고 다시 매각을 명하는 때에는 직권으로 새매각기일을 정하여야 한다(민사집행법 제125조 제1항).

셋째, 천재지변, 그 밖에 자기가 책임을 질 수 없는 사유로 부동산이 현저하게 훼손된 사실 또는 부동산에 관한 중대한 권리관계가 변동된 사실이 경매절차의 진행 중에 밝혀진 때에도 새매각기일을 정하여야 한다(민사집행법 제121조 제6호).

⑤ 공유자의 우선매수청구권

소유자가 여러 명으로 되어 있는 공유물건의 경매에서, 채무자가 아닌 다른 공유자가 매각기일까지(집행관이 매각기일을 종결한다는 고지를 하기 전까지) 최저매각가격의 10분의 1에 해당하는 금액(법원이 달리 정하는 경우에는 그 금액)을 매수신청보증금으로 제공하고, 최고가매수신고가격과 동일한 가격으로 채무자의 지분을 우선매수하겠다고 신고하는 것을 말한다.

공유자는 매각기일까지 민사집행법 제113조에 따른 보증을 제공하고 최고매수신고가격과 같은 가격으로 채무자의 지분을 우선 매수하겠다는 신고를 할 수 있다. 법원은 최고가매수신고가 있더라도 그 공유자에게 매각을 허가하여야 한다(민사집행법 제140조 제1항).

여러 사람의 공유자가 우선매수하겠다는 신고를 하고 절차를 마친 때에는 특별한 협의가 없으면 공유지분의 비율에 따라 채무자의 지분을 매수하게 한다(민사집행법 제140조 제2항).

공유자가 우선매수신고를 한 경우에는 최고가매수신고인을 민사집행법의 제114조의 차순위매수신고인으로 본다(민사집행법 제140조 제3항).

7) 매각결정 절차

법원에서는 매각기일 이후 매각결정기일에 이해관계인의 의견을 들은 후 매각을 허락할 것인가, 매각불허가 결정을 내릴 것인가 결정을 한다. 매각하는 데 아무런 문제가 없거나 매각불허 사유가 되지 않는다면 매각허가결정을 한다. 매각허가결정이 나면 그로부터 정확히 일주일 후에 매각허가결정이 확정된다. 즉, 매각허가에 대한 확정효력이 발생하는 것이다.

만일 권리관계가 중대하게 변동되었을 경우, 매각허가결정 이전에 권리관계의 변동을 알았다면, 매각허가에 대한 이의를 신청하면 된다. 그리고 매각허가결정부터 매각허가결정이 확정되기 전인 일주일 사이에 알았다면, 매각허부의 결정에 대하여 이해관계인은 즉시항고를 할 수 있다. 그리고 매각허가결정이 확정된 후부터 대금납입 전 사이에 중대한 권리관계의 변화가 발생하였을 때에는 매각허가결정에 대한 취소신청을 하여야 한다.
대금납입 이후에는 채무자 또는 채권자에게 담보책임을 묻는 방법을 사용하여야 한다.

● 매수신청 후 대항력 있는 임차인이 있는 경우

> 甲전입신고 → 乙근저당권 → 乙담보권실행에 의한 경매

丙은 경매에 참여하고자 물건명세서를 살펴보니, 근저당권에 앞서는 대항력 있는 임차인이 없는 것으로 되어 있었다. 따라서 인수해야 할 임차인이 없는 것으로 보고 입찰에 응하였는데, 최고가매수신고인으로 선정이 되었다.
다음날 丙은 혹시나 하는 마음을 갖고 정확한 확인을 위하여 주민행정센터에 가서 전입세대열람을 확인하였는데, 말소기준권리 이전에 대항력이 있는 임차인이 있었던 것이다. 즉, 丙은 추가로 인수하여야 할 금액이 발생한 것이다. 이러한 경우가 발생하면 즉시 법원에 매각불허가신청을 하여야 한다. 만일 법원에서 매각물건명세서에 중대한 흠이 있다고 인정되면 허가를 하지 않는다. 따라서 경매로 인하여 낙찰을 받은 경우는 반드시 해당 물건에 대하여 다른 권리가 있는지 살펴보아야 한다.

● 매각대금 납부 전 대위변제가 있는 경우

> 甲근저당 → 乙전입신고 → 丙근저당 → 丙담보권실행에 의한 경매

丁은 경매를 통하여 낙찰을 받았다. 또한 법원의 매각허가는 확정이 되었다.

그리하여 丁은 대금을 납부하기 전에 해당부동산의 부동산등기사항증명서를 다시 한번 열람하였는데 甲근저당이 말소된 것이다. 따라서 丙근저당이 말소기준권리가 되었다.

전입 신고한 乙은 대항력이 발생하였기 때문에 丁은 추가로 인수하여야 하는 상황이 발생한 것이다. 丁은 수익계산을 하여 보니 오히려 손해를 보게 되었다. 이러한 경우 丁은 법원에 매각허가취소신청을 하면 된다. 법원은 이러한 경우 합당하다고 판단되면 매각허가를 취소한다.

따라서 대금을 완납하기 전에는 반드시 대위변제 여부를 확인하여야 한다. 이러한 경우가 있는지를 확인하기 위하여 부동산등기사항증명서를 확인하는 것이 중요하다.

8) 매각대금 납부

매각결정절차가 확정되었을 때는 법원은 대금지급기한을 정하여 매수자에게 매각대금의 납부를 명한다.

매각허가결정이 확정되면 법원은 대금지급기한을 지정하므로(통상 1개월 이내) 정해진 기한 내에 언제든지 매각대금을 납부할 수 있다.

매수인은 당연히 기한 내에 매각대금을 납부하여야 한다. 잔금납부는 다음과 같이 순서에 따라 납부하면 된다.

경매로 낙찰받고 난 뒤 이해관계인의 항고가 없으면 법원에서는 낙찰자에게 잔금납부기한통지서를 발송한다.

● **매각 대금 납부 절차**

법원보관금납부명령서 → 잔금납부 → 매각대금완납증명서 → 접수확인 → 서류 제출
(경매계)　　　　　(금융기관)　　(경매계)　　　　(민사신청과)　(경매계)

그러면 먼저 법원경매계에서 법원보관금납부명령서를 받아 은행에 가서 잔금을 납부한다. 그 다음으로 법원경매계에서 매각대금완납증명서를 작성하고 법원 민사신청과에서 접수 확인을 받고 마지막으로 모든 서류를 경매계에 제출한다. 매각대금을 모두 납부하면 소유권은 매수인의 것이 된다. 따라서 대위변제 등으로 인한 중대한 권리변동은 대금납부 이전에만 가능하다.

매수인이 잔금납부기한까지 납부하지 않으면, 이미 납부하였던 보증금은 몰수되고 매수인의 자격은 없어진다. 법원은 차순위매수신고인에 대하여 매각허가결정 또는 매각불허가결정을 한다. 차순위매수신고인이 없을 때에는 재매각을 명한다.

이때 매수자는 관계채권자의 이익을 침해하지 않는 범위 내에서 채무를 인수하거나 상계를 통하여 대금을 지급할 수 있다(민사집행법 제143조 제1항).

한편 채권자가 매수인인 경우에는 매각결정기일이 끝날 때까지 법원에 신고하고 자신이 배당받아야 할 금액을 제외한 금액을 배당기일에 낼 수 있다. 이를 실무상 매수인의 상계신청이라고도 한다(민사집행법 제143조 제2항).

만일 낙찰자가 잔금 납부기한까지 납부를 하지 못하였을 경우, 낙찰자의 권리가 완전히 소멸되는 것은 아니고 낙찰자가 재매각기일 3일(민사집행법 제138조 제3항) 전까지 잔금과 지연 이자를 납부하면 낙찰자는 경매 부동산의 소유권을 취득할 수 있다. 다만 차순위매수신고인이 있는 경우에는 반드시 법원에서 최초 지정한 잔금 납부기한 안에 잔금을 납부해야 한다는 것이다.

만약 그 기한까지 잔금을 납부하지 못하면 차순위매수신고인에게 낙찰자의 지위가 넘어간다. 또한 잔금 납부를 하지 않고 지연되면 채무자가 경매신청권자의 채무를 변제하면 경매절차가 취소되는 경우도 있다.

9) 배당

매수인이 매각대금을 완납하면 법원은 배당기일을 정하여 이해관계인과 배당을 요구한 채권자에게 통지하여 배당을 하게 된다.

부동산강제경매에 있어서는 채권자 간의 협의에 의한 배당이 인정되지 않는다. 반드시 배당절차를 밟아야 한다.

매각대금으로 배당에 참가한 모든 채권자를 만족하게 할 수 없는 경우, 법원은 민법·상법·그 밖의 법률에 의한 우선순위에 따라 배당하여야 한다.

● 배당전의 가등기

> 甲가등기 → 乙근저당 → 丙낙찰 → 丙대금납부 → 甲본등기 – 배당기일

丙은 경매를 통하여 부동산을 낙찰받고 대금을 완납하여 소유권을 취득하였다. 그러나 甲이 본등기를 하였다. 따라서 소유권은 甲에게 넘어가 버렸다. 결국 丙은 낭패를 보게 된 것이다. 이러한 경우에 丙은 매매계약의 해제신청과 경매대금의 반환청구를 하면 된다. 그러면 법원에서는 전후 사정을 살피어 매매계약을 해제하고 납입한 경매대금은 반환하여 준다.

● 말소된 가처분의 회복

> 甲근저당 → 乙가처분 → 丙강제경매 → 丁낙찰 → 배당

배당이 완료된 후에 문제가 발생한 경우인데 甲근저당권이 말소기준권리이므로 乙의 가처분은 당연히 말소되는 사항이다. 그리고 경매 후 배당까지 완료되었다. 그런데 乙이 이의를 제기하였다. 즉, 甲의 근저당권은 실제로는 채권금액이 없는 근저당권이므로 능력이 없는 근저당권이라는 것이다.

따라서 甲의 근저당권은 무효이고, 乙의 가처분은 인수대상이라고 하였다. 낙찰자는 소유권을 잃었던 것이다. 이렇게 낙찰자가 소유권을 잃었을 경우에는 채무자에게 계약의 해제를 요청할 수 있다(민사집행법 제578조).

이러한 경우 채무자가 능력이 없다면 배당채권자에게 부당이득반환청구소송을 통하여 자신의 손해를 만회하여야 한다. 즉, 배당받은 사람을 상대로 소송을 통하여 자신의 손해를 만회할 수 있다.

10) 소유권이전등기의 촉탁 및 부동산 인도 명령

매수인은 매각허가결정이 선고된 후에는 매각부동산의 관리명령을 신청할 수 있고, 대금완납 후 6개월 이내에는 인도명령을 신청할 수 있다.

또한 매수인이 대금을 완납하면 부동산의 소유권을 취득하므로 집행법원은 매수인으로부터 필요서류의 제출이 있게 되면 매수인을 위하여 소유권이전등기, 매수인이 인수하지 아니하는 부동산상의 부담의 말소등기를 촉탁하게 된다.

인도명령은 일반매매에 있어서 매도인이 집을 비워주지 않으면 법원에 명도소송을 제기하여야 하나, 매각에서는 대금납부 6개월 내에 법원에 '인도명령'을 신청하면 간단히 인도명령이 결정된다.

인도명령신청을 받은 법원은 채무자와 소유자는 통보하지도 않고 세입자만 불러 심문한 후 매수인에게 대항할 수 없으면 인도명령을 결정한다.

인도명령이 결정되었는데도 불구하고 집을 비워주지 않으면, 매수인은 인도명령정본과 그 송달증명을 가지고 집행관에게 집행위임을 한다.

그러나 대항력을 갖춘 임차인 등의 경우처럼 점유자가 매수인에게 대항할 수 있는 권원에 의해 점유하고 있는 것으로 인정되는 경우에는 인도명령을 신청할 수 없다.

인도명령의 신청인은 매수인, 매수인의 상속인이나 합병회사와 같은 매수인의 일반승계인이며, 법원의 인도명령이 있으면 채무자·소유자 또는 점유자는 해당 부동산을 매수인에게 인도해야 한다.

만약 채무자·소유자 또는 점유자가 인도명령을 따르지 않으면 매수인 등은 집행관에게 인도집행을 위임하여 그 부동산을 인도받는다.

부동산 인도명령

부동산인도명령 신청

사건번호
신청인(매수인)
○○시 ○○구 ○○로 ○○번지
피신청인(임차인)
○○시 ○○구 ○○로 ○○번지

위 사건에 관하여 매수인은 . . .에 낙찰대금을 완납한 후 채무자(소유자, 부동산점유자)에게 별지 매수부동산의 인도를 청구하였으나 채무자가 불응하고 있으므로, 귀원소속 집행관으로 하여금 채무자의 위 부동산에 대한 점유를 풀고 이를 매수인에게 인도하도록 하는 명령을 발하여 주시기 바랍니다.

년   월   일

매수인   (인)

연락처(☎)

○○지방법원 귀중

☞ 유의사항

1) 매수인은 대금완납 후 6개월내에 채무자, 소유자 또는 부동산 점유자에 대하여 부동산을 매수인에게 인도할 것을 법원에 신청할 수 있습니다.
2) 신청서에는 1,000원의 인지를 붙이고 1통을 집행법원에 제출하며 인도명령정본 송달료(2회분)를 납부하셔야 합니다.

4. 입찰할 물건을 선택하자

경매에서 입찰에 참여할 물건은 많다. 먼저 거주가 목적인지, 임대 수입이 목적인지, 시세차익이 목적인지를 정해야 한다.

투자자에 따라서 투자자의 성향 및 자금을 조달할 수 있는 현금 창출 능력에 따라 차이가 있기 때문에, 본인이 원하는 것이 무엇인지를 고민하고 잘 선택하여야 한다.

다음으로 지역을 정한다. 낙찰자의 입장에서, 현재 살고 있는 잘 아는 주거지를 중심으로 할 것인지, 아니면 다른 지역에 대하여도 참여를 할 것인지 고민한다. 가급적이면 잘 아는 지역을 중심으로 하는 것이 좋다고 본다.

투자지역을 결정하였으면, 그 지역을 중심으로 2~3곳을 집중적으로 지역분석과 상권분석을 한다.

그리고 입찰할 물건은 투자금액에 따라 선택을 할 수 있다. 투자 물건에 따라 소액으로 시작할 수 있고, 경락잔금 대출을 이용하여 활용할 수도 있다.

경매에서 싸게 낙찰받는 것 외에도 입찰 경쟁을 피해 낙찰받는 것이 무엇보다 중요하다.

다양한 물건 중에 남들이 입찰에 잘 응하지 않는 종목을 선택하는 것도 하나의 방법일 수 있다. 많은 사람이 몰리거나 낙찰 후 소유권 이전이 어렵다면 입찰을 자제하는 것이 좋다.

경매는 돈이 되는 물건만을 골라 싸게 낙찰받는 게 중요하다. 특별한 하자가 없는 물건은 입찰경쟁률이 높아서 비싸게 낙찰받는다.

물량과 유동성이 풍부한 수도권의 아파트, 연립, 다세대, 다가구, 단독주택, 근린상가 등 감정평가가 저평가된 물건을 찾아보는 것이 중요하다.

최소 1~2회 유찰 후 최저입찰가격에서 매수할 수 있는 물건들이 최대의 수익을 높일 수 있다. 하지만 특수경매, 즉 법정지상권, 유치권, 지분경매, 선순위 전세권 등은 4~8회 유찰된 물건이 나오는 경우도 있다.

이러한 물건을 잘 분석하여 대응할 수 있다면 큰 수익을 창출할 수 있다. 또한 수도권과 광역시 일대 수익형 오피스텔, 재개발·뉴타운 지역 인근의 다세대와 다가구주택, 택지 예정지이거나 지하철 개통 예정 지역 인근의 주택, 상가, 대지와 농지 등은 검토해 볼 만하다.

또한 많은 사람들이 선호하는 수도권과 관광지 주변의 소형 단독, 농가·전원주택 등도 고려해 볼 만한 물건 중 하나다.

그러나 집단상가 및 테마상가, 전문상가 등은 공실 및 수익성 등을 잘 검토하여 대응하는 것이 좋다.

공실이 오랜 시간 예상된다면 낭패가 아닐 수 없다. 특히나 하자 있는 물건이어서 낙찰 후 보증금을 날리거나 명도가 어려워 경제적 또는 정신적으로 손해를 보는 경우도 있다.

또한 주무관청의 허가를 받아야 하는 학교, 사회복지, 의료법인 등의 부동산을 경매로 입찰할 경우, 매각 불허가로 인해 소유권을 취득하지 못하는 경우가 발생할 수도 있으니 염두에 두어야 한다.

5. 이해관계인은 누구인가

이해관계인이라 함은 강제경매절차에 이해관계를 가진 자 중, 법이 특히 보호할 필요가 있는 것으로 보아 이해관계인으로 규정한 자를 말한다. 부동산 경매에 있어서는 집행당사자 이외에 매각에 의하여 영향을 받을 부동산상의 권리자가 많으므로 이러한 자는 이해관계인으로 절차에 참가할 자격을 주어 그 이익을 옹호할 기회를 주는 것이다.

1) 이해관계인의 범위

민사집행법 제90조에서, 경매절차에 공통되는 이해관계인을 제한적 열거규정으로 규정하고 있으므로 규정되지 아니한 자는 이해관계인이 아니다.

민사집행법 제129조 제1항, 제2항에 의한 부동산매각허가결정에 대한 즉시항고는 이해관계인, 매수인 및 매수신고인만이 제기할 수 있고, 여기서 이해관계인이란 민사집행법 제90조 각 호에서 규정하는 압류채권자와 집행력 있는 정본에 의하여 배당을 요구한 채권자, 채무자 및 소유자, 등기사항증명서상에 기입된 부동산 위의 권리자, 부동산 위의 권리자로서 그 권리를 증명한 자를 말하고, 경매절차에 관하여 사실상의 이해관계를 가진 자라 하더라도 위에서 열거한 자에 해당하지 아니한 경우에는 경매절차에 있어서의 이해관계인이라고 할 수 없다(대판 2005마59).

(1) 압류채권자와 집행력 있는 정본에 의하여 배당을 요구하는 채권자(민사집행법 제90조 제1호)

그러나 집행력 있는 정본 없이 배당을 요구하는 채권자는 일반의 이해관계인이 아니다. 그리고 가압류채권자도 이해관계인이 아니다.

(2) 채무자 및 소유자
강제경매에 있어서 채무자는 부동산소유자와 일치하여야 한다. 하지만 임의경매는 채무자와 소유자(물상보증인)가 다를 수 있다.

(3) 등기사항증명서상에 기입된 부동산 위의 권리자
용익물권(지상권, 지역권, 전세권), 담보물권(권리질권, 근저당권) 등의 등기명의인은 물론, 민법 제621조에 의한 임차권자도 포함된다. 가등기권리자도 이해관계인이나 가압류, 가처분채권자는 이해관계인이 아니다. 가등기담보권자는 경매절차에서 근저당권으로 취급된다.

(4) 부동산 위의 권리자로서 그 권리를 증명한 사람
판례에 의하면 유치권자 등 등기 없이 부동산상의 권리를 행사할 수 있는 채권자로서, 스스로 신고와 증명을 한 뒤에 비로소 이해관계인으로 본다(대판 94마1455).

2) 이해관계인이 아닌 경우
다음의 경우는 대법 판례에 의하여 이해관계인으로 보지 않는다.
① 가압류권자
② 처분금지가처분권자
③ 부동산의 명의신탁자
④ 소유권이전 청구권 가등기권자(일반 가등기권자)
⑤ 예고등기권자
⑥ 집행력 있는 정본을 가진 채권자라하더라도 배당요구를 하지 않을 경우

3) 이해관계인이 되는 시기

경매절차에서 이해관계인이 되는 시기는 법원으로부터 매각허가결정이 난 시점부터 이해관계인이 된다.

그러나 민사집행법 제90조 외의 사람으로서 '부동산 등에 대한 경매절차 처리지침 제53조'에 근거하여 경매기록에 대하여 열람과 복사는 최고가매수신고인과 차순위매수신고인 자격으로 매각허가결정 이전에도 가능하다.

4) 이해관계인에게 인정된 각종 절차상의 권리

민사집행법은 이해관계인에게 경매절차 전반에 걸쳐서 관여할 수 있는 권리를 인정한다. 이에는 다음의 경우가 있다.

① 경매개시결정에 대한 이의신청권
② 경매개시결정 후의 목적부동산에 대한 침해방지신청권
③ 이중경매신청이나 배당요구신청이 있는 경우 법원으로부터 통지를 받을 권리
④ 경매기일과 경락기일의 통지를 받을 권리
⑤ 매각조건의 변경에 합의할 수 있는 권리
⑥ 경매기일에 출석할 수 있는 권리
⑦ 경락기일에 경락에 관한 의견진술을 할 수 있는 권리
⑧ 매각허부에 대하여 즉시 항고할 수 있는 권리
⑨ 배당기일에 소환받을 권리
⑩ 배당기일에 출석하여 배당표에 관한 합의 및 이의신청을 할 수 있는 권리
⑪ 입찰을 신청할 수 있는 권리 등이 있다.

각종 공적장부 체크 사항

PART 2

1. 부동산 등기사항증명서 체크 사항
2. 토지대장 체크 사항
3. 지적도, 임야도 체크 사항
4. 토지이용계획확인서 체크 사항
5. 건축물관리대장 체크 사항

1. 부동산 등기사항증명서 체크 사항

1) 의의

토지 및 건축물 거래 시 어떤 상황인지를 검토하기 위해 공적장부를 확인하게 된다. 공적장부의 종류에는 토지대장, 지적도, 임야도, 임야대장, 건축물관리대장, 토지 및 건물등기사항증명서, 토지이용계획확인원 등이 있다.
이러한 공적장부를 통하여 위치, 면적, 지목, 구조, 토지이용, 불법건축물, 소유자, 채권자 등을 확인할 수 있다.

2) 부동산 등기사항전부증명서 열람

부동산등기부등본은 부동산등기사항전부증명서로 용어가 변경되었다. 이는 법무부에서 관할하는데, 공신력이 아닌 공시력이 존재한다.
따라서 권리분석에 대한 책임은 본인 자신이 책임이 있기 때문에 신중히 하여야 한다.
부동산에 대하여 권리분석을 하기 위해서는 먼저 발급을 받아야 하는데, 부동산등기사항증명서는 대법원 인터넷등기소(http://www.iros.go.kr)를 통해서 간편하게 발급받을 수가 있다.

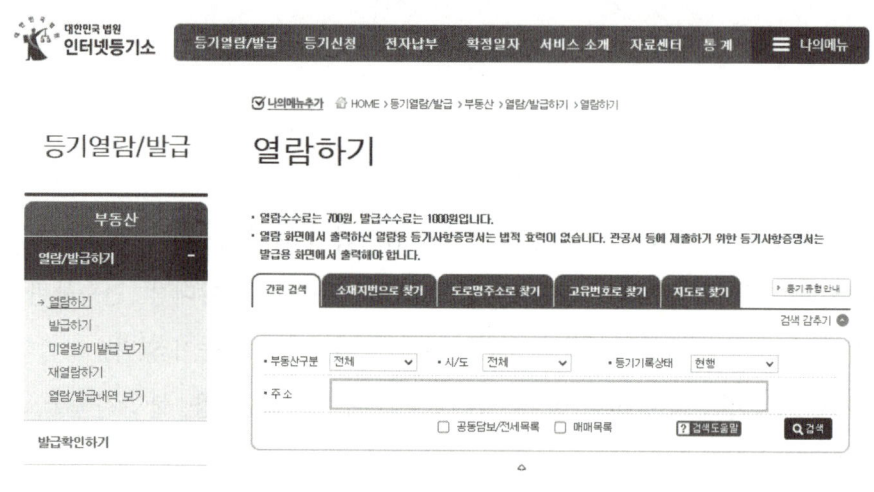

등기사항을 확인만 하려면 열람용을 이용하면 되고, 전자소송이나 관공서 등에 제출을 해야 하는 경우라면 발급용으로 출력을 하여야 한다.

출력하여 문서로 제출 또는 출력 후 스캔하여 PDF 파일로 제출하는 경우는 [발급하기]를 들어가서 발급용으로 출력하면 된다.

통상 아파트, 빌라, 오피스텔, 다세대주택 등 호실별로 등기가 구분된 건물의 경우는 [집합건물]로, 호실이 구분되어 있지만, 호실별로 구분등기가 되어 있지 않은 상가건물, 다가구주택 등의 경우에는 [건물]을 선택하면 된다.

일반 주택, 빌딩, 상가 등은 통상 [토지+건물]로 [토지]는 지번만 입력하면 된다.

3) 부동산 등기사항전부증명서 체크 사항

부동산등기사항전부증명서는 부동산의 권리관계를 적어놓은 것으로 표제부, 갑구, 을구로 나뉘어 표시된다.

① 표제부

토지 또는 건물의 주소, 지목, 면적, 구조 등 현황이 있다.

표제부를 보면 어느 정도 형태를 알 수 있다.

등기사항전부증명서(말소사항 포함)
- 집합건물 -

고유번호 1348-2017-02 69

[집합건물] 경기도 화성시 오산동 96　　　제 층제 호

【 표 제 부 】		(1동의 건물의 표시)		
표시번호	접 수	소재지번,건물명칭 및 번호	건 물 내 역	등기원인 및 기타사항
1	2017년7월19일	경기도 화성시 오산동 9 [도로명주소] 경기도 화성시 동탄오산로 8	철근콘크리트구조 평슬라브지붕 지하4층 지상12층 근린생활시설.업무시설 지4층 1342.28㎡ 지3층 1322.1㎡ 지2층 1327.73㎡ 지1층 1333.39㎡ 1층 951.46㎡ 2층 993.7㎡ 3층 945.54㎡ 4층 945.54㎡ 5층 664.15㎡ 6층 664.15㎡ 7층 664.15㎡ 8층 664.15㎡ 9층 664.15㎡ 10층 664.15㎡ 11층 664.15㎡ 12층 487.9㎡ 옥탑1층 64.75㎡ 옥탑2층 64.75㎡	

	(대지권의 목적인 토지의 표시)			
표시번호	소 재 지 번	지 목	면 적	등기원인 및 기타사항
1	1. 경기도 화성시 오산동 968-3	대	1496㎡	2017년7월19일 등기

[집합건물] 경기도 화성시 오산동 9　　　제 층 제　호

【 표 제 부 】 (전유부분의 건물의 표시)

표시번호	접 수	건물번호	건물내역	등기원인 및 기타사항
1	2017년7월19일	제 층 제 5호	철근콘크리트구조 19.06㎡	

(대지권의 표시)

표시번호	대지권종류	대지권비율	등기원인 및 기타사항
1	1 소유권대지권	1496분의 4.44	2017년7월4일 대지권 2017년7월19일 등기

② 갑구

소유권에 관한 사항이 있다. 갑구를 보면 소유권의 표시뿐만 아니라 소유권과 관련된 압류, 가압류, 가처분, 가등기, 강제(임의)경매, 환매특약, 금지사항등기, 예고등기 등이 나타난다.

【 갑　　구 】 (소유권에 관한 사항)

순위번호	등 기 목 적	접 수	등 기 원 인	권리자 및 기타사항
1	소유권보존	2017년7월19일 제132230호		소유자 주식회사　클래스 134511-0263597 경기도 용인시 처인구 고림로　　,103호(마평동,　)
2	소유권이전	2017년7월19일 제132231호	2017년7월19일 신탁	수탁자 아시아신탁주식회사 110111-3543801 서울특별시 강남구 영동대로 416,13(대치동,케이티앤지타워)
	신탁			신탁원부 제2017-6612호
3	소유권이전	2017년8월10일 제147479호	2017년8월10일 신탁재산의귀속	소유자 주식회사　클래스 134511-0263597 경기도 용인시 처인구 고림로　　,103호(마평동,　)
	2번 신탁등기말소		신탁재산의 귀속	
4	소유권이전	2017년8월10일 제147480호	2016년1월24일 매매	공유자 지분 2분의 1 　　0301-******* 경기도 안양시 동안구 관　로336번길 ,2층(관양동) 지분 2분의 1 　　0310-*******

③ 을구

소유권 이외의 권리에 대한 내용이 있다. 을구를 보면 소유권 이외의 권리에 관한 사항 지상권, 지역권, 전세권, 근저당권, 근저당권부질권, 전세권부근저당권, 지상권부근저당권, 임차권등기, 근저당권부가압류 등이 나타난다.

【 을 구 】 (소유권 이외의 권리에 관한 사항)			
순위번호	등 기 목 적	접 수	등 기 원 인	권리자 및 기타사항
1	근저당권설정	2017년8월10일 제147487호	2017년8월10일 설정계약	채권최고액 금404,400,000원 채무자 경기도 안양시 동안구 관평로3 3번길 49,2층(관양동) 근저당권자 중소기업은행 110135-0000903 서울특별시 중구 을지로 79(을지로2가) (동탄역지점) 공동담보 건물 경기도 화성시 오산동 9○ 제7층 제○호 건물 경기도 화성시 오산동 9 제7층 제715호 건물 경기도 화성시 오산동 9○ 제7층 제716호
2	1번근저당권설정등기말소	2021년2월16일 제31088호	2021년2월16일 일부포기	

4) 부동산 등기사항증명서상의 권리분석

부동산에 대하여 권리분석을 할 경우는 1차적으로 부동산등기사항증명서상 나타난 권리자가 누군인지 갑구와 을구를 통하여 파악하여야 한다.

다음은 건축물인 경우는 임차인에 대하여 분석을 하여야 하고, 그리고 등기사항증명서상에 나타나 있지 않은 특수물권, 즉 유치권이라든지 법정지상권 등에 대하여 검토를 하여야 한다.

부동산 등기사항증명서에 대한 권리분석은 갑구와 을구를 통하여 하게 되는데, 갑구에 있는 권리자들끼리 분석할 경우는 갑구의 순위번호 순으로 하고, 을구에 있는 권리자들끼리 분석할 경우는 을구의 순위번호 순위로 한다.

1, 2, 3 순위는 주등기라고 하고 1-1, 2-1, 3-1은 부기등기라고 한다. 주등기 순위는 주등기 순위를 기준으로 하고, 부기등기는 주등기 순위로 한다. 부

기등기 간에는 부기등기 순위로 한다.

그러나 다른 구 즉 갑구와 을구의 권리가 있는 경우는 접수년월일로 하고 접수년월이 동일한 일자인 경우는 접수번호에 따라서 권리분석을 한다. 이와 같이 부동산등기사항증명서상의 권리분석을 하는 경우에는 갑구와 을구에 기재되어 있는 각각의 권리들을 등기일자에 따라 비교 분석하여야 한다. 또한 물권과 물권 간의 순위, 채권과 채권 간의 순위, 물권과 채권 간의 순위를 알고 있어야 권리분석을 유효하게 할 수 있다.

자세한 권리분석은 PART 3을 통하여 학습하기 바란다.

2. 토지대장 체크 사항

1) 의의
토지거래 시 그 토지가 어떤 토지인지를 검토하기 위해 토지의 공적장부인 토지대장을 확인하게 된다.

2) 토지대장 열람
토지대장을 열람하기 위하여 정부24(www.gov.kr)에 들어가서 메인 포탈에서 [자주찾는서비스]-[토지(임야)대장]을 클릭한다. 그리고 [신청하기]-[로그인/비회원이용] 중 아무거나 선택한다. '토지임야대장열람신청' 창이 떴다면, 대장 구분을 토지대장으로 설정하고, 열람하고자 하는 토지의 주소지 등 필요 기재사항을 적시한다.

모두 입력하였다면, [서비스신청내역]으로 자동으로 넘어가게 되는데, 신청한 대장을 열람하고 출력 또는 확인하면 토지대장 열람 절차가 끝나게 된다.

3) 토지대장상의 체크 사항

토지대장 물적 사항을 정리해 놓은 것이기 때문에, 토지대장에는 면적, 지목, 소유자, 개별공시지가 등이 자세히 나온다.

토지대장과 토지등기사항증명서상 소재지와 지번이 일치하는지도 반드시 확인하여 볼 필요가 있다.

만일 토지대장에 있는 소유자와 토지등기사항증명서상의 소유자가 다르다면 이는 토지등기사항증명서를 기준으로 보면 되고, 면적과 지목이 다르다면 이는 토지대장을 기준으로 보면 된다.

또한 지목에 대하여 제대로 이해하고 있어야 한다. 만약 농촌에 토지투자를 할 경우, 지목이 전, 답, 과수원, 임야 등이면서 용도지역이 녹지지역으로 되어 있거나 보전관리로 되어 있다면 건축허가가 다소 제한적일 수 있다.

토지대장은 채무관계나 담보권설정내역 등은 나타나지 않는다. 그리고 개별공시지가 나타나는데, 이는 상속세, 양도소득세, 종합부동산세, 취득세, 등록면허세 등 국세와 지방세를 산정하는 데 기초자료로 활용된다. 개별공시지가 기준일은 매년 1월 1일이 기준일이다.

따라서 이 같은 사실관계를 잘 파악하고 입찰에 참여해야 할 것이다.

토지 대장

문서확인번호 : 1652-0164-7702-1261

고유번호	1135010300-10380-0001		토 지 대 장		도면번호	0	발급번호	202211350-00123-3105
토지소재	서울특별시 노원구	동			장 번 호	1-1	처리시각	22시 27분 46초
지 번		축 척	수치		비 고		발 급 자	인터넷민원

토 지 표 시				소 유 자		
지목	면 적(㎡)	사 유		변 동 일 자	주 소	
				변 동 원 인	성명 또는 명칭	등 록 번 호
(08) 대	*5254.6*	(30) 1999년 10월 01일 380-2, 380-3, 380-6, 380-7번과 합병 --- 이하 여백 ---		1999년 12월 21일 (21)대지권설정 --- 이하 여백 ---		

등 급 수 정 년 월 일	1981. 01. 01. 수정	1984. 07. 01. 수정	1989. 01. 01. 수정		
토 지 등 급 (기준수확량등급)	70	181	184		
개별공시지가기준일	2022년 01월 01일				용도지역 등
개별공시지가(원/㎡)	3446000				

토지대장에 의하여 작성한 등본입니다.

2022년 5월 8일

서울특별시 노원구청장인

◆ 본 증명서는 인터넷으로 발급되었으며, 정부24(gov.kr)의 인터넷발급문서진위확인 메뉴를 통해 위·변조 여부를 확인할 수 있습니다.(발급일로부터 90일까지) 또한 문서 하단의 바코드로도 진위확인(정부24 앱 또는 스캐너용 문서확인 프로그램)을 하실 수 있습니다.

3. 지적도, 임야도 체크 사항

1) 의의

대지 및 전, 답, 과수원, 목장용지는 지적도, 임야는 임야도가 있다. 이들을 세는 단위가 필(필지)이라고 하는데, 지적도는 토지의 모양, 경계선 등을 알기 편하게 지도로 표시하여 놓은 것이다.
건축허가를 받아서 새로운 건축을 할 경우에는 지적도를 토대로 하여 건축설계도를 작성하게 된다.

2) 지적도/임야도 열람

지적도를 열람하기 위하여 정부24(www.gov.kr)에 들어가서 메인 포탈에서 [자주찾는서비스]-[지적도]를 클릭한다. 무료로 발급을 받을 수 있다.

3) 지적도상의 체크 사항

지적도는 토지의 소재지, 지번, 지목, 경계선, 축척, 인접도로의 폭 등을 알 수 있다.
지적도는 인터넷이나 스마트폰 어플로도 이용할 수도 있는데, 지적도의 북쪽과 실제 북쪽이 일치하도록 하여 놓는다.
지적도의 축척은 1/500, 1/600, 1/1000, 1/1200, 1/2400, 1/3000, 1/6000의 축적이 있는데, 주로 토지는 1/1200이 많이 활용하고, 임야도는 1/3000, 1/6000의 축척이 있는데, 주로 1/6000이 많이 쓰인다. 축척은 지도상의 도면거리와 지표상의 실제거리의 비율이다.

1 : 1600 축척에서 지도의 1cm는, 실제 거리로 1,600cm(16m)이다.

1 : 6,000 축척에서 지도의 1cm는, 실제 거리로 6,000cm(60m)이다.

지적도

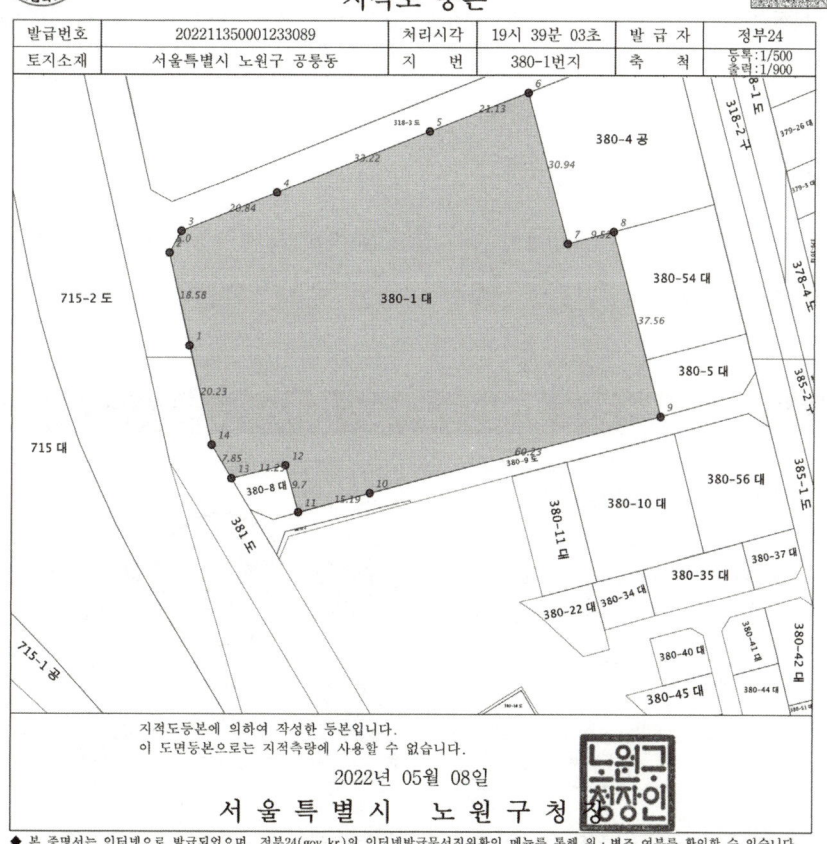

PART 2. 각종 공적장부 체크 사항

4. 토지이용계획확인서 체크 사항

1) 의의

토지이용계획확인서를 통하여 토지이용규제 기본법에 따라 필지별로 지역·지구 등의 지정 내용과 행위 제한 내용 등의 토지이용 관련 정보를 확인하여야 한다.

2) 토지이용계획확인서 열람

토지이음(www.eum.go.kr)에서 주소를 기입하면 토지이용계획확인서를 쉽게 열람할 수 있다.

3) 토지이용계획서 체크 사항

임장활동 시 토지를 확인할 때에는 맹지는 아닌지, 도로를 이용하여 접근할 수 있는지가 중요하다.

도로가 연결되어야 건물을 지을 수 있다. 하지만 도로에 토지가 접해 있다고 하여 항상 건물을 지을 수는 없다.

국가에서는 토지마다 토지이용규제를 정해두었다. 따라서 토지를 구입하기 전에 해당 토지의 이용규제가 어떻게 정해져 있는지, 토지이용계획확인서를 통하여 반드시 건물을 지을 수 있는지 없는지를 확인하여야 한다.

만일 국가에서 환경보호 등의 공익적인 목적으로 건물을 짓지 못하게 하는 토지가 있는데, 이를 무시하고 함부로 투자하였다가 낭패를 볼 수 있다.

도시지역의 주거지역은 종류에 따라 용적율과 건폐율이 달라진다.

또한 도시지역의 주거지역에서 전용주거지역보다는 일반주거지역이 좋고, 일반주거지역보다는 준주거지역이 상가도 많아 토지를 다양하게 이용·개발할 수 있는 장점이 있다.

홍길동은 용인에 주택을 짓기 위해 경매로 나온 부동산등기사항증명서를 열람하여 보니 전(田) 1000m^2 로 되어 있고 고향이어서 입찰에 참여하고자 한다.

우선, 주택을 지으려고 토지이용계획확인서를 발급받아 보니 토지의 용도가 자연환경보전지역이라고 나왔다. 그렇다면 사실상 집을 지을 수 없다.

고민하다가 지목을 변경하면 되겠다고 생각을 하였다. 지목변경을 하는 것은 가능하다.

다만, 건축을 하기 전에는 아니 되고 건축을 하고 나서 지목변경을 대(垈)로 하면 된다.

토지를 낙찰받아 지목변경이 가능한지 잘 살펴볼 필요가 있다.

토지이용계획확인서

소재지	서울특별시 성동구 번지		
지목	대	면적	176 m²
개별공시지가 (m²당)	3,415,000원 (2022/01)		
지역지구등 지정여부	「국토의 계획 및 이용에 관한 법률」에 따른 지역·지구등	도시지역 , 제2종일반주거지역(7층이하)	
	다른 법령 등에 따른 지역·지구등	교육환경보호구역(최종확인은 성동교육청에 반드시 확인요망)<교육환경 보호에 관한 법률> , 절대보호구역(2021-05-14)<교육환경 보호에 관한 법률> , 대공방어협조구역(77-257m)<군사기지 및 군사시설 보호법> , 과밀억제권역 <수도권정비계획법>	
「토지이용규제 기본법 시행령」 제9조제4항 각 호에 해당되는 사항			

확인도면	범례

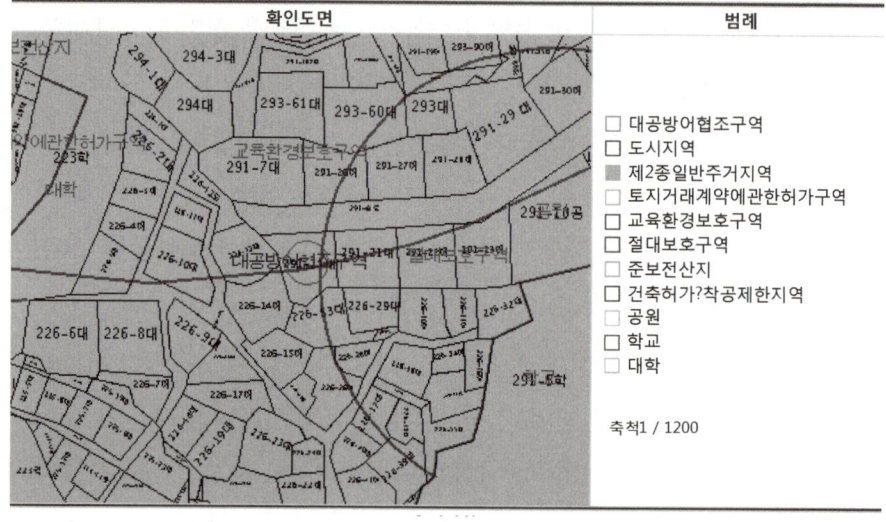

□ 대공방어협조구역
□ 도시지역
■ 제2종일반주거지역
□ 토지거래계약에관한허가구역
□ 교육환경보호구역
□ 절대보호구역
□ 준보전산지
□ 건축허가?착공제한지역
□ 공원
□ 학교
□ 대학

축척1 / 1200

5. 건축물관리대장 체크 사항

1) 의의

건물이 신축이 되면 보존등기를 하기 전에 사용승인을 받기 위하여 건축물관리대장을 만든다. 만일 건축물관리대장이 없다면 허가를 받지 않고 지은 무허가 건물이거나, 아니면 허가는 받았으나 타인의 토지를 침범하여 다툼이 있어서 아직 마무리를 짓지 못한 경우이다.

부동산에 대하여 매매계약 또는 경매 시 건축물관리대장과 등기사항증명서를 확인하여 소유자가 일치하는지, 다른 내용이 있는지를 체크하여야 한다.

소유자가 불일치 하는 경우는 부동산등기사항증명서가 우선하고, 그 외 표제부상(지목, 면적, 주소 등)이 불일치 하는 경우는 건축물관리대장이 우선한다.

만일 임차인이 입주한다든지 또는 사업을 할 경우는 건축물대장과 일치하여야 대항력과 우선변제의 보호를 받을 수 있다.

단독주택은 주소만 일치하면 문제가 없지만 집합건물인 공동주택(아파트, 오피스텔, 상가 등)은 번지와 동호수까지 반드시 일치하여야 한다.

2) 건축물관리대장 열람

건축물관리대장을 열람하기 위하여 정부24(www.gov.kr)에 들어가서 메인 포탈에서 [자주찾는서비스]-[건축물관리대장]을 클릭한다. 무료로 발급을 받을 수 있다.

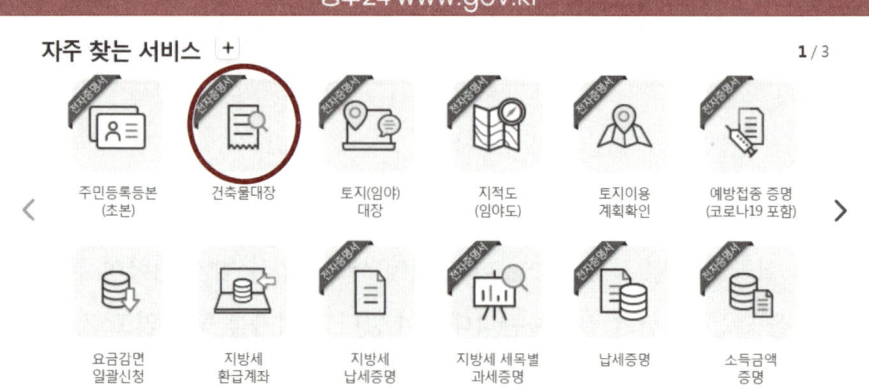

3) 건축물관리대장 체크 사항

건축물관리대장은 갑구와 을구로 나누어져 있다. 건축물관리대장은 공신력이 있는 장부이다.

건축물관리대장을 통하여 건물의 용도를 확인하여야 한다. 건물의 용도가 무엇인지, 불법건물은 아닌지 등이 나타난다.

갑구란에는 그 건물의 고유번호, 대지위치, 지번, 건축물명칭, 면적, 지역, 지구, 구역, 건폐율, 용적률 등이 나타나 있다.

건축물관리대장에는 주용도가 있는데, 이를 잘 살펴보아야 한다. 주용도에 따라서 활용하여야 한다. 다른 용도로 활용할 것이라면 문제가 있다.

가령 건축물의 주용도가 단독주택 또는 공동주택이라든가 아니면 근린시설인데, 이를 식당, 당구장 등 상업시설 등 다른 용도로 이용할 수는 없다.

건축물관리대장의 을구에는 변동일 및 변동원인을 자세히 알 수 있다.

만일 불법건축물이라면 을구란의 특이사항란에 불법증축이나 용도변경 등이 기록된다. 불법건축물이라면 지자체에 문의를 하여 이행강제금이 얼마나 부과되고 있는지, 또한 이를 말소하기 위하여는 어떠한 절차가 필요한지를 확인하고 입찰 여부를 결정하여야 한다.

건축물관리대장

집합건축물대장(표제부, 갑)
(4쪽 중 제1쪽)

고유번호	112-3-01020000		명칭		호수/가구수/세대수 207호/0가구/0세대
대지위치	서울특별시 광진구	지번		도로명주소	서울특별시 광진구 (광장동)
※대지면적	3,072 ㎡	연면적	15,212.8 ㎡	※지역	※지구	※구역
건축면적	922.62 ㎡	용적률 산정용 연면적	9,884.8 ㎡	주구조	철근콘크리트조	주용도	업무시설(오피스텔), 근린생활시설	층수	지하 3층/지상 11층
※건폐율	30.03 %	※용적률	321.77 %	높이	m	지붕	스라브	부속건축물	동	㎡
※조경면적	㎡	※공개 공지/공간 면적	㎡	※건축선 후퇴면적	㎡	※건축선 후퇴거리	m

건축물 현황

구분	층별	구조	용도	면적(㎡)	구분	층별	구조	용도	면적(㎡)
주1	지하3층	철근콘크리트조	주차장,부속실	1,881.4	주1	2층	철근콘크리트조	업무시설(오피스텔16세대)	899.9
주1	지하2층	철근콘크리트조	주차장,부속실	1,854.27	주1	3층	철근콘크리트조	업무시설(오피스텔21세대)	922.62
주1	지하1층	철근콘크리트조	근린생활시설(7세대),주차장,창고	1,592.33	주1	4층	철근콘크리트조	업무시설(오피스텔17세대)	917.58
주1	1층	철근콘크리트조	근린생활시설(5세대)	819.38	주1	5층	철근콘크리트조	업무시설(오피스텔20세대)	912

이 등(초)본은 건축물대장의 원본내용과 틀림없음을 증명합니다.

집합건축물대장(표제부, 을) 건축물현황
(4쪽 중 제3쪽)

고유번호	112-3-01020000		명칭		호수/가구수/세대수 207호/0가구/0세대
대지위치	서울특별시 광진구	지번	102	도로명주소	서울특별시 광진구 (광장동)

건축물 현황

구분	층별	구조	용도	면적(㎡)	구분	층별	구조	용도	면적(㎡)
주1	6층	철근콘크리트조	업무시설(오피스텔22세대)	906.42					
주1	7층	철근콘크리트조	업무시설(오피스텔19세대)	901.38					
주1	8층	철근콘크리트조	업무시설(오피스텔21세대)	901.38					
주1	9층	철근콘크리트조	업무시설(오피스텔22세대)	901.38					
주1	10층	철근콘크리트조	업무시설(오피스텔18세대)	901.38					
주1	11층	철근콘크리트조	업무시설(오피스텔19세대)	901.38					
		- 이하여백 -							

실전사례 103가지로 파헤치는 **부동산 경매와 권리분석 완전정복**

부동산 권리분석과 배당순위를 알아야 한다

PART 3

1. 용어의 정의
2. 권리의 우선순위를 이해하자
3. 말소기준권리를 알자
4. 사례를 통한 권리분석의 지름길
5. 배당을 이해하자

1. 용어의 정의

1) 등기상 갑구의 권리들

① 압류 : 금액이 확정된 체납 세금이 있어서 세무관청이 그 금액에 관해 채무자의 재산을 압류한 것이나 경매 시 경매개시결정등기를 말한다.

② 가압류 : 금액이 확정되지 않은 채무가 있어서 채무자의 재산을 소송이 확정되기 전에 미리 소송에 이길 것에 대비하여 처분금지를 해 놓은 것을 말한다.

③ 가처분 : 금전채권 이외의 특정물의 급여·인도를 목적으로 하는 청구권에 대한 집행을 보전하기 위하여 또는 다툼이 있는 권리관계에 대하여 임시의 지위를 정하기 위해 법원이 행하는 일시적인 명령을 말한다.

④ 환매등기 : 매매로 소유권이 이전될 때 차후 어떤 시기에 매도자가 다시 매수할 권리가 있음을 등기해 놓은 것을 말한다.

2) 등기상 을구의 권리들

① 지상권 : 타인 토지에 건물이나 수목을 소유하기 위해 사용할 권리를 설정한 것이다.

② 지역권 : 자기 토지의 편익을 위해 남의 토지를 사용할 권리를 설정한 것이다.

③ 전세권 : 전세금을 지급하고 타인의 부동산을 사용할 권리를 설정한 것이다.

④ (근)저당권 : 돈을 빌리고 담보로써 부동산에 채권자 명의로 등기를 설정하고 갚지 못할 경우 담보물을 통하여 변제받을 수 있는 권리이다.

3) 등기에 나타나지 않는 권리들

① **임차권** : 보증금을 지급하고 타인의 부동산을 사용할 권리를 가지는 것이다. 임대인에게만 주장할 수 있는 채권인 점에서 물권인 전세권과 다르다. 전입신고를 갖추면 대항력을 가지고, 확정일자를 갖추면 전세권과 같은 등기효력을 가진다.

② **유치권** : 받을 돈이나 물건 대신에 타인의 재산을 자기 채권을 변제받을 때까지 점유할 수 있는 권리이다.

③ **법정지상권** : 본래 토지와 건물이 동일인의 것이었으나 어떤 원인으로 각각 소유자가 달라졌을 때, 건물 철거의 폐해를 방지하기 위해 건물소유자에게 토지소유자와 약정이 없더라도 당연히 토지를 사용할 권리를 인정해 주는 것이다.

2. 권리의 우선순위를 이해하자

권리분석의 시작은 부동산등기사항증명서의 '갑구'와 '을구'에서 소멸되는 최선순위 권리, 즉 말소기준권리를 찾는 것이다.

부동산등기사항증명서는 표제부, 갑구와 을구로 나누어져 있다. 갑구는 소유권에 관한 사항이고, 을구에는 소유권 이외의 권리에 관한 사항이 있다.

갑구와 을구에 있어서 같은 구(區) 안에서의 주등기는 순위번호에 따라 권리분석을 하고, 부기등기는 주등기 순위에 따른다. 그러나 다른 구(區) 즉 갑구와 을구의 권리가 있는 경우는 접수연월일로 하고 접수연월일이 동일한 일자인 경우는 접수번호에 따라서 권리분석을 한다. 이와 같이 부동산등기사항증명서상의 권리분석을 하는 경우에는 갑구와 을구에 기재되어 있는 각각의 권리들을 등기일자에 따라 비교 분석하여야 한다. 또한 물권과 물권 간의 순위, 채권 간의 순위, 물권과 채권 간의 순위를 알고 있어야 권리분석을 유효하게 할 수 있다.

1) 권리의 순위

부동산등기사항증명서상에 등기한 권리의 순위는 등기순위에 따른다. 같은 구에 있는 권리자의 경우는 순위번호에 있는 주등기 순위에 따르고, 갑구와 을구의 서로 다른 구에 있는 경우는 접수번호에 따른다.

이 경우 접수번호란에 있는 연월일을 기준으로 하고, 연월일이 동일한 경우는 다음으로 접수번호를 기준으로 한다. 부기등기의 순위는 주등기 순위로 하고 부기등기 간의 순위는 부기등기 순위가 앞선 자가 우선한다.

2) 채권상호간의 순위

채권상호간에는 성립순위에 상관없이 채권금액에 비례하여 평등하게 배당을 한다.

예를 들면 배당교부금이 9천만 원이다. 1월에 甲가압류 채권이 1억 원이고, 2월에 乙가압류 채권이 2억 원인 경우 甲은 3천만 원, 乙은 6천만 원의 배당을 받게 된다.

3) 채권과 물권상호간의 순위

채권이 우선하고, 물권이 후순위 경우에는 안분배당을 한다. 채권은 원래부터 안분배당권자이고 후순위물권자는 선순위채권자에 우선하지 못하고 안분배당을 받게 된다.

예를 들면 배당교부금이 9천만 원인 경우이다. 1월에 甲가압류 채권이 1억 원이고, 2월에 乙근저당권 채권이 2억 원인 경우 甲은 3천만 원, 乙은 6천만 원의 배당을 받게 된다.

4) 물권상호간의 순위

물권상호간에는 성립순위에 따라 배당을 한다.

예를 들면 배당교부금이 9천만 원인 경우, 1월에 甲근저당권 채권이 1억 원이고, 2월에 乙근저당권 채권이 2억 원인 경우 甲이 9천만 원 전액을 받는다. 乙은 후순위 권리자로 전혀 배당을 받지 못한다.

5) 물권과 채권상호간의 순위

순위와 관계없이 물권이 우선하는 것이 원칙이나 확정일자 있는 임차인, 임차권등기, 담보가등기 등의 채권이 등기된 경우, 그 순위에 따라 권리의 순위가 결정된다.

예를 들면 배당교부금이 9천만 원일 경우, 1월에 甲근저당권 채권이 1억 원이고, 2월에 乙가압류 채권이 2억 원인 경우 甲이 9천만 원 전액을 받는다. 乙은 후순위채권자로 전혀 배당을 받지 못한다.

이와 같이 기본적인 내용을 먼저 이해하여야 좀 더 복잡한 권리분석을 할 수 있다. 따라서 반복적으로 학습하고 암기할 것은 암기하고, 이해해야 할 것은 이해해야 한다.

3. 말소기준권리를 알자

부동산경매의 권리분석에서 가장 먼저 알아야 할 것이 말소기준권리이다. 말소기준권리란 매수인에게 권리가 인수 또는 소멸되는 기준이 되는 권리를 말한다. 즉, 말소기준권리 이후에 설정된 권리는 말소(소멸)된다는 의미이다. 말소기준권리 이전에 설정된 권리는 원칙적으로 낙찰자가 인수하여야 한다. 따라서 말소기준권리를 반드시 알아야 하고 이를 이해하여야 한다. 그래서 말소기준권리를 알아야 입찰금액 자체를 써넣을 수가 있다.

말소기준권리가 될 수 있는 권리에는 최선순위담보물권으로 압류·가압류, 근저당권·저당권, 경매개시결정등기, 담보가등기, 전부전세권(배당요구 또는 경매를 신청한 경우) 가운데 등기순서가 가장 빠른 것을 기준으로 한다.

사례 1 말소기준권리를 후순위 임차인이 대위변제 하는 경우

> 근저당권자인 채권자 甲은 채무자 乙이 7천만 원을 변제하지 못하자 乙 소유의 아파트를 경매 신청하여 낙찰을 받고자 하였다. 아파트에 대한 감정평가금액은 1억 원이었고, 1차 매각에서는 유찰되었다. 甲은 2차 매각에서 최저가 8천만 원보다 약간 높은 8천5백만 원에 낙찰받고 잔금까지 납부하였다. 하지만 임차인 丙이 선순위가압류권자를 대위변제하고 선순위가 되었다.
> 이와 같은 경우 甲은 낙찰을 잘 받았을까?

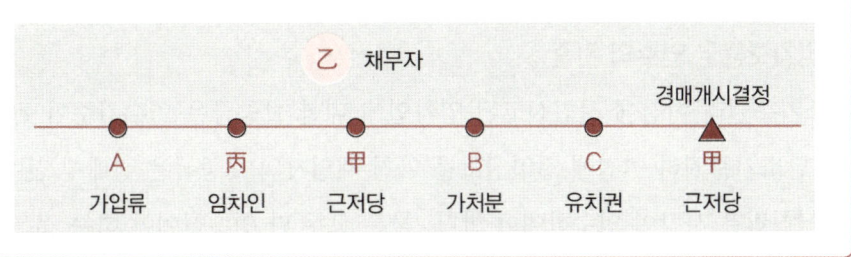

당초에는 가압류가 말소기준이 되어 문제가 없었으나 임차인 丙이 가압류권자에게 매각잔금지급일 이전까지 대위변제를 한 경우 甲근저당권자는 임차인 丙을 인수하여야 하는 상황이 발생하게 된다. 따라서 낙찰자는 임차인 丙을 인수하여야 한다.

이와 같이 이해관계인은 대위변제를 하고 인수기준권리가 될 수 있기 때문에 권리분석을 할 때 특별히 유의해야 한다.

경매에서 순위가 늦은 임차인이 선순위채권을 대위변제하고 임차권을 말소기준권리보다 우선하도록 만드는 경우가 종종 발생한다.

이는 임차인이 대위변제를 하는 금액보다 임차보증금이 더 많을 경우, 임차보증금을 지키는 게 유리하다고 판단할 때 행해진다.

甲은 이러한 경우 丙임차인에 대해 마땅히 대응할 방법은 없다. 그나마 경매 낙찰가를 조금이라도 낮게 받는 것이 유리하다고 본다.

1) 말소기준권리의 기준

경매절차에서 권리분석을 하려면 우선 말소기준권리를 이해하여야 한다. 말소기준권리는 이 권리를 기준으로 이후 권리와 함께 말소되는 권리이기 때문이다. 다만, 예외적으로 토지인도청구나 건물철거 등에 대한 가처분, 예고등기 등은 말소되지 않고 인수하여야 하는 경우가 있다.

2) 임차보증금 인수의 기준

말소기준권리 이전에 전입신고된 임차인에 대한 보증금은 인수기준이 된다. 즉, 말소기준권리 이전에 전입신고를 마친 세입자의 보증금은 경매에 참여하여 낙찰받은 사람이 인수하여야 한다. 물론 모두 다 인수하여야 하는 것은 아니다.

만약에 세입자가 배당 또는 경매를 신청하여 배당을 받은 경우에는 낙찰자는 인수하지 않아도 된다. 그러나 세입자가 자신의 보증금 중 일부만 배당받는다면 배당받지 못한 나머지 보증금을 낙찰자가 인수하여야 한다.

세입자가 배당을 받을지 여부에 대하여는 매각물건명세서나 경매정보지 등의 경매정보를 보면 세입자의 배당요구 여부를 알 수 있다. 배당요구를 하였다는 것은 낙찰된 금액에서 자신의 전세보증금을 받겠다는 의사의 표현이다.

말소기준권리 이후에 전입신고를 하였다면 대항력을 상실하였기 때문에 낙찰자는 전세자의 보증금을 인수할 필요가 없다.

3) 등기사항증명서상에 있는 권리 인수의 기준

경매에 나온 부동산은 권리관계가 대부분 복잡하다. 하지만 말소기준권리 이후에 설정된 권리는 법원에서 모두 말소시켜 준다. 그러나 예외가 있다. 즉, 말소기준권리 이후에 설정된 권리 중에서 말소되지 않은 권리가 있다. 그것은 가처분인데, 이는 말소기준권리 이후에 설정되었다 하더라도 말소되지 않기 때문에 조심하여야 한다. 특히 건물만 경매로 나온 경우, 토지소유자가 지상건물소유자에 대한 토지인도청구권 또는 건물철거를 보전하기 위하여 건물에 대하여 가처분을 한 때에는 후순위가처분이라도 매각으로 말소되지 않으므로 상당한 주의를 요하여야 한다.

4) 인도명령과 명도소송의 기준

말소기준권리는 명도에서 인도명령과 명도소송의 기준이 된다. 말소기준권리 이전 세입자의 경우에는 명도소송을 하여야만 강제적으로 명도를 할 수 있다. 그러나 말소기준권리 이후에 전입한 세입자가 있을 경우에는 인도명령을 통하여 강제명도를 할 수 있다.

5) 말소기준권리의 종류

말소기준권리에는 압·근·경·담·전이 있다. 즉 (가)압류, (근)저당권, 경매개시결정등기, 담보가등기, 전세권등기가 있다. 단, 전세권은 전부전세권자가 강제경매 또는 배당요구 신청을 하였을 경우에만 말소기준권리가 된다.

6) 인수되는 권리

주택 및 상가건물임차인, 순위보전가등기, 환매등기, 지상권, 지역권, 배당을 요구 안 한 전세권이 있다.
또한 유치권, 법정지상권, 예고등기, 토지인도청구권 및 건물철거가처분, 분묘기지권 등은 말소기준권리보다 앞에 있건 뒤에 있건 낙찰자가 인수해야 한다.

4. 사례를 통한 권리분석의 지름길

다양한 권리분석을 할 줄 알아야 한다.
처음 부동산 경매를 시작하는 경우 임차인의 보증금을 상황에 따라서 인수할 수도 있고, 그렇지 않을 수도 있기 때문에 임차인에 대하여 확인하고 분석하는 것은 아주 중요하다.

1) 임차인의 권리분석

📝 **사례 2** 선순위 임차인이 있는 경우

순위	일자	권리	금액	대항 여부
홍길동	2020.01.05	전입	1억원	인수
갑돌이	2020.02.10	근저당	2억원	소멸
홍길동	2020.03.05	확정일자		
김갑순	2021.05.20	낙찰	1억5천	

본 사례에서 부동산등기사항증명서를 열람하여 보았더니 2020. 2. 10일에 근저당권이 설정되어 있는 것을 확인하였다.
부동산 경매에서 가장 먼저 말소기준권리를 확인하는 것이 중요하다. 말소기준권리에는 압류(가압류), (근)저당권, 경매개시결정, 담보가등기, 전부전세권 등이 있다.
이 말소기준권리를 기준으로 이전에 등기사항증명서에 등기된 권리는 낙찰자가 인수하고, 이후 권리는 소멸된다. 그러나 등기사항증명서상에서 말소기준권리 이후라도 건물철거에 대한 가처분, 토지인도에 대한 가처분 등은 말소되지 않는다.

다음으로 전입세대 열람(전국 어디서나 가능)을 통하여 임차인의 전입일자를 확인한다. 본 사례에서 홍길동은 근저당설정일자보다 우선하여 전입하였기 때문에 대항력 있는 임차인으로, 낙찰자는 입찰금액 1억5천만 원 외에 보증금 1억을 추가로 인수하여야 한다.

그러나 대항력 있는 임차인이 있다고 하더라도 그 임차인이 확정일자를 갖추고 배당을 요구하여 만족하였다면, 낙찰자는 그 보증금을 인수하지 않아도 된다. 따라서 법원에 비치하여 놓은 매각물건명세서를 통하여 임차인의 보증금은 얼마인지, 확정일자를 받아 놓은 일자는 언제인지, 배당요구는 하였는지 등을 확인하여야 한다.

사례 3 소액 임차인은 최우선 변제를 받는다.

순위	일자	권리	금액	대항 여부
홍길동	2020.01.05	전입/확정/배당	1억원	인수
갑돌이	2020.02.10	근저당	2억원	소멸
박말동	2021.05.20	낙찰	1억5천만	

▶ 권역 : 서울권역(최우선변제금 1억1천만 원 이하인 경우 3700만 원)

소액임차인은 대항력을 갖추면 최우선적으로 배당을 받는다. 임차인이 하자 없이 법원으로부터 보증금을 받으려면 ① 보증금액이 소액 임차인이어야 하며, ② 경매개시결정등기 이전에 전입신고가 되어 있어야 하고, ③ 배당요구종기일까지 배당요구를 하여야 한다.

만일, 입찰에 참여하고자 하면 대항력 있는 홍길동이 법원으로부터 배당금을 얼마나 받는지를 보고, 낙찰자의 인수금액과 입찰가격을 결정한다.

우선변제권으로 배당을 받을 경우는 대항력(입주, 전입신고)과 확정일자를 갖추어야 한다. 만일 대항력은 갖추었으나 확정일자를 받아 놓지 않았다면 최우선변제보호금액만을 배당받고, 우선변제는 받지 못한다. 우선변제를 받는 경우 소액보증금과 상관없이 보증금 전액에 대하여 적용을 받을 수 있다.

본 사례에서 홍길동은 대항력과 확정일자를 갖추었기 때문에 법원으로부터 배당을 수령하게 되는데, 우선 최우선변제금으로 3700만 원을 받고, 다음으로 6300만 원을 받게 된다.

이러한 경우 낙찰자는 임차인 홍길동이 배당을 전액 받았기 때문에 인수하여야 할 금액은 없다.

2) 대항력 있는 임차인에 대한 인수

대항력이 있는 임차인이 확정일자를 받은 상태에서 법원에 배당을 요구하여 전액을 배당받으면 낙찰자는 인수하지 않는다.

하지만 임차인이 확정일자와 배당을 요구하였다 하더라도 인수하는 경우가 있다.

사례 4 선순위 임차인의 보증금 이하로 낙찰된 경우

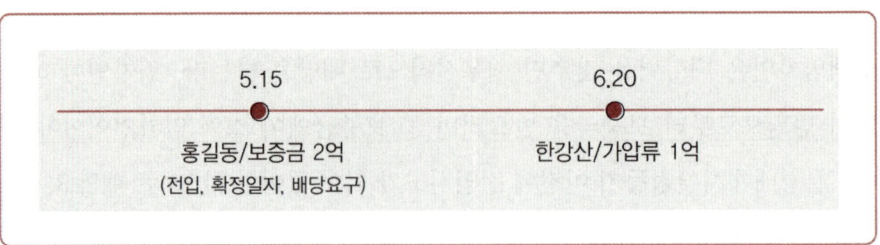

본 사례에서 대항력 있는 임차인 홍길동은 확정일자를 받아 놓았고, 또한 배당을 요구하였기 때문에 한강산보다 우선하여 배당을 받게 된다. 즉, 확정일자는 우선변제권이 인정된다.

만일 경매절차에서 낙찰금액이 2억 원일 경우 홍길동은 전액을 배당받을 수 있다. 따라서 이와 같은 경우는 낙찰자가 인수하는 금액은 없다.

하지만 낙찰금액이 1억 원인 경우, 홍길동은 1억 원만 배당을 받게 되고, 배당을 못 받은 1억 원은 낙찰자가 인수하여야 한다.

따라서 임차인이 못 받은 배당금이 있는지 확인을 하여야 한다.

사례 5 확정일자가 말소기준권리보다 늦은 경우

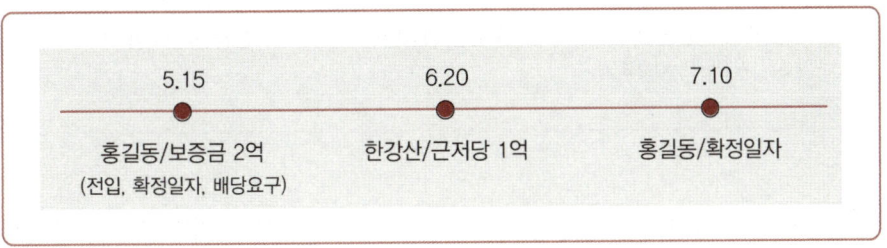

확정일자는 우선변제권이 인정되어 준물권으로 취급된다. 즉 순위배당으로 참여하게 되는데, 근저당권자와 우선순위 다툼을 한다.

홍길동은 대항력 있는 임차인이다. 다만 확정일자를 말소기준권리인 근저당권자보다 늦게 받아 놓은 상태이다.

본 사례에서 낙찰금액이 2억 원으로 가정할 경우 근저당권자 한강산이 우선 먼저 1억 원을 배당받고 잔액 1억 원은 확정일자를 받아 놓은 임차인 홍길동이 배당을 받는다. 그리고 배당을 통하여 만족을 못한 임차인 홍길동의 1억 원은 낙찰자가 인수한다.

만일, 낙찰금액이 7천만 원에 입찰한다고 보면, 근저당권자 한강산이 7천만 원 전액을 배당받게 된다. 이 경우 임차인 홍길동은 배당을 전혀 받지 못하는 것이다. 따라서 낙찰자가 2억 원을 전액 인수하여, 결국 2억7천만 원에 입찰하는 상황에 놓이게 된다.

이러한 문제가 있기 때문에 입찰자는 인수금액을 고려하여 추가 부담을 하고도 손해가 나지 않도록 신중한 입찰을 하여야 한다.

사례 6 확정일자가 근저당권자보다 앞선 경우

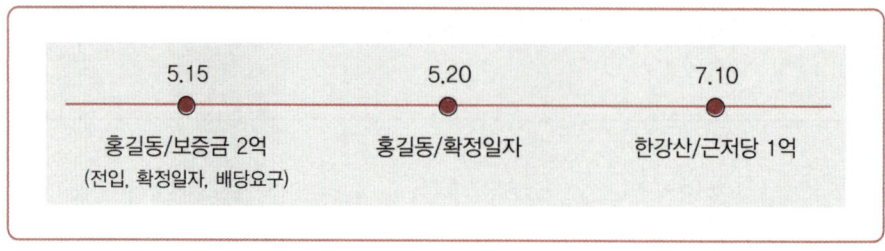

확정일자는 우선변제권이 인정되므로 임차인 홍길동은 근저당권자인 한강산보다 우선하여 배당을 받는다.

만일 경매절차에서 낙찰금액이 2억5천만 원일 경우, 임차인 홍길동이 2억 원을 먼저 배당받는다. 그리고 나머지 5천만 원을 근저당권자가 배당받는다.

이러한 경우, 낙찰자가 인수하는 금액은 없다.

사례 7 확정일자와 근저당권자가 동일한 날짜인 경우

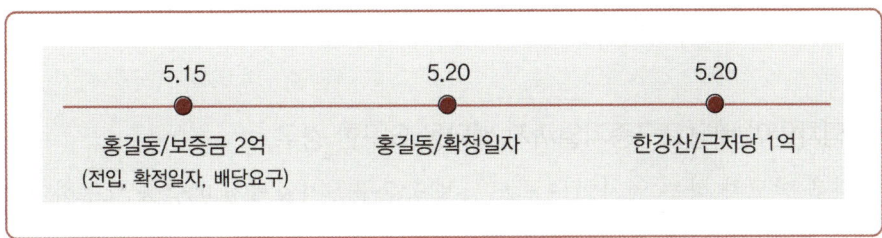

확정일자로 근저당권자보다 선순위일 경우는 확정일자를 받은 임차인 홍길동이 먼저 배당을 받는다. 이와 반대로 근저당권자가 우선하는 경우는 근저당권자인 한강산이 우선하여 배당을 받는다. 그러나 확정일자와 근저당권자가 동일한 경우는 안분하여 배당을 받는다.

예를 들어 경매절차에서 낙찰금액이 2억5천만 원일 경우 다음과 같이 배당을 받는다.

① 임차인 홍길동의 확정일자가 근저당권자인 한강산보다 우선하는 경우
홍길동이 2억 원을 배당받고, 나머지 5천만 원은 한강산이 배당을 받는다. 따라서 이 경우 낙찰자가 인수하는 금액은 없다.

② 근저당권자인 한강산이 임차인 홍길동의 확정일자보다 우선하는 경우
한강산은 1억 원을 우선하여 배당을 받는다. 그리고 나머지 1억5천만 원은 홍길동이 배당을 받는다. 따라서 이 경우, 낙찰자는 5천만 원을 인수한다.

③ 대항력 있는 임차인 홍길동이와 근저당권자인 한강산이 동일자인 경우는 순위가 동일한 것으로 보고 안분하여 배당한다.
배당교부금이 2억5천만 원이라고 가정한 경우에 안분배당액은 다음과 같다.

홍길동 2억5천만원 × 2억/3억 = 167백만원

한강산 2억5천만원 × 1억/3억 = 83백만원

이러한 경우, 낙찰자는 33백만 원을 인수하게 된다.

3) 임차인이 배당요구종기일까지 배당을 요구한 경우

배당을 받고자 하는 임차인은 반드시 배당요구종기일까지 배당을 요구하여야 한다. 만일 배당요구종기일까지 배당을 요구하지 않거나, 지나서 배당을 요구하는 경우는 배당을 받을 수 없다.

사례 8 배당요구종기일 이후에 배당을 요구한 경우

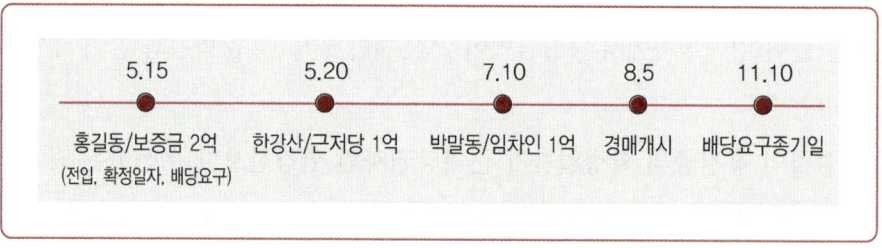

본 사례에서 박말동은 최선순위변제금액을 받아야 할 임차인이다. 따라서 11.10일까지 배당을 요구하여야 한다.

그러나 홍길동은 배당을 요구하지 않을 수도 있다. 이러한 경우는 낙찰자가 인수하여야 한다. 따라서 낙찰자는 임차인이 배당요구일까지 배당요구를 하였는지 확인해야 낭패를 보지 않을 수 있다.

본 사례에서 임차인의 배당요구는 여러 상황의 유형이 있을 수 있는데, 잘 알아 두기 바란다.

A 유형 : 11.10일까지 배당요구를 하고 11.10일 전출한 경우

이 경우 대항력이 있고 배당을 받을 수 있다. 낙찰자는 인수하지 않아도 된다.

B 유형 : 11.5일까지 배당요구를 하고 11.5일 전출한 경우

이 경우 대항력도 없고, 배당도 받을 수 없고, 낙찰자는 인수하지 않아도 된다. 전출할 경우 최소한 배당요구종기일까지는 유지하였다가 전출하여야 한다.

C 유형 : 11.5일까지 배당요구를 하고 11.10일 전출한 경우

이 경우 대항력이 있고 배당을 받을 수 있다. 낙찰자는 인수하지 않아도 된다.

D 유형 : 11.20일까지 배당요구를 하고 11.20일 전출한 경우

이 경우 대항력은 있으나 배당을 받을 수 없다. 낙찰자는 인수하여야 한다. 배당요구종기일까지는 배당을 요구하였어야 하나, 기일이 지나 요구하였기 때문에 배당을 받을 수 없는 안타까운 상황이다.

배당요구종기일이 지정되면 변동이 없다. 이는 여러 차례의 입찰이 되거나 여러 번의 유찰이 되어도, 또한 낙찰자가 대금을 미납하여 재경매가 되어도, 한 번 지정된 배당요구종기일은 변동이 없다.

임차인은 배당요구종기일까지 대항요건을 갖추기만 하면 유찰이 되거나, 전출을 한 경우라도, 또한 재경매가 되더라도 임차인의 대항력에는 변함이 없고 확정일자를 갖추었다면 우선변제권도 유지된다.

그러나 현재 진행중인 경매가 취하, 취소 등으로 사건이 종결되고, 또 다른 채권자에 의하여 경매사건이 새롭게 집행되면 문제가 된다.

이렇게 새롭게 경매가 진행되면 배당요구종기일이 새로 지정될 것이기 때문에 이미 전출한 임차인은 현행사건에서는 대항력과 우선변제권을 상실하게 된다. 따라서 실제로 배당을 받을 때까지 대항력을 갖추는 것이 중요하다. 다만 임차인이 불가피하여 전출하고자 한다면 임차권등기를 하고 전출하면 된다. 임차권등기를 하면 대항력과 우선변제권이 유지된다.

4) 대항력 있는 임차인이 배당을 요구한 경우

대항력이 있는 임차인이 있는 물건을 입찰시는 특히 주의하여야 한다.

📝 **사례 9** 대항력 있는 임차인이 배당을 요구한 경우

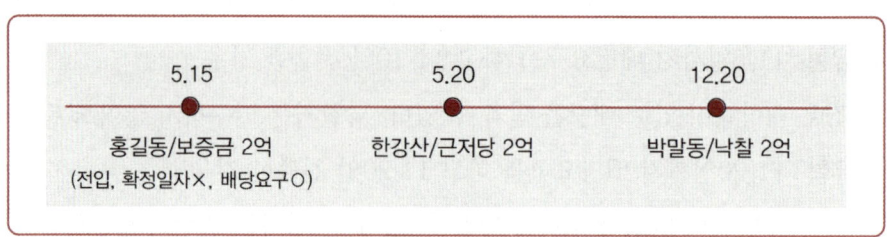

▶ 권역 : 서울권역(최우선변제금 1억 5천만 원 이하인 경우 5000만 원)

상황을 살펴보니 임차인 홍길동은 대항력을 갖추었고, 임대차기간이 남아 있는 상태에서 경매가 진행되었다. 그러나 임차인 홍길동은 확정일자를 받아 놓지 않았지만 배당요구는 한 상황이었다.
한강산 근저당권자는 배당요구와 상관없이 당연배당권자로 배당을 받는다.
이와 같은 상황에서 임차인 홍길동은 대항력은 있으나 최우선변제금과 우선변제금도 보호를 받을 수 없다. 왜냐하면 서울권역은 최우선변제보호금액이 1억 5천만 원 이하로 임대차계약이 체결되어야 하나, 2억 원으로 임대차계약이 되었기 때문이다. 따라서 입찰자는 홍길동의 보증금을 전액 인수하여야 한다.
만일 입찰자가 입찰을 할 경우 먼저 시세파악을 한다.
시세가 5억 원이라고 가정하자. 대항력이 없는 임차인이라면 4억 원에 입찰을 할 수 있다. 하지만 대항력 있는 임차인이라면 2억 원을 인수하여야 하기 때문에 입찰가는 보증금액만큼 저감하여 2억 원으로 하여야 할 것이다.
입찰자인 박말동은 2억 원에 입찰을 하고, 대항력 있는 임차인 홍길동에게 2억 원을 지급한 경우에, 임차인 홍길동은 잔여 임대차기간이 남아 있어도 낙찰자인 박말동에게 해당 주택을 명도해 주어야 한다.

본 사례에서 임차인 홍길동이 배당을 요구한 경우는 낙찰자인 박말동에게 더 이상 잔여 임대차기간을 주장하지 않고, 주택을 명도하여 주겠다는 계약해지의 의사표시이기 때문이다.

📝 사례 10 대항력 있는 임차인이 배당을 요구하지 않은 경우

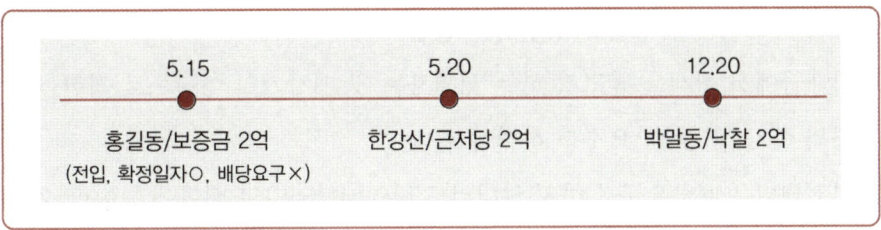

▶ 권역 : 서울권역(최우선변제금 1억5천만 원 이하인 경우 5000만 원)

상황을 살펴보니 임차인 홍길동은 대항력을 갖추었고, 임대차기간이 남아 있는 상태에서 경매가 진행되었다. 그러나 임차인 홍길동은 확정일자를 받아 놓았지만, 배당요구는 하지 않은 상황이었다.

한강산 근저당권자는 배당요구와 상관없이 당연배당권자로 배당을 받는다. 그러나 임차인 홍길동은 배당을 요구하여야 하나, 배당요구를 하지 않아 최우선변제금도 받을 수가 없고, 또한 확정일자를 받아 놓았더라도 우선변제금도 배당받을 수가 없다. 따라서 입찰자는 홍길동의 보증금을 전액 인수하여야 한다. 이와 같이 대항력 있는 임차인 홍길동이 배당을 요구하지 않았다는 것은 보증금 및 남아 있는 임대차기간을 낙찰자에게 주장하겠다는 의도가 있다고 보아야 한다. 이러한 경우가 발생하면 낙찰자는 임차인으로부터 그 남은 기간 동안 주택을 명도 받을 수가 없다. 따라서 이러한 문제점을 잘 파악하여 대응하여야 한다. 좀 더 구체적이고 다양한 권리분석은 'PART 4 부동산물건'에 대한 권리분석 편에서 학습하기 바란다.

5. 배당을 이해하자

1) 의의
배당요구란 다른 채권자가 강제집행을 신청한 절차에 참여하여 매각대금에서 변제를 받으려는 집행법상의 행위를 말한다.

매각대금에서 변제를 받고자 하는 채권자는 첫 매각기일 이전으로 정한 배당요구의 종기까지 배당요구를 하여야 한다.

민사집행법은 배당요구를 하지 않더라도 당연배당권자로 배당에 참여할 수 있는 채권자와 반드시 배당요구를 하여야 배당에 참여할 수 있는 채권자로 구분하고 있다.

2) 배당요구 시기
배당요구를 할 수 있는 시기는 첫 매각기일 이전으로 집행법원이 정한 배당요구의 종기까지 할 수 있다.

민사집행법 제88조 제1항의 소정의 배당요구가 필요한 배당요구채권자가 실체법상 우선변제청구권이 있다 하더라도 적법한 배당요구를 하지 아니하여 배당에서 제외된 경우, 배당받은 후순위채권자를 상대로 부당이득반환청구를 할 수 없다.

그리고 그 전에 배당요구를 한 경우에는 압류의 효력발생 시부터 배당요구의 효력이 생긴다.

(1) 배당요구 방식
배당요구는 채권(이자, 비용, 그 밖의 부대채권을 포함한다)의 원인과 액수를 적은 채권계산서 등 서면으로 하여야 한다.

배당요구서에는 집행력 있는 정본 또는 그 사본, 그 밖에 배당요구의 자격을 소명하는 서면을 붙여야 하며, 가압류권자나 우선변제청구권자가 배당요구를 할 경우에는 가압류등기가 되어 있는 등기사항증명서나 우선변제권을 증명하는 서류를 붙여야 한다.

(2) 배당요구 통지

적법한 배당요구가 있을 때에는 법원은 배당요구일로부터 3일 이내에 직권으로 이해관계인에게 그 취지를 통지하여야 한다.

국세 등의 교부청구가 있는 경우에는 실무상 통지를 하지 않고 있다.

(3) 배당요구의 효력

적법한 배당요구서가 제출되면 그 즉시 효력이 발생하고, 이해관계인에게 통지하여야 효력이 발생하는 것은 아니며 다음과 같은 권리가 발생한다.

① 채권순위에 따라 배당을 받을 권리
② 배당기일의 통지를 받을 권리
③ 배당기일에 출석하여 배당표에 대한 의견을 진술할 수 있는 권리
④ 집행력 있는 정본으로 한 배당요구권자의 특별한 효력

집행력 있는 정본으로 배당요구를 한 채권자는 경매절차의 이해관계인이 되므로 이해관계인으로서의 권리가 인정되고, 민법 제168조 제2호의 압류에 준하는 것으로써 배당요구에 관련된 채권에 관하여 소멸시효 중단의 효력이 생긴다.

(4) 배당요구서 제출하지 않은 경우의 효과

배당요구가 필요한 채권자가 배당요구종기까지 배당요구를 하지 아니한 경우

에는 배당을 받을 수 없다.

또한 압류채권자나 배당요구한 채권자가 채권의 일부 금액으로 경매신청 또는 배당요구한 경우 배당요구종기 이후에는 새로운 채권을 추가하거나 확정할 수 없다.

다만, 이자 등 부대채권의 경우에는 경매신청서에 이자지급을 구하는 취지가 적혀 있기만 하면, 배당요구종기까지는 채권계산서를 제출하는 방법으로 이를 확정할 수 있다.

(5) 배당요구서의 제한

배당요구에 따라 매수인이 인수하여야 할 부담이 바뀌는 경우, 배당요구를 한 채권자는 배당요구의 종기가 지난 뒤에는 이를 철회하지 못하며, 이러한 배당요구철회가 배당요구종기 후에 있는 때에는 집행법원은 배당요구가 있는 것으로 취급하여 배당을 한다.

(6) 배당요구를 하지 않아도 당연히 배당에 참가할 수 있는 자

① 선행사건의 배당요구의 종기까지 이중경매신청을 한 채권자
② 첫 경매개시결정등기 전에 등기된 가압류채권자
③ 첫 경매개시결정등기 전에 등기된 우선변제권자

단, 가등기담보의 경우에는 채권신고의 최고기간까지 채권신고를 한 경우에 한하여 배당되고, (근)저당권, 압류, 가압류에 대항할 수 있는 최우선순위의 용익물권 중 전세권은 실체법상 존속기간이 지났는지에 관계없이 배당요구를 하여야만 매각으로 소멸하므로, 이러한 전세권은 첫 경매개시결정등기 전에 등기되어 있더라도 배당요구가 필요하다. 또한 임차권등기명령에 의하여 임차권등기가 첫 경매개시결정등기 전에 등기된 경우, 민사집행법 제148조 제4호에 정한 채권자에 준하여 배당요구를 하지 않아도 배당

을 받을 수 있는 채권자에 속한다.

④ 첫 경매개시결정등기 전의 체납처분에 의한 압류권자

첫 경매개시결정등기 전의 체납처분에 의한 압류권자는 당연배당권자이나, 그러나 첫 경매개시결정등기 후에 체납처분에 의한 압류등기가 된 경우에는 집행법원에 배당요구의 종기까지 교부청구를 하여야만 교부받을 수 있다.

사례 11 배당을 요구하지 않아도 배당받는 당연배당권자

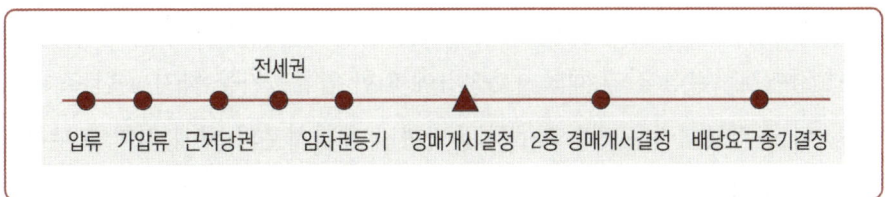

▶ 단, 선순위 전부 전세권자는 배당에 참여할 수도 있고 인수를 요구할 수도 있다.

경매개시결정 전에 있는 압류, 가압류, 근저당권, 임차권등기는 당연배당권자이다.

단, 전세권은 상황에 따라 다르다. 선순위전세권은 경매를 신청하거나 배당을 요구하면 당연배당권자이나 그렇지 아니하면 낙찰자는 인수를 하여야 하는 권리자이다. 다만 후순위전세권자로 경매개시결정보다는 먼저 등기가 되어 있는 경우는 배당을 요구하든, 요구하지 않든 간에 당연배당권자로 취급되어 낙찰자는 인수를 하지 않아도 된다.

선행사건의 배당요구의 종기까지 이중경매신청을 한 채권자는 당연배당권자이다.

(7) 배당요구를 하여야만 배당에 참가할 수 있는 자

① 집행력 있는 정본을 가진 채권자
② 경매개시결정 등기된 이후 가압류를 한 채권자
③ 민법, 상법, 그 밖의 법률에 의하여 우선변제권이 있는 채권자

  Ⓐ 법률이 우선변제권을 인정하고 있으나 등기가 없어 배당요구를 하지 않으면 그 채권의 존부나 액수를 알 수 없는 채권으로서, 주택임대차보호법이나 상가건물임대차보호법에 의하여 우선변제권이 인정되는 임차보증금반환채권과 임금채권이 이에 해당한다.

  Ⓑ 경매개시결정 기입등기를 한 뒤에 근저당권과 같은 제한물권이나 등기된 임차권을 취득한 채권자도 배당요구를 하여야 한다.

  Ⓒ 경매개시결정 전에 체납처분절차에 의한 압류등기를 하지 못한 조세 기타 공과금채권은 배당요구의 종기까지 체납처분의 예에 의거 교부청구를 하여야 한다.

  Ⓓ 최우선 전세권자도 배당을 받고자 할 경우에는 배당요구가 필요하다.

사례 12 배당을 요구하여야 배당에 참여할 수 있는 자

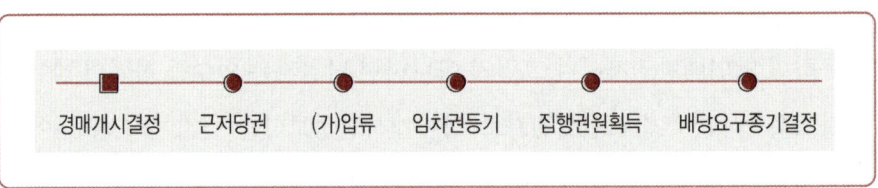

경매개시결정 후에 있는 압류, 근저당권, (가)압류, 임차권등기는 배당을 요구하여야 한다.

가등기담보권자와 전세권자도 또한 배당을 받으려면 배당을 요구하여야 한다.

사례 13 부동산등기사항증명서상에 등기된 권리자들에 대한 배당   배당교부금 : 5억 원

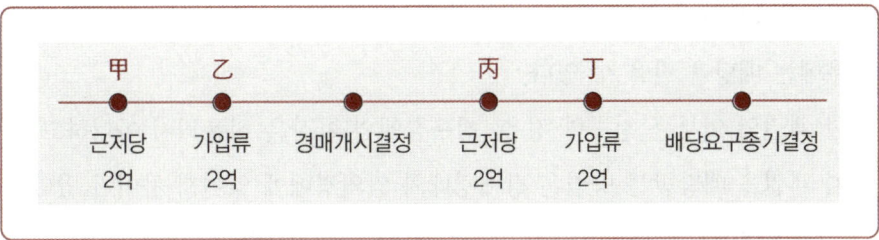

甲과 乙은 당연배당권자로 배당요구와 상관없이 배당을 받는다. 하지만 丙과 丁은 배당을 요구하여야 배당을 받는데, 배당을 요구하지 않았다.

본 사례에서 甲과 乙은 각각 2억 원의 배당을 받으나 丙과 丁은 배당을 못 받는다. 잔여금 1억 원은 소유자에게 배당이 된다.

3) 배당받을 채권자

민사집행법 제148조(배당받을 채권자의 범위)는 제147조 제1항에 규정한 금액을 배당받을 채권자는 다음 각호에 규정된 사람으로 한다.
① 배당요구의 종기까지 경매신청을 한 압류채권자
② 배당요구의 종기까지 배당요구를 한 채권자
③ 첫 경매개시결정등기 전에 등기된 가압류채권자
④ 근저당권, 전세권, 그 밖의 우선변제청구권으로서 첫 경매개시결정등기 전에 등기되었고 매각으로 소멸하는 것을 가진 채권자

(1) 이중압류채권자

배당요구종기까지 경매신청을 한 압류채권자 즉 이중압류채권자는 당연히 배당받을 수 있다.

그러나 배당요구종기 후에 경매신청을 한 압류채권자는 선행사건으로 진행되어 배당을 하는 경우에는 배당을 받을 수 없다.

다만, 선행사건이 취하·취소되어 배당요구종기를 다시 정하고 배당을 하는 경우에는 배당을 받을 수 있다.

또한 채권의 일부를 청구한 경우, 청구금액의 확장은 허용되지 아니하고, 나머지 채권을 배당받는 방법은 강제경매와 임의경매에 있어서 차이가 있다.

즉 강제경매에서는 배당요구종기까지 배당요구를 하여 채권 일부는 압류채권으로, 나머지 채권은 배당요구채권으로 배당을 받을 수 있으나 임의경매의 경우에는 배당요구의 종기까지 이중압류를 하여야 한다.

그리고 청구채권의 확장이 허용되지 않는 결과 후순위권리자가 배당을 받은 경우에 그 권리자를 상대로 한 부당이득반환청구도 허용되지 않는다.

(2) 확정일자임차인

가) 우선변제권

주택임대차보호법상의 대항요건과 임대차계약서상에 확정일자를 갖춘 주택임차인은 민사집행법에 의한 경매 또는 국세징수법에 의한 공매 시 임차주택의 환가대금에서 선순위 조세채권 또는 후순위권리자 기타 채권자보다 우선하여 보증금을 변제받을 권리가 있다.

특히 확정일자를 갖춘 임차인의 임차보증금 반환채권 사이의 우선순위는 공·경매에서 세금우선변제의 예외 규정으로 주택 임차보증금의 확정일자보다 법정기일이 늦은 세금은 당해세 배분 예정액을 보증금에 우선적으로 배당(배분)하도록 했다.

또한 주택임대차보호법 제3조 제2항에 의하여 대항력이 인정된 법인의 경우에는 법인이 주택을 임차한 후 지방자치단체의 장 또는 해당 법인이 선정한 입주자가 그 주택에 관하여 인도와 주민등록을 갖추고, 법인과 임대인 사이의 임대차계약증서상에 확정일자를 갖추어야 우선변제권이 발생한다. 이때 임차인이 위 규정에 의하여 배당을 받고자 할 경우 임차인은 임차주택을 양수인에게 인도하지 아니하면 보증금을 배당받을 수 없다.

한편 상가건물의 임차인도 상가건물임대차보호법에 의하여 대항요건을 갖추고 관할세무서장으로부터 확정일자를 받으면 우선변제권이 발생한다.

다만, 상가건물의 경우에는 상가건물임대차보호법에서 정한 상한을 넘는 경우에는 위법의 적용에서 제외된다.

나) 확정일자임차인 요건

① 확정일자를 갖출 것

주택에 관하여 임대차계약을 체결한 임차인이 자신의 지위를 강화하기 위한 방편으로, 따로 전세권설정계약서를 작성하고 전세권설정등기를 한 경우, 양자의 동일성을 인정할 수 있다면 그 전세권설정계약서를 임대차계약에 관한 증서로 볼 수 있다.

전세권설정계약서가 첨부된 등기필증에 날인된 접수인은 주택임대차보호법 소정의 확정일자에 해당한다.

또한 전세권설정계약서는 건물에 관하여만 작성되고, 전세권등기도 건물에 관하여만 마쳤다고 하더라도, 전세금액이 임대차보증금액과 동일한 금액으로 기재된 이상 대지 및 건물 전부에 관한 임대차의 계약증서에 확정일자가 있는 것으로 봄이 상당하다. 또한 확정일자를 받아 우선변제권을 취득한 임차인이 그 임대차계약서를 분실하거나 멸실되었다고 하여 그 우선변제권이 소멸하게 된다고 볼 수 없으므로 공정증서대장 등 다른 방법으로 입증할 수 있다.

② 배당요구종기까지 대항요건을 갖추고 이를 유지해야 하며, 배당요구종기가 연기된 경우, 그 연기된 배당요구종기까지 대항요건을 유지해야 한다.

③ 배당요구종기까지 배당요구를 하였을 때, 첫 경매개시결정 전에 임차권등기를 갖춘 임차인은 배당요구에 관계없이 배당을 받을 수 있으나, 그 밖의 경우에는 반드시 배당요구를 하여야 한다.

다) 우선변제권의 발생시점

임차인의 우선변제권은 대항요건 및 확정일자를 모두 갖춘 때에 발생한다. 즉 임차인이 임대차계약서에 확정일자를 갖춘 당일 또는 그 후에 주택의 점유와 전입신고를 마친 경우 임차인의 우선변제권은 점유와 전입신고를 마친 익일 0시에 발생하고 점유와 전입신고를 마친 다음 날 설정된 근저당권과의 관계에서는 임차인이 우선한다.

반면에 임차인이 대항요건을 갖추고 나서 확정일자를 갖춘 경우에는, 확정일자를 갖춘 날에 우선변제권이 발생하므로, 임차인이 확정일자를 갖춘 날에 근저당권이 설정된 경우에는 임차인과 근저당권자는 동순위로 평등하게 배당을 받는다.

또한 확정일자를 갖춘 임차인이 여러 명이고 이들이 모두 근저당권자에 우선하는 경우에는 각 임차인별로 인정하되, 그들 상호간에는 대항력 및 확정일자를 최종적으로 갖춘 순서대로 우열관계를 정하고, 선순위가압류권자가 있는 경우에는 확정일자를 갖춘 임차인은 가압류권자에게 우선권을 주장할 수 없고 평등배당을 받는다.

그러나 확정일자를 갖춘 후 보증금을 인상한 경우 인상한 보증금에 대하여는 새로 확정일자를 갖추어야 그때부터 우선변제권이 발생한다.

한편 임차권등기명령에 따른 임차권등기나 민법 제621조에 의한 임차권등기가 경료되면 등기한 때로부터 임차인은 대항력과 우선변제권을 취득한다. 다만, 임차권등기 이전에 이미 대항력 또는 우선변제권을 취득한 경우에는 그 대항력 또는 우선변제권은 그대로 유지되며, 임차권등기 이후에는 대항요건을 상실하더라도 이미 취득한 대항력과 우선변제권을 상실하지 않는다.

● **대항력 시기**

```
──────────●────────────────────●──────────
      대항력(입주/전입/확정)           임차권등기
      대항력 또는 우선변제권 유지
```

라) 임대차보호법이 미치는 매각대금의 범위

임차인은 주택뿐만 아니라 대지의 환가대금에서 배당을 받을 수 있으며, 대지 부분만이 매각되었거나 토지와 건물이 각 다른 시기에 매각되어도 마찬가지이다.

다만, 대지에 대하여 근저당권설정 당시 그 지상건물이 없는 경우에는 건물 부분에 대하여 우선변제를 받을 수 없다. 그러나 토지에 관한 근저당권 설정 당시 그 지상에, 건물이 토지소유자에 의하여 건축 중이었고, 그 건물의 규모, 종류가 예상할 수 있는 정도까지 건축이 진전되어 있는 경우에는, 그 지상 건물의 소액임차인에게 대지의 매각대금에 대한 우선변제권이 인정된다.

(3) 소액임차인

가) 최우선변제권

임차인은 보증금 중 일정액을 다른 담보물권자보다 우선하여 변제받을 권리가 있다. 이 규정에 의하여 우선변제를 받을 임차인 및 보증금 중 일정 금액 범위와 기준은 집행비용을 공제한 실제 배당할 금액(대지가액 포함)의 2분의 1 범위(상가건물의 경우에도 주택가액의 2분의 1) 안에서 대통령령으로 정한다.

또한 소액임차인도 반드시 배당요구의 종기까지 배당요구를 하여야 배당받을 수 있는 채권자이다. 따라서 경매절차에서 배당요구를 하지 않고 있다가 후에 배당받은 채권자를 상대로 부당이득반환청구를 하는 것은 허용되지 않는다.

나) 소액임차인의 요건

① 보증금액수가 소액보증금에 해당할 것
② 소액보증금의 최우선변제권은 임대차보호법 시행시기(1984년 6월 14일) 이전에 근저당권 등의 담보물권을 취득한 자에게는 주장할 수 없다. 이때 소액보증금 기준권리는 (근)저당권, 가등기담보권, 전세권이 포함되나 전세권은 보증금이 적더라도 소액임차인이 될 수 없다. 하지만, 전세권(전부 또는 일부)을 설정하고 전입신고한 임차인이라면 점유를 한 상태에서 배당요구까지 하였다면 최우선변제를 받을 수 있다.

그리고 이들 권리가 없는 경우 경매개시결등기가 기준권리이다.

압류 및 가압류는 포함되지 아니하며 확정일자를 갖춘 임차인은 판례에 의하면 담보권자와 유사한 지위에 있어 포함된다는 것이 다수설이다.
③ 첫 경매개시결정등기 전에 대항요건을 갖추고 배당요구종기까지 대항력을 유지할 것
④ 배당요구종기까지 배당요구를 하여야 한다.

다) 소액임차인 판단기준

① 하나의 주택에 2인 이상의 임차인이 가정공동생활을 하는 경우에는 이들을 하나의 임차인으로 보아 임차보증금을 합산하여 소액임차인인지 여부를 판단한다.
② 주택의 경우 전대차가 적법하고 전대인(임차인) 자신이 소액임차인인 경우 전차인도 소액임차인으로 본다.
③ 임차권등기명령에 따른 임차권등기이나 민법 제621조에 의한 임차권등기가 된 주택을 임차한 소액임차인은 소액보증금에 대한 최우선변제권이 없다. 따라서 임차인은 임차권등기가 되어 있는 건물을 임차 시에는 조심하여야 한다.
④ 공동임대인 중 일부의 공유지분이 경매되는 경우에는 공동임대인의 채무는 불가분채무로 보아 소액임차인의 여부는 임차보증금 전액을 기준으로 판단하고, 1인의 공유지분에 대한 매각대금에서도 임차보증금 전액을 받을 수 있다.

(4) 임금채권
가) 우선순위

근로기준법상 근로자는 최종 3월분의 임금, 근로자퇴직급여보장법상 최종 3년간의 퇴직금, 재해보상금은 근저당권에 의하여 담보된 채권, 조세, 공과금 및 일반채권자보다는 우선하여 변제를 받으며, 주택임대차보호법 제8조에 의한 소액보증금채권과는 같은 우선채권으로 동순위로 배당한다.

또한 임금, 퇴직금 기타 근로관계로 인한 채권 중 위에 적은 것을 제외한 것은 근저당권에 의하여 담보되는 채권보다는 후순위이고 일반채권보다는 선순위이다.

나) 임금채권을 소명하는 서면

임금채권자가 근로기준법 제38조 및 근로자퇴직급여보장법 제12조에 정해진 우선변제권에 기하여 배당요구를 하는 경우, 판결 이유 중에 배당요구채권이 우선변제권 있는 임금채권이라는 판단을 내린 법원의 확정판결이나 노동부지방사무소에서 발급한 체불임금확인서 중 하나를 제출하여야 한다.

(5) 조세채권
가) 우선순위

국세, 지방세, 관세 및 그 가산금과 체납처분비는 다른 공과금 기타 채권에 우선하여 징수한다. 국세와 지방세간에는 우열이 없으며, 교부청구된 조세상호간에도 교부청구의 선후에 관계없이 동순위이다.

이러한 조세채권은 첫 경매개시결정등기 전에 압류하지 않은 이상, 배당요구 종기까지 교부청구를 하여야 비로소 배당을 받을 수 있고, 경매개시결정등기 후에 압류를 마쳤다고 하더라도 교부청구를 하여야만 배당을 받을 수 있다.

또한 조세와 근저당권, 전세권, 담보가등기의 피담보채권 사이의 우선순위는 조세의 법정기일과 설정등기일의 선후를 따져 정하며 근저당권, 전세권의 설정일과 조세의 법정기일이 같은 경우에는 조세채권이 우선한다.

하지만, 확정일자를 갖춘 임차인의 임차보증금 반환채권 사이의 우선순위는 공·경매에서 세금우선변제의 예외 규정으로 주택 임차보증금의 확정일자보다 법정기일이 늦은 세금은 당해세 배분 예정액을 보증금에 우선적으로 배당(배분)하도록 했다.

조세채권은 어떠한 경우든 4대 보험료(국민연금, 건강보험, 고용보험, 산재보험) 등보다 상대적으로 그 배당순위가 앞선다.

나) 압류, 참가압류, 교부청구

세금을 받기 위하여 관계기관에서 해당 부동산을 압류하였을 때, 가장 먼저 한 압류를 가장 먼저 배당하여 주는 것이 압류선착주의이다. 그리고 그 이후에 압류한 세금들은 참가압류라고 하고, 압류하지 않고 배당을 요구한 것을 교부청구라고 한다. 세금은 배당요구라고 하지 않고 교부청구라고 한다.

참가압류란 과세관청이 압류하고자 하는 재산이 이미 다른 기관에 의해 압류되어 있는 경우 교부청구에 갈음하여 그 압류에 참가하는 것을 말한다.

민사집행법은 동일 부동산에 대하여 이중압류, 즉 이중경매개시결정이 가능하지만, 국세징수법은 체납처분절차에 있어 이중압류를 인정하지 아니하므로 두번째로 하는 압류를 참가압류라고 하며, 참가압류는 조세징수기관 상호간에 있어서는 이중압류를 허용하는 것과 같은 효과가 있으며 형식적으로는 교부청구의 한 형태라고 할 수 있다.

참가압류는 선압류가 해제되지 아니하는 한 교부청구의 효력밖에 없으며, 참가압류권자 상호간에는 압류선착주의가 적용되지 않는다. 그러나 선행압류가 해제되면 참가압류 시로 소급하여 압류의 효력이 발생하므로 이 경우에는 압류선착주의가 적용된다.

다시 말해 압류해제 후 여러 참가압류가 있는 때에는 그중 가장 먼저 등기 또는 등록된 것에 따라서 우선권이 있다.

실무에서는 세무서장 등은 압류하고자 하는 재산이 이미 다른 기관에 압류되어 있는 경우, 교부청구에 갈음하여 참가압류통지서를 기압류기관에 송달함으로써 그 압류에 참가한다.

이때 세무서장은 그 뜻을 체납자와 그 재산에 대하여 권리를 가진 제3자에게 통지해야 하며, 참가압류의 등기 또는 등록을 관계관서에 촉탁해야 한다.

참가압류는 매각대금배분요구의 효력과 시효중단의 효력이 있다.

경매절차에서 압류권자가 여러 군데 있을 경우 가장 빠른 압류권자를 먼저 배당하고 나머지 참가압류와 교부청구권자를 안분배당한다.

공매절차에서는 압류순서대로 배당하고 나머지 교부청구권자는 안분배당한다.

다) 당해세

당해세란 집행목적물에 대하여 부과된 국세, 지방세와 그 가산금을 말하고 이는 근저당권, 전세권으로 담보되는 채권보다 우선하여 징수한다.

현행법상 국세 당해세로는 상속세, 증여세, 종합부동산세가 있고, 지방세 당해세로는 재산세, 자동차세, 지방교육세, 지역자원시설세가 있다.

하지만 판례에 의하면 당해세라도 부동산을 양수받은 양수인을 납세의무자로 하여 발생한 체납조세는 당해세라 하더라도 선순위담보물에 우선할 수 없다. 즉, 담보물의 설정 당시의 소유자를 대상으로 부과된 것만을 당해세로 인정할 뿐이다(대판 96다 23184).

(6) 첫 경매개시결정등기 전에 등기된 가압류채권자

첫 경매개시결정등기 전에 등기된 가압류채권자는 경매절차상의 이해관계인은 아니지만, 당연히 배당받을 채권자에 해당한다.

반면, 첫 경매개시결정등기 후의 가압류채권자는 배당요구종기까지 그 권리증명을 하고 '채권계산서'를 작성하여 배당요구를 하여야 배당을 받을 수 있다.

채권계산서

채권계산서

사　　건　　20○○타경○○○호 부동산강제경매

채 권 자　　○○○

채 무 자　　◇◇◇

귀원 위 사건에 관하여 채권자는 위 사건 부동산에 20○○. ○. ○. 전입을 하고 지금까지 거주하고 있는 소액임차인이므로 별지와 같이 채권계산서를 제출하오니 최우선 배당하여 주시기 바랍니다.

첨 부 서 류

1. 전입일자 기재된 주민등록표등본　　　　　　　1통
1. 임대차계약서사본　　　　　　　　　　　　　　1통

20○○. ○. ○.

위 채권자 ○○○ (서명 또는 날인)

○○지방법원 귀중

[별지]

> **채권계산서**
>
> 1. 판결금 : 금 10,000,000원
> 2. 이자 : 금 ○○○원
>   금 10,000,000원×0.○○×○○○/365일(20○○. ○. ○.부터 20○○. ○. ○. 연○○%)= 금 ○○○원
> 3. 소계 : 금 ○○○○원(판결금 + 이자)
> 4. 집행비용 : 금 ○○○원.
>   합계 : 금 ○○○○원(3+4). 끝.

(7) 가압류권자

가압류권자는 경매개시결정등기 전에 등기된 경우는, 배당요구를 하지 않더라도 당연히 배당을 받게 된다(민사집행법 제148조 제3호). 다만 가압류채권자는 가압류결정에 표시된 청구금액의 한도 내에서만 배당을 받게 된다.

경매개시결정 후에는 경매법원은 배당요구종기일까지 가압류채권자에 대하여 채권의 유무, 그 원인 및 금액(원금·이자·비용, 그 밖의 부대채권을 포함)을 채권계산서를 작성하여 신고하도록 최고한다(민사집행법 제84조 4항). 만일 가압류권자가 신고를 하지 아니하면 배당받을 채권액은 부동산등기사항증명서 등 집행기록에 있는 서류와 증빙에 따라서 계산을 한다.

(8) 근저당권자

경매신청권자가 근저당권자인 경우는 경매신청 시에 피담보채권이 확정된다.

그러나 경매신청채권자 아닌 근저당권자는 배당요구를 하지 않더라도 당연히 채권최고액의 범위 내에서 순위에 따른 배당을 받을 수 있으며 매각대금 완납 시에 피담보채권이 확정되므로 배당표 작성 시까지 채권계산서를 제출하는 방법으로 청구금액을 확장할 수 있다.

(9) 가등기담보권자

가등기담보권자는 목적부동산에 대한 강제경매나 임의경매절차에 참가하여 우선변제를 받을 수 있고, 이 경우에 순위는 가등기담보권을 근저당권으로 보고, 그 가등기담보가 된 때에는 그 근저당권의 설정등기가 행하여진 것으로 본다. 다만, 근저당권과는 달리 가등기담보권의 경우에는 첫 경매개시결정등기 전에 등기된 것으로서, 매각에 의하여 소멸되는 때에도 채권신고의 최고기간(통상 배당요구종기기간)까지 반드시 채권신고를 하여야만 배당을 받을 수 있다. 가등기담보권의 경우 등기사항증명서에 피담보채권의 공시가 없기 때문이다.

(10) 전세권자

근저당권, 압류채권, 가압류채권에 대항할 수 없는 전세권은 매각으로 소멸하되, 이 경우 전세권자와 근저당권자 또는 가등기담보권자 사이의 배당순위는 그 등기의 선후에 의하여 결정하게 된다. 또한 최선순위전세권은 배당요구가 없으면 매수인에게 인수되고, 배당요구를 하면 매각으로 소멸하게 된다(민사집행법 제91조 제4항).

그리고 건물의 일부에 대한 전세권자는 전세권의 목적물이 아닌, 나머지 건물 부분에 대한 전세권에 기한 경매신청권은 없지만, 배당에 있어서는 민법 제303조에 따라 그 부동산 전부에 대하여 후순위권리자 기타 채권자보다 우선하여 배당을 받는다.

가령 상가주택(1층 상가, 2층 주택, 3층 주택)인 단독주택의 2층에 임차하여 전세권을 설정하고, 이후 계약기간 만기 종료 시 임대보증금을 임대인으로부터 반환받지 못할 경우, 임차인은 전세권으로 임의경매로는 진행할 수 없고, 이러한 경우는 임대보증금반환청구소송을 하여 집행권원을 획득하여, 상가건물 전체에 대하여 강제경매를 진행함으로써 다른 임차인과의 관계에서 순위배당에 참여하여야 한다.

4) 집행비용

경매집행비용은 채권자가 경매신청 시 납부한다. 경매집행비용은 경매법원에서 사용하는 것으로 신문공고료, 조사수수료, 매개수수료, 감정수수료, 송달료 등으로 구성되어 있다.

당초 경매집행비용은 채무자 부담이나 경매신청 시 경매신청 채권자가 우선 지불하고, 배당 시 우선배당을 받는다.

경매집행비용은 민사집행의 준비 및 실시를 위하여 필요한 비용으로 공익비용과 기타의 집행비용으로 나눌 수 있다. 이 중 공익비용은 채권자 전원의 공동이익을 위하여 한 행위에 소요된 비용을 말하며, 법상으로는 절차비용이라 한다. 이러한 공익비용은 모든 채권에 우선하여 변제를 받을 수 있다. 그러나 공익비용이 아닌 기타의 집행비용은 그 채권자가 배당받을 본래의 채권과 동순위로 배당을 받는다.

5) 배당순위

배당순위는 민법, 상법, 그 밖의 법률에 의한 우선순위에 따라 정하여진다. 배당 참가채권이 모두 일반채권이면, 평등한 비율로 배당을 받게 되지만, 우선변제채권이 있으면 민법, 상법 기타 법률에 의한 우선순위에 따라서 배당하여야 한다. 또한 조세채권과 근저당권, 전세권에 의하여 담보되는 채권의 우선순위에 의하여 근로관계채권의 순위가 달라질 수 있다.

● 배당 순위

순 위	내 용
1순위	경매실행비용(경매 대금에서 우선 변제)
2순위	경매 목적물의 제3취득자가 지출한 필요비 및 유익비
3순위	주택임대차보호법상의 소액임차보증금 중 일정금액 상가건물임대차보호법상의 소액임차보증금 중 일정금액 근로기준법(제38조)상의 임금채권(최종 3개월), 재해보상금 근로자퇴직급여보장법(제12조 제2항)상의 퇴직급여(최종 3년) 단, 판례는 임금 등에 대한 지연손해금은 우선변제권이 없다.
4순위	집행목적물에 부과된 국세 및 지방세와 가산금의 당해세 당해세 발생시 근저당권 등 물권설정이 없어야 인정된다. 단, 국세채권은 법정기일(신고일, 고지일)과 근저당권설정일을 비교하여 우선순위를 정한다.
5순위	당해세를 제외한 국세 및 지방세와 근저당권 등 물권자 및 확정일자 또는 임차권등기는 우선순위를 정한다.
6순위	위 3순위 임금채권을 제외한 임금채권
7순위	법정기일이 전세권, 근저당권, 질권 설정일 보다 늦은 국세, 지방세 등 지방자치단제의 징수금
8순위	국민연금법, 의료보험법, 산업재해보상보험법에 의한 보험료 등 공과금으로 세금보다는 항상 후순위이다. 단, 물권자와는 순위를 다툰다.
9순위	강제경매신청권자, 집행권원으로 배당요구한 일반채권자 : 평등원칙

주) 위 5순위에 있는 확정일자 및 임차권등기는 공·경매에서 세금우선변제의 예외 규정으로 주택 임차보증금의 확정일자보다 법정기일이 늦은 세금은 당해세 배당 예정액을 보증금에 우선적으로 배당하도록 했다.

일반적으로 배당순위는 다음과 같다.

① 1순위

경매집행예납금으로 가장 먼저 배당하여 준다. 경매신청 시 제출한 통장으로 입금하여 준다.

② 2순위

근저당물의 제3취득자가 그 부동산의 보존, 개량을 위하여 지출한 필요비·유익비(민법 제367조)이다. 제3취득자는 소유권자, 지상권자, 전세권자, 등기한 임차권자가 지출한 필요비·유익비를 말한다. 필요비·유익비는 경매개시결정등기 전뿐만 아니라 이후의 제3취득자는 가능하다. 이들 제3취득자는 비용상환이 있을 때까지 유치권을 행사할 수 있다.

이외의 다른 임차인들이 배당요구한 필요비·유익비가 있는 경우는 일반 채권자의 순위에 따라 배당을 한다.

③ 3순위

소액임차보증금채권(주택임대차보호법, 상가건물임대차보호법), 최종 3개월분 임금과 최종 3년간의 퇴직금 및 재해보상금은 근저당권으로 담보되는 채권, 조세채권자보다 먼저 배당을 받으며 이들 상호간에는 같은 순위로 채권액에 비례하여 배당한다.

상기 소액임차보증금 또는 임금채권자들은 배당을 반드시 요구하여야 한다. 만일 배당요구를 하지 않아서 배당을 받지 못한 경우 후순위 채권자들을 상대로 부당이득반환청구권 행사도 할 수 없다.

단 임금우선청구권 채권자가 입증할 수 있는 증빙을 제출하지 않고, 단지 임금채권에 대한 가압류등기만을 하였을 경우에는 일반채권자와 동순위로 배당을 한다.

또한 임금채권의 경우 배당절차에서 근로자의 임금우선청구권이 제출되면, 이해관계 있는 채권자는 배당기일에 출석하여 다음의 경우 하나에 해당되면, 이의를 제기하여 배당을 저지할 수 있다.

(a) 건물주의 고용인이 아니고 건물임차인의 고용인일 경우
(b) 건물주의 고용인이더라도 배당을 요구하지 않은 경우

(c) 과도한 임금이 요구된 경우(3개월 임금에 한함)
(d) 다음의 서류가 있어야 하나 미비된 경우
- 고용노동부의 체불임금확인서
- 임금채권이라는 확정판결문, 임금대장사본, 국민건강보험료원천공제계산서, 근로소득에 대한 원천징수영수증, 의료보험납부사실확인서 등

④ 4순위

집행목적물에 대하여 부과된 국세, 지방세와 가산금(이른바 당해세)을 말한다. 이는 근저당권, 전세권으로 담보되는 채권보다 우선하여 배당을 받는다. 현행 법상 당해세로는 상속세, 증여세, 종합부동산세가 있고, 지방세 당해세로는 재산세, 자동차세, 지방교육세(재산세와 자동차세 분에 한한다), 지역자원시설세가 이에 해당한다.

그러나 당해세가 되기 위해서는 당해세 설정 당시 근저당권 등 물권의 설정행위가 없어야 한다.

조세채권은 법정기일(신고일, 고지일)과 (근)저당권설정일을 비교하여 우선순위를 정한다.

조세채권은 부동산등기사항증명서만으로 권리분석만을 하여서는 아니 된다. 경매에서 배당 시 임차인의 확정일자가 조세채권의 압류일자보다 빠를지라도, 배당순위가 늦을 수 있기 때문에 조세채권은 부동산등기사항증명서상 압류등기일이 아닌 조세채권의 법정기일(신고일, 고지일)을 기준으로 판단하여야 한다. 조세채권은 원칙적으로 납세자의 다른 공과금 등 기타의 채권에 우선하여 징수한다(국세기본법 제 35조 제1항, 지방세기본법 제71조 제1항). 따라서 조세채권의 배당순위는 압류등기일이 아닌 법정기일을 기준으로 결정되므로 입찰하기 전에 반드시 확인하여야 한다.

세금 종류별 법정기일은 다음과 같다.

(a) 과세표준과 세액의 신고에 의하여 납세의무가 확정되는 경우 : 신고일
(b) 과세표준과 세액을 지방자치단체가 결정·경정하여 고지한 경우 : 그 납세고지서 발송일
(c) 양도담보 재산에 대한 지방세를 징수할 경우 : 납부통지서 발송일
(d) 조세채권 확정 전에 납세자의 재산을 압류한 경우 : 압류등기일 또는 등록일
(e) 가산세의 경우
  납세고지서의 발송일이 법정기일이고, 가산금 및 중가산금의 법정기일은 납부고지서에 고지된 납부기한이나 그 이후 소정의 기한을 도과한 때가 법정기일이 된다.

조세채권과 다른 채권(근저당권, 전세권, 담보가등기)들이 경합할 경우, 상호간 우선순위에 따르나 근저당권과 조세채권이 동일한 날인 경우엔 조세채권이 우선한다.
그리고 지금까지는 경·공매 대상 주택에서 세금을 먼저 배당(배분)하고 남는 돈으로 임차인의 전세금을 돌려주었는데, 2023년부터는 확정일자 있는 임차인, 임차권등기는 공·경매에서 세금우선변제의 예외 규정으로 주택 임차보증금의 확정일자보다 법정기일이 늦은 세금은 당해세 배분 예정액을 보증금에 우선적으로 배당(배분)하도록 했다. 법적인 우선순위는 여전히 국세가 보유하지만 배당(배분) 우선순위는 전세금에 먼저 둔다는 의미다.
또한 조세채권은 국민연금, 건강보험료, 고용보험료, 산재보험료 등보다 후순위이라도 무조건 우선한다.
또한 조세채권은 경매절차에서는 압류선착주의에 의하여 가장 먼저 압류한 조세가 참가압류 및 교부청구한 조세보다 우선한다.
다만 공매절차에서는 등기된 압류순서대로 배분을 받고 교부청구한 경우만 안분으로 배분된다.

⑤ 5순위

국세 및 지방세의 법정기일 전에 설정 등기된 근저당권, 전세권에 의하여 담보되는 채권이며, 근저당권, 전세권의 설정일과 조세의 법정일이 같으면 조세채권이 우선한다. 그러나 조세의 경우 조세압류등기 후에 발생한 조세채권은 배당요구종기까지 교부청구가 있어야 배당을 받을 수 있고, 그 교부청구가 있는 경우 근저당권 등과의 우열은 법정기일과 설정등기일을 비교하여 가리게 되며, 배당요구종기 후 배당 시까지 사이에 교부청구된 세액은 실체법상의 우선변제 여부에도 불구하고 배당할 수 없다.

⑥ 6순위

3순위 임금채권 등을 제외한 임금 그 밖에 근로관계로 인한 채권은 근저당권의 피담보채권보다 후순위이나, 조세 등 공과금 및 다른 채권자보다는 선순위이다. 다만, 조세 등 공과금이 근저당권에 우선하는 경우에는 조세 등 공과금 → 근저당권의 피담보채권 → 임금채권 순위로 배당을 받는다.

⑦ 7순위

국세, 지방세 및 이에 관한 체납처분비, 가산금 등의 징수금

⑧ 8순위

국세 및 지방세의 다음 순위로 징수하는 공과금 중 국민연금, 건강보험료 및 고용보험, 산업재해보상보험료 등이다.
상기 4대 보험료는 세금보다는 후순위이다. 그러나 물권자(전세권, 권리질권, 근저당권, 담보가등기, 임차권등기, 확정일자)와는 순위 다툼이 있다.

⑨ 9순위

강제경매신청권자, 집행권원으로 배당요구한 일반채권자 등이다. 이들 간에는 비율로 배당된다.

6) 매각대금의 배당 실시
(1) 배당기일의 지정 및 배당표 작성 · 비치

강제집행절차에 배당절차를 실행하는 경우에 배당표에 관한 진술과 배당실시를 위하여 법원이 지정한 기일을 말한다.

배당기일에 출석하지 아니한 채권자는 배당표의 실시에 동의한 것으로 본다. 부동산 또는 선박의 강제경매에 있어서는 배당기일은 동시에 매각대금의 지급기일이다. 경매절차에서 매수인이 매각대금을 납부하면 법원은 배당에 관한 진술 및 배당을 실시할 기일을 정한다.

그리고 이해관계인과 배당을 요구한 채권자에게 이를 통지한다. 단, 채무자가 외국에 있거나 어느 곳에 있는지 분명하지 아니한 경우에는 통지하지 않는다. 매수인이 매각대금을 지급하면 법원은 배당기일을 정해서 이해관계인과 배당을 요구하는 채권자에게 이를 통지하고, 채권자와 채무자가 볼 수 있도록 매각대금, 채권자의 채권의 원금 · 이자 · 비용 · 배당의 순위와 배당의 비율이 기재된 배당표 원안을 미리 작성해서 배당기일의 3일 전에 법원에 비치한다.

배당기일에는 출석한 이해관계인과 배당을 요구한 채권자의 합의에 따라 배당표를 정정하고, 이들을 심문해서 배당표를 확정한 후 그 배당표에 따라 배당을 실시한다.

입찰자가 권리분석을 하면서 정확히 알기가 가장 어려운 부분이 임금채권, 퇴직금채권, 소액보증금, 당해세금 등이다.

이들에 대한 내역을 정확히 알기 위해서는 매각허가결정이 나와야 알 수 있다.

배당표 금액 수정

서울중앙지방법원
배 당 표

2021타경 1234 부동산강제경매

배당할 금액		금 70,000,000원		
명세	매 각 대 금	금 70,000,000원		
	지 연 이 자	금 0원		
	전매수인의 매수보증금	금 0원		
	항고보증금	금 0원		
	보증금이자	금 0원		
집 행 비 용		금 2,000,000원		
실제 배당할 금액		금 68,000,000원		
매 각 부 동 산		경기도 안양시 관평로 ○○○번길 ○○아파트		
채 권 자		홍길동	○○은행	갑돌이
채권금액	원 금	10,000,000원	40,000,000원	20,000,000원
	이 자	0원	5,000,000원	0원
	비 용	0원	0원	0원
	계	10,000,000원	45,000,000원	20,000,000원
배 당 순 위		1	2	3
이 유		소액임차인	근저당권자	경매신청권자
채 권 최 고 액		10,000,000원	50,000,000원	20,000,000원
배 당 액		10,000,000원	45,000,000원	13,000,000원
배 당 비 율		100%	100%	65%
공 탁 번 호 (공 탁 일)		금제 호 (20 . .)	금제 호 (20 . .)	금제 호 (20 . .)

(2) 배당표에 대한 이의의 소

강제집행의 배당절차에 있어서 이의가 완결되지 아니한 때, 이의를 신청한 채권자가 이의에 관하여 이해관계를 가지고, 또 이의를 정당하다고 인정하지 않는 다른 채권자를 상대로 이의를 주장하기 위해 제기하는 소를 말한다(민사집행법 제154조).

배당이의의 소는 배당을 실시한 집행법원이 속한 지방법원의 관할로 한다. 다만, 소송물이 단독판사의 관할에 속하지 아니할 경우에는 지방법원의 합의부가 이를 관할한다.

여러 개의 배당이의의 소가 제기된 경우, 한 개의 소를 합의부가 관할하는 때에는 그 밖의 소도 함께 관할한다.

이의한 사람과 상대방이 이의에 관하여 단독판사의 재판을 받을 것을 합의한 경우에는 적용하지 아니한다. 이의를 신청한 채권자가 기간을 지키지 아니한 경우에도 배당표에 따른 배당을 받은 채권자에 대하여 소로 우선권 및 그 밖의 권리를 행사하는 데 영향을 미치지 아니한다.

배당이의의 소에 대한 판결에서는 배당액에 대한 다툼이 있는 부분에 관하여 배당을 받을 채권자와 그 액수를 정하여야 한다.

이를 정하는 것이 적당하지 아니하다고 인정한 때에는 판결에서 배당표를 다시 만들고 다른 배당절차를 밟도록 명하여야 한다.

이의한 사람이 배당이의소송의 첫 변론기일에 출석하지 아니한 때에는 소를 취하한 것으로 본다.

7) 배당 방법

권리분석과 배당을 동시에, 함께 이해를 하여야 한다. 배당 방법에는 안분배당, 순위배당, 안분 후 흡수배당, 동시배당, 이시배당, 순환배당 등이 있다.

(1) 안분배당

안분배당은 배당요구가 들어온 채권자들 간 서로 우열을 가릴 수 없는 경우에는 각 채권자들의 채권액에 따라 안분하여 배당을 한다. 이는 비율배당이라고도 한다.

가령 선순위가압류권자와 후순위가압류권자는 안분하여 배당을 한다. 또한 근저당권자보다 선순위가압류채권자가 있는 경우에는 이들 상호간에도 안분한다.

물권과 가압류권과의 우선순위는 물권을 설정한 후 가압류한 자의 권리는 물권보다 항상 후순위이다. 그러나 가압류한 목적물에 물권을 설정한 자와의 권리관계는 배당에 있어서는 동순위로 취급되고 안분비례로 배당을 받는다.

채권 간의 순위는 선후(先後) 상관없이 평등하다. 예를 들어 가압류권자들 간에는 전후 또는 순위를 따지지 않고 안분하여 계산된다.

사례 14 가압류 경합시 배당(안분배당)

甲은 채무자의 X 부동산에 대하여 경매를 진행하였다. 배당교부금은 5천만 원이었다. 甲, 乙, 丙은 가압류채권자로서 각각 2천만 원, 3천만 원, 5천만 원의 채권이 있다. 이러한 경우 甲, 乙, 丙에 대한 배당은 어떻게 하여야 하는가?

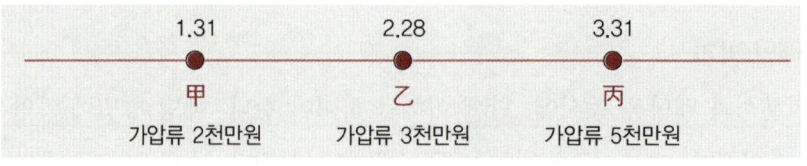

甲, 乙, 丙은 가압류권자들이다. 가압류권자들은 채권자들로서 가압류 날짜 순위에 상관없이 안분배당을 받게 된다. 따라서 甲가압류, 乙가압류, 丙가압류권자는 각자의 채권액에 비례하여 배당을 받을 뿐이다.

가압류는 채권으로 안분배당을 한다.
　　　甲 5천만원 × 2천만원/1억원 = 1천만원
　　　乙 5천만원 × 3천만원/1억원 = 1천5백만원
　　　丙 5천만원 × 5천만원/1억원 = 2천5백만원

(2) 순위배당
순위배당은 물권상호간의 우선순위 (근)저당권, 전세권(등기된 전세권), 질권, 가등기담보권, 양도담보권, 확정일자 있는 주택임차권, 상호간의 권리 우선순위는 설정일 즉 등기, 등록일 및 확정일자의 우선순위에 의한다.

물권 간의 순위는 등기순위에 따른다. 물권이란 물건에 대하여 배타적으로 지배할 수 있는 권리로 점유권, 소유권, 지상권, 지역권, 전세권, 유치권, 질권, (근)저당권 등이 있다. 이러한 물권을 가지고 있으면 누구에게나 대항을 할 수 있다. 이 중에서 등기사항증명서상에 전부 기재되는 것은 아니고 지상권, 지역권, 전세권, 권리질권, (근)저당권이 부동산등기사항증명서상의 을구에 기재된다. 따라서 이들 물권과 물권 상호간에는 등기소에 접수된 등기접수일을 기준으로 권리의 순위가 결정된다.

물권은 우선변제권이 인정되기 때문에 순위가 우선하면 후순위 권리자에 대하여 우선적으로 이루어진다.

사례 15 근저당권 경합시 배당(순위 배당)

甲은 채무자의 X 부동산에 대하여 경매를 진행하였다. 배당교부금은 5천만 원이었다. 甲, 乙, 丙은 근저당권자인 채권자로서 각각 2천만 원, 3천만 원, 5천만 원의 채권이 있다. 이러한 경우 甲, 乙, 丙에 대한 배당은 어떻게 하여야 하는가?

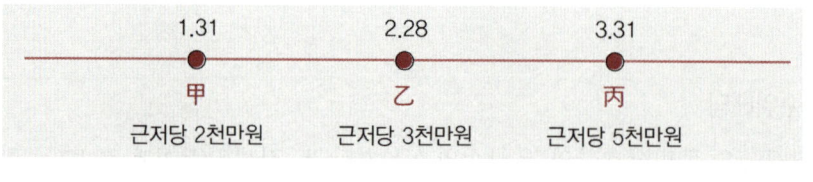

甲, 乙, 丙은 근저당권자들만이 존재하고 있다. 근저당권자들은 물권자들로서 근저당권등기설정 날짜 순위에 따라 순위배당을 받게 된다. 따라서 甲근저당권자가 1순위자로 가장 먼저 배당을 받고, 이어서 잔액에 대하여 乙근저당권자가 2순위로 잔여금 전액 배당을 받는다. 丙근저당권자는 3순위로서 배당 잔액이 없기 때문에 배당금을 전혀 수령하지 못한다.

근저당권은 물권으로 순위배당을 한다.
    甲 2천만원
    乙 3천만원
    丙 배당 없음

(3) 안분 후 흡수배당

안분 후 흡수배당은 채권자들 사이에서 우열관계가 정하여지지 않은 경우, 각각의 채권액에 따라 1차적으로 안분하여 배당한다. 다음 1차적으로 만족하지 못한 권리자가 후순위자보다 우선하는 경우 후순위자가 안분배당 받은 금액으로부터 흡수하여 배당하는 것을 말한다.

만일 부동산등기사항증명서상에 채권과 물권이 동일한 일자에 설정되어 있다면 당연히 성립시기에 상관없이 물권이 채권에 우선한다.

그러나 대항력을 갖추고 확정일자 있는 임차권이나 소유권이전청구권가등기 등이 등기되어 있는 경우에는 그 순위에 따라 권리의 순위가 결정된다.

또한 채권이 물권보다 우선한 경우, 물권이 우선할 수 없고 채권과 함께 평등하게 순위가 결정된다.

사례 16 가압류권자와 근저당권자 경합시 배당(안분후 흡수배당)

甲은 채무자의 X 부동산에 대하여 경매를 진행하였다. 배당교부금은 5천만 원이었다. 甲가압류, 乙근저당, 丙가압류 채권자로서 각각 2천만 원, 3천만 원, 5천만 원의 채권이 있다. 이러한 경우 甲, 乙, 丙에 대한 배당은 어떻게 하여야 하는가?

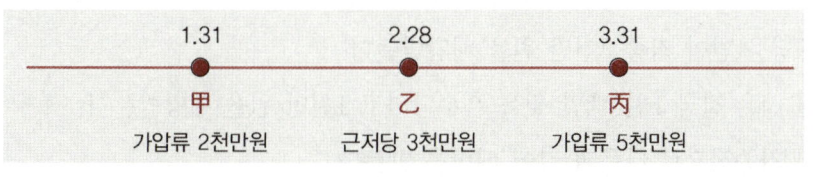

甲가압류권자 후순위에 있는 乙근저당권자는 甲가압류권자보다는 우선하지 못하나 丙가압류권자보다는 우선하여 배당을 받는다.

이러한 경우는 권리분석을 2번에 걸쳐서 하여야 한다. 우선 甲가압류권자를 기준으로 乙근저당권, 丙가압류권자 간에 안분배당을 하고, 甲가압류권자는 안분배당을 받고 더 이상 배당을 받지 못한다. 이어서 다음으로 乙근저당권자는 丙가압류권자보다 선순위로 乙근저당권자가 만족할 때까지 2차 흡수배당을 한다. 따라서 乙근저당권자는 전액 배당을 받으나 丙가압류권자는 공제 후 차액만 배당을 받게 된다.

1차 : 안분 후 흡수배당을 한다.
甲가압류권자가 선순위이기 때문에 이를 기준으로 甲, 乙, 丙이 안분배당을 한다.
甲가압류권자는 안분배당을 받고 더 이상 배당을 받지 못한다.

  甲 5천만원 × 2천만원/1억원 = 1천만원
  乙 5천만원 × 3천만원/1억원 = 1천5백만원
  丙 5천만원 × 5천만원/1억원 = 2천5백만원

2차 : 乙근저당권자는 1차 안분배당에서 만족을 하지 못하였기 때문에 흡수배당을 한다.
따라서 乙근저당권자는 丙에 우선하기 때문에 丙으로부터 1천5백만 원을 흡수배당을 받아 최종 3천만 원을 배당받는다.
또한 丙은 결국 1천5백만 원을 흡수당하고 1천만 원을 배당받는다.
결국 최종적으로 다음과 같이 배당을 받는다.

  甲 5천만원 × 2천만원/1억원 = 1천만원
  乙 5천만원 × 3천만원/1억원 = 1천5백만원 + 1천5백만원 = 3천만원

丙 5천만원 × 5천만원/1억원 = 2천5백만원 - 1천5백만원 = 1천만원

판례에 의하면 부동산에 대하여 가압류등기가 먼저 되고 나서 근저당권설정등기를 마친 경우에, 그 근저당권등기는 가압류에 의한 처분금지의 효력 때문에 그 집행보전의 목적을 달성하는 데 필요한 범위 안에서 가압류채권자에 대한 관계에서만 상대적으로 무효이다.

이 경우 가압류채권자와 근저당권자 및 근저당권설정등기 후 강제경매신청을 한 압류채권자 사이의 배당관계에 있어서, 근저당권자는 선순위가압류채권자에 대하여는 우선변제권을 주장할 수 없으므로, 1차로 채권액에 따른 안분비례에 의하여 평등배당을 받은 다음, 후순위경매신청압류채권자에 대하여는 우선변제권이 인정되므로 경매신청압류채권자가 받을 배당액으로부터 자기의 채권액을 만족시킬 때까지 이를 흡수하여 배당받을 수 있다(대판 94마417).

사례 17 가압류 경합시 배당(안분후 흡수배당) 배당교부금 2억원

甲은 채무자의 X 부동산에 대하여 경매를 진행하였다. 배당교부금은 2억 원이었다. 甲가압류, 乙임차인, 丙근저당의 채권자로서 각각 2억 원, 2억 원, 2억 원의 채권이 있다. 이러한 경우 甲, 乙, 丙에 대한 배당은 어떻게 하여야 하는가?

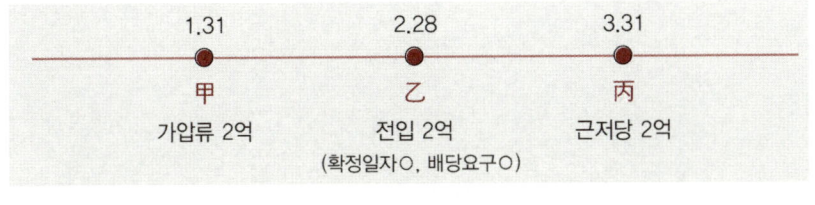

甲가압류는 채권자이기 때문에 우선변제권이 없어 1차적으로 안분배당을 한다. 따라서 甲가압류, 乙임차인, 丙근저당권자는 각자의 채권액에 비례하여 안분배당을 받는다.

> 甲 2억원 × 2억원/6억원 = 66,666,000원
> 乙 2억원 × 2억원/6억원 = 66,666,000원
> 丙 2억원 × 2억원/6억원 = 66,666,000원

甲가압류는 66,666,000원에 대한 배당을 받고 말소되나, 乙임차인은 확정일자를 받았기 때문에 丙근저당권자보다 우선하여 순위배당을 받을 수 있다. 따라서 2차적으로 자기채권에 만족할때까지 흡수하게 된다.

> 乙 2억원 × 2억원/6억원 = 133,332,000원
> 丙 2억원 × 2억원/6억원 = 0원

최종적으로 보면 甲가압류는 66,666,000원 乙임차인은 133,332,000원 丙근저당권자는 乙에게 흡수당하여 0원이다.

(4) 동시배당

동시배당은 공동근저당 목적물 전부를 동시에 경매하여 그 매각대금으로부터 동시에 배당을 받을 경우 각 부동산의 매각대금에 비례하여 피담보채권을 배당받는 경우를 말한다.

사례 18 공동담보 경매시 배당(동시 배당)

> 甲은 乙에 대하여 600만 원의 청구채권이 있었고 채무자 乙의 부동산이 있는 서울, 대전, 부산에 공동으로 1순위 근저당을 설정하였다.
>
> 300만 원이 있는 丙은 서울에 대하여 2순위 근저당을 설정하였고, 200만 원이 있는 丁은 대전에 대하여 2순위 근저당을 설정하였고, 100만 원이 있는 戊는 부산에 대하여 2순위 근저당을 설정하였다.
>
> | 서울부동산
경매교부금 600만원 | 대전부동산
경매교부금 400만원 | 부산부동산
경매교부금 200만원 |
> |---|---|---|
> | 甲 1순위 공동근저당
丙 2순위 근저당 | 甲 1순위 공동근저당
丁 2순위 근저당 | 甲 1순위 공동근저당
戊 2순위 근저당 |
>
> 甲은 채무자 乙이 변제가 되지 않자 담보권실행에 의한 경매를 실행하였다. 이 경우 배당은 어떻게 이루어지는가?

공동담보권자 甲은 채무자 乙이 제공한 서울(경매교부금 600만 원), 대전(경매교부금 400만 원), 부산(경매교부금 200만 원)의 부동산에 대하여 동시 경매를 진행하였다.

공동담보권자인 채권자 甲이 서울, 대전, 부산의 부동산에 대하여 동시경매를 진행한 경우 비율에 의하여 서울로부터 300만 원, 대전으로부터 200만 원, 부산으로부터 100만 원을 배당받는다.

후순위채권자 丙, 丁, 戊는 丙은 서울로부터 300만 원, 丁은 대전으로부터 200만 원, 戊는 부산으로부터 100만 원을 배당받는다.

그러나 여러 개의 재산을 일괄매각하는 경우에, 그 가운데 일부의 매각대금으로 모든 채권자의 채권액과 강제집행비용을 변제하기에 충분하면 다른 재산의 매각을 허가하지 아니한다. 다만, 토지와 그 위의 건물을 일괄매각하는 경우나 재산을 분리하여 매각하면, 그 경제적 효용이 현저하게 떨어지는 경우 또는 채무자의 동의가 있는 경우에는 그러하지 아니하다(민사집행법 제101조 제3항).

(5) 이시배당

이시배당은 동일한 채권의 담보로 수 개의 부동산에 근저당권을 설정한 경우에 그 부동산의 경매대가를 동시에 배당하는 때에는 각 부동산의 경매대가에 비례하여 그 채권의 분담을 정하는 것이다. 다시 말해, 공동근저당권이 목적부동산 중의 일부만이 경매되어 그 대가를 먼저 배당하는 경우에 공동근저당권자는 그 대가로부터 채권 전액의 변제를 받는다. 그러나 이 경우 그 경매한 부동산의 후순위근저당권자는 선순위인 공동근저당권자가 만일 동시에 배당을 하였다고 하면, 다른 부동산의 경매대금에서 변제를 받을 수 있는 금액의 한도에서 선순위자를 대위하여 그 근저당권을 실행할 수 있다.

사례 19 공동담보 경매시 배당(이시 배당)

甲은 乙에 대하여 600만 원의 청구채권이 있었고 채무자 乙의 부동산이 있는 서울, 대전, 부산에 공동으로 1순위 근저당을 설정하였다.
300만 원이 있는 丙은 서울에 대하여 2순위 근저당을 설정하였고, 200만 원이 있는 丁은 대전에 대하여 2순위 근저당을 설정하였고, 100만 원이 있는 戊는 부산에 대하여 2순위 근저당을 설정하였다.

```
서울부동산              대전부동산              부산부동산
경매교부금 600만원      경매교부금 400만원      경매교부금 200만원

甲 1순위 공동근저당     甲 1순위 공동근저당     甲 1순위 공동근저당
丙 2순위 근저당         丁 2순위 근저당         戊 2순위 근저당
```

甲은 채무자 乙이 변제가 되지 않자 1차적으로 서울부동산에 대하여만 담보권실행에 의한 경매를 실행하였다. 이 경우 배당은 어떻게 이루어지는가?

공동담보권자인 甲은 동시에 경매를 진행하여 서울, 대전, 부산으로부터 안분배당을 받을 수 있었을 것이다.

그러나 甲이 개별적으로 서울에서 경매를 진행하여 서울의 경매대가를 전부 가져간 경우, 서울의 후순위 권리자인 丙은 서울로부터 배당을 받을 수 없고, 甲이 동시배당을 진행하였더라면 대전으로부터 200만 원, 부산으로부터 100만 원을 배당받을 수 있다. 丁과 戊는 丙이 배당을 받고 난 후, 잔여 배당금에서 丁은 대전에서 200만 원, 戊는 부산에서 100만 원의 배당을 받는다.

📝 사례 20 공동저당에서 물상보증인 소유의 부동산이 경매된 경우 배당(이시배당)

500만 원의 청구채권이 있는 甲은 채무자 乙과 물상보증인 丙에 대하여 공동으로 1순위 근저당을 설정하였다.

200만 원의 청구채권이 있는 丁은 채무자 乙의 A 부동산에 대하여 2순위 근저당을 설정하였고, 300만 원의 청구채권이 있는 戊는 물상보증인 丙의 B

부동산에 대하여 2순위 근저당을 설정하였다. 이 경우 배당은 어떻게 이루어지는가?

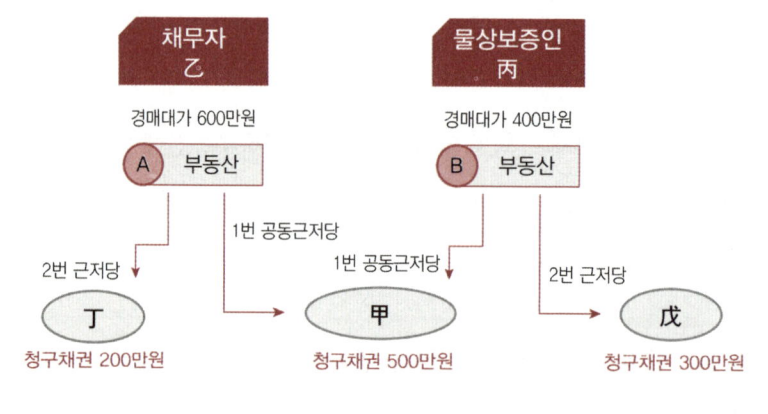

A가 먼저 매각된 경우, 甲은 A의 경매대가에서 500만 원을 변제받고 丁은 A에서 100만 원을 배당받는다.

甲은 B 부동산에 대하여 근저당권은 소멸하고 戊는 1순위로 B 부동산 경매대가에서 300만 원 배당을 받고, 나머지 100만 원은 B 부동산 소유자 丙에게 배당한다.

B가 먼저 매각된 경우 甲은 B의 경매대가에서 400만 원 전액을 변제받고 A경매대가에서 100만 원을 배당받는다. A의 경매대가 중 400만 원은 물상보증인 丙에게 배당되나 戊가 300만 원에 대하여 물상대위를 할 수 있다. 丁은 A 경매대가에서 100만 원을 배당받는다.

판례에 의하면 공동저당에서 물상보증인 소유의 부동산이 먼저 경매되어 경매대금에서 선순위공동저당권자가 변제를 받은 때에는 특별한 사정이 없는 한 물상보증인은 채무자에 대하여 구상권을 취득함과 동시에, 변제자대위에 관한 민법 제481조, 제482조에 따라 채무자 소유의 부동산에 대한 선순위공동저당권자의 저당권을 대위취득하고, 물상보증인 소유의 부동산에 대한 후순위저당권자는 물상보증인이 대위취득한 채무자소유의 부동산에 대한 선순위 공동저당권자의 근저당에 대하여 물상대위를 할 수 있다(대판 2013다 41097).

● **이시배당과 동시배당의 실무**

> 배당에서 이시배당이 원칙이지만, 실무에서는 항상 동시배당을 한다. 따라서 아파트, 오피스(텔), 연립, 다세대, 상가처럼 수십 개의 개별 물건이 개별경매로 진행되면서 물건번호가 각각 있는 경우에는, 경매가 종료되기까지 많은 시간이 걸리기 때문에 자금계획을 잘 세워서 입찰을 하여야 한다.

(6) 순환배당

공과금(국민연금, 건강보험, 고용보험, 산재보험 등)의 채권은 납부기한 이후에 설정된 근저당권과 기타 일반채권에 우선하여 배당을 받는다.

하지만 조세채권보다는 우선하지 못한다. 공과금 납부기한 후에 설정된 근저당권보다 후순위의 조세채권이 있는 경우, 근저당권보다 우선하는 공과금채권과 근저당권부채권 및 근저당권보다 후순위 조세채권 사이에 순환관계가 성립한다.

사례 21 순환 배당

【ⓐ 순환배당】

□ 배당 순위에 따라 순환 흡수되는 경우 (A) > (B) > (C) > (A)　　　　　　　배당교부금 4,000만원

구 분	(A) 건강보험료 (납부기일 7.10)	(B) 근저당 (설정일 8.10)	(C) 부가가치세 (법정기일 9.20)
채권액	2,500만원	2,000만원	500만원

원미만 :반올림

구 분		건강보험료 (A)	근저당 (B)	부가가치세 (C)
채권액		2,500	2,000	500
1차 안분		**2,000**	**1,600**	**400**
1차안분 후 부족액		500	400	100
2차 순환흡수 (1회)	A	+500	-500	
	B		+400	-400
	C	-100		+100
최종 배당		**2,400**	**1,500**	**100**

▶ 건강보험료는 납부기한 이후 설정된 근저당권보다 우선 (A > B) -> 1차 안분배당액 부족분 한도로 2차 순환흡수배당함 500
▶ 근저당권설정일이 부가가치세의 법정기일보다 우선 (B > C) -> 1차 안분배당액 부족분 한도로 2차 순환흡수배당함 400
▶ 부가가치세는 건강보험료와의 관계에서 우선 (C > A) -> 1차 안분배당액 부족분 한도로 2차 순환흡수배당함 100

【ⓑ 순환배당】

당해세는 근저당권보다 우선하고 임차인은 당해세보다 우선한다. 따라서 1차적으로 안분배당을 실시하고 2차적으로 1회에 한해서 흡수배당을 한다.

□ 배당 순위에 따라 순환 흡수되는 경우 (A) > (C) > (B) > (A)　　　　　　　배당교부금 100백만

구 분	(A) 근저당권 (설정일 20.8.1)	(B) 당해세 (설정일 20.7.10)	(C) 임차인(서울 소재) (전입일 21.1.12)보증금 90백만
채권액	100백만	66백만	34백만

원미만 :반올림

구 분		근저당권 (A)	당해세 (B)	임차인 (C)
채권액		100	66	34
1차 안분		**50**	**33**	**17**
1차안분 후 부족액		50	33	17
2차 순환흡수 (1회)	A	+17		-17
	B	-33	+33	
	C		-17	+17
최종 배당		**34**	**49**	**17**

1차 : (각 채권액 / 채권총액) × 배당액 = 안분배당

2차 : A는 부족분을 C에서 흡수 / B는 A에서 흡수 / C는 B에서 흡수 = 순환흡수배당

조세채권이 있는 경우 근저당권과 달리 가압류보다 후순위여도 비율배당을 하지 않고 우선적으로 배당을 한다.

가령 甲가압류, 乙근저당권, 丙조세, 丁가압류 순으로 등기가 되어 있는 경우, 우선 1차적으로 먼저 甲가압류를 기준으로 안분배당한다. 그리고 2차적으로 乙근저당권이 그 이후의 권리에 대하여 흡수배당한다. 마지막으로 丙조세채권자가 자신의 채권액이 만족할 때까지 甲가압류와 丁가압류로부터 비율에 따라 흡수된다.

실전사례 103가지로 파헤치는 **부동산 경매와 권리분석 완전정복**

부동산 물건에 대한 권리분석

PART 4

1. 가압류에 대한 권리분석
2. 가처분에 대한 권리분석
3. 가등기에 대한 권리분석
4. 지상권에 대한 권리분석
5. 구분지상권에 대한 권리분석
6. 법정지상권에 대한 권리분석
7. 전세권에 대한 권리분석
8. 주택임대차에 대한 권리분석
9. 임차권등기에 대한 권리분석
10. 상가건물임대차에 대한 권리분석
11. 유치권에 대한 권리분석
12. 근저당권에 대한 권리분석
13. 환매등기에 대한 권리분석
14. 대지권미등기에 대한 권리분석
15. 토지별도등기에 대한 권리분석
16. 건축허가는 있는데, 미등기건물에 대한 권리분석

1. 가압류에 대한 권리분석

1) 의의
가압류는 금전 또는 금전으로 환산할 수 있는 청구권을 그대로 두면, 장래 강제집행이 불가능하게 되거나 곤란하게 될 경우에 미리 일반담보가 되는 채무자의 재산을 가압류하여 현상을 보전하고, 그 변경을 금지하여 장래의 강제집행을 보전하는 절차이다.

2) 성격
가압류는 장래의 강제집행을 보전하기 위한 임시적 절차이다.
① 채권자의 권리는 금전채권이나 금전으로 환산할 수 있는 채권에 한한다.
② 가압류로서 보전하고자 하는 채권은 기한이 도래하지 아니한 것이라도 상관없다.
③ 가압류의 피보전 권리는 통상적인 강제집행이 가능한 권리여야 한다.

3) 특징
가압류는 가압류 명령 신청에 대하여 변론을 거친 경우에도 결정으로 진행하고, 변론절차를 거치지 않는 경우도 결정으로 한다.

4) 요건
가압류는 다음의 요건이 성립하면 가능하다.
① 가압류에 적합한 청구채권이어야 한다.
② 변제하여야 할 채무에 대하여 이행기가 도래한 채권 또는 도래하지 않은 채

권에 대하여도 가능하다.
③ 집행보전의 필요가 있어야 한다.
④ 이미 집행권원을 획득하지 않았어야 한다.
　만일, 집행권원을 획득하였다면 강제집행으로 진행하여야 한다.
⑤ 외국에서 강제집행을 하게 되는 사정이 있는 경우는 가압류가 가능하다.

5) 권리분석

가압류는 평등배당이 원칙이다.
가압류는 우선변제권이 없고, 채권자 평등주의이다.
또한 말소기준권리에 해당한다.
이와 반해 물권은 우선변제권이 있고 후순위권리자에 대하여만 우선변제권이 있다.
물권 중 근저당권은 말소기준권리에 해당하나 전세권은 예외적으로 전부전세권자로서 배당참가 시는 말소기준권리에 해당한다. 또한 가등기권리자도 배당에 참여하면 말소기준권리에 해당한다.
판례에 의하면 가압류등기 후 제3자 앞으로 소유권이전등기가 마쳐진 부동산에 대하여 가압류권자의 신청에 의한 강제경매절차가 진행 중 가압류로부터 벗어나기 위하여 집행공탁으로 가압류집행이 취소되어 가압류등기가 말소된 경우, 가압류집행이 있은 후 그 가압류가 강제경매개시결정으로 인하여 본압류로 이행된 경우에 가압류집행이 본집행에 포섭됨으로써 애초부터 본집행이 있었던 것과 같은 효력이 있고, 본집행의 효력이 유효하게 존속하는 한 상대방은 가압류집행의 효력을 다툴 수는 없고 오로지 본집행의 효력에 대하여만 다투어야 하는 것이므로, 본집행이 취소, 실효되지 않는 한 가압류집행이 취소되었다고 하여도 이미 그 효력을 발생한 본집행에는 아무런 영향을 미치지 않는다(대판 2001마 6620).

사례 22 가압류권자와 근저당권자 경합시 배당(안분 배당)

甲은 채무자의 X 부동산에 대하여 경매를 진행하였다. 배당교부금은 1억 원이었다. 甲가압류, 乙근저당 채권자로서 각각 3천만 원, 5천만 원의 채권이 있다. 이러한 경우 甲, 乙에 대한 배당은 어떻게 하여야 하는가?

이와 같이 우선변제권이 없는 가압류가 말소기준권리가 될 경우 안분배당을 한다. 또한 근저당권도 마찬가지로 가압류에 대하여 우선변제권을 주장할 수 없다.

가압류와 근저당권은 안분배당을 한다.
    甲 1억원 × 3천만원/8천만원 = 37.5백만원 중 3천만원 전액배당 됨.
    乙 1억원 × 5천만원/8천만원 = 62.5백만원중 5천만원 전액배당 됨.
    나머지 2천만원은 채무자에게 귀속된다.

사례 23 가압류권자와 근저당권자 경합시 배당(안분후 흡수배당)

甲은 채무자의 X 부동산에 대하여 경매를 진행하였다. 배당교부금은 8천만 원이었다. 甲가압류, 乙근저당, 丙가압류 채권자로서 각각 5천만 원, 4천만 원, 3천만 원의 채권이 있다. 이러한 경우 甲, 乙, 丙에 대한 배당은 어떻게 하여야 하는가?

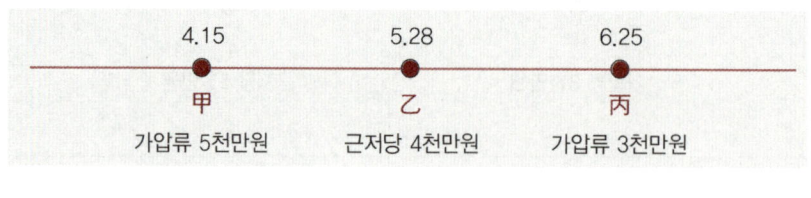

甲가압류권자 후순위에 있는 乙근저당권자는 甲가압류권자보다는 우선하지 못하나 丙가압류권자보다는 우선하여 배당을 받는다.

이러한 경우는 권리분석을 2번에 걸쳐서 하여야 한다. 우선 甲가압류권자를 기준으로 乙근저당권, 丙가압류권자 간에 안분배당을 하고, 甲가압류권자는 안분배당을 받고 더 이상 배당을 받지 못한다. 이어서 다음으로 乙근저당권자는 丙가압류권자보다 선순위로 乙근저당권자가 만족할 때까지 2차 흡수배당을 한다. 따라서 乙근저당권자는 전액 배당을 받으나 丙가압류권자는 공제 후 차액만 배당을 받게 된다.

1차 : 안분후흡수배당을 한다.
甲가압류권자가 선순위이기 때문에 이를 기준으로 甲, 乙, 丙이 안분배당을 한다.

甲가압류권자는 안분배당을 받고 더 이상 배당을 받지 못한다.

甲 8천만원 × 5천만원/1억2천만원 = 33,333천원
乙 8천만원 × 4천만원/1억2천만원 = 26,666천원
丙 8천만원 × 3천만원/1억2천만원 = 20,000천원

2차 : 乙근저당권자는 1차 안분배당에서 만족을 하지 못하였기 때문에 흡수배당을 한다.

따라서 乙근저당권자는 丙에 우선하기 때문에 丙으로부터 13,333천 원을 흡수배당을 받아 최종 40,000천 원을 배당받는다.

또한 丙은 결국 13,333천 원을 흡수당하고 6,666천 원을 배당받는다.

乙 8천만원 × 4천만원/1억2천만원 = 26,666천원+13,333천원= 40,000천원
丙 8천만원 × 3천만원/1억2천만원 = 20,000천원-13,333천원 = 6,666천원

사례 24 가압류 → 근저당 → 가압류 → 근저당 경합시 배당

甲은 채무자의 X 부동산에 대하여 경매를 진행하였다. 배당교부금은 1억 원이었다. 甲, 乙, 丙, 丁은 채권자로서 각각 5천만 원, 4천만 원, 3천만 원, 2천만 원의 채권이 있다. 이러한 경우 甲, 乙, 丙, 丁에 대한 배당은 어떻게 하여야 하는가?

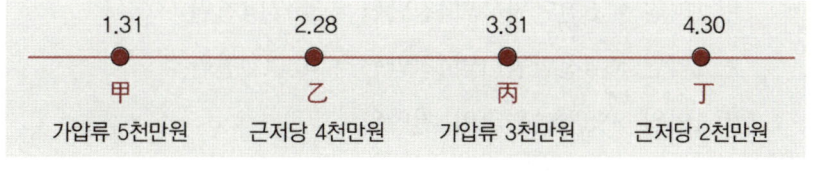

甲가압류권자는 원래 평등배당권자이기 때문에 후순위에 있는 乙근저당권자, 丙가압류권자, 丁근저당권자와 함께 동순위로 안분 비례하여 배당을 받는다.

1차 : 안분배당을 한다.
甲가압류는 채권으로 이를 기준으로 안분배당을 한다.
甲가압류권자가 선순위이기 때문에 이를 기준으로 甲, 乙, 丙, 丁이 안분배당을 한다.
甲가압류권자는 안분배당을 받고 더 이상 배당을 받지 못한다.

   甲 1억원 × 5천만원/1억4천만원 = 35,714천원
   乙 1억원 × 4천만원/1억4천만원 = 28,572천원
   丙 1억원 × 3천만원/1억4천만원 = 21,428천원
   丁 1억원 × 2천만원/1억4천만원 = 14,286천원

이어서 다음으로 乙근저당권자는 丙가압류권자와 丁근저당권자보다 선순위로 乙근저당권자가 만족할 때까지 2차 흡수배당을 한다.

2차 : 乙근저당권을 기준으로 흡수배당을 한다.
乙근저당권자는 1차 안분배당에서 만족을 하지 못하였기 때문에 흡수배당을 한다.
따라서 乙근저당권자는 丙가압류권자와 丁근저당권자에 우선하기 때문에 丙(21,428천 원)과 丁(14,286천 원)으로부터 1차배당에서 부족분 11,428천 원을 흡수하여 4천만 원 전액을 배당받는다.

   甲 1억원 × 5천만원/1억4천만원 = 35,714천원
   乙 1억원 × 4천만원/1억4천만원 = 40,000천원
   丙 1억원 × 3천만원/1억4천만원
   丁 1억원 × 2천만원/1억4천만원

3차 : 丙가압류와 丁근저당권자는 안분배당을 한다.

丙가압류권자와 丁근저당권자는 흡수당하고 24,286천 원에 대하여 안분배당을 받는다.

丙 24,286천원 × 21,428천원/35,714천원 = 14,571천원

丁 24,286천원 × 14,286천원/35,714천원 = 9,715천원

이와 같이 최종적으로 배당의 결과는 다음과 같다.

甲 1억원 × 5천만원/1억4천만원 = 35,714천원

乙 1억원 × 4천만원/1억4천만원 = 40,000천원

丙 1억원 × 3천만원/1억4천만원 = 14,571천원

丁 1억원 × 2천만원/1억4천만원 = 9,715천원

임차인이 있는 경우 임대차보증금이 얼마이고, 이중 얼마를 인수하여야 할 것인지를 반드시 분석하여야 한다.

사례 25

甲의 가압류채권 확정판결에 의하여 강제경매가 진행되었다. 배당할 교부 금액은 5,000만 원이다. 甲, 乙, 丙, 丁이 배당받을 금액은 얼마인가?

일자	권리내용	권리자	말소기준(인수/소멸)	배당
2.10	가압류 3,000만원	甲	말소기준	?
3.10	근저당 4,000만원	乙	소멸	?
4.20	근저당 5,000만원	丙	소멸	?
9.15	가압류 6,000만원	丁	소멸	?
10.20	강제경매신청	甲의 가압류채권 지급판결		

구분	甲	乙	丙	丁
①	833	1,111	1,389	1,667
②	833	4,000	167	0
③	3,000	2,000	0	0
④	1,000	4,000	0	0

| 정답 | ②

먼저 甲가압류가 선순위이기 때문에 甲을 기준으로 안분배당을 하고 甲은 833만 원을 배당을 받고 소멸한다. 그리고 乙은 1111만 원, 丙은 1389만 원, 丁은 1667만 원을 안분배당을 받았으나 乙이 丙과 丁보다 선순위이기 때문에 흡수하여 乙은 4000만 원 전액 배당을 받는다. 또한 丙은 丁으로부터 흡수하여 167만 원 배당받게 된다. 丁은 전혀 배당을 받지 못한다.

사례 26 가압류권자와 근저당권자 조세채권자 경합시 배당

부동산등기사항증명서를 열람하여 보니 甲은 채무자의 X부동산 경매를 진행하였다. 배당교부금은 5천만 원이다. 甲가압류, 乙근저당, 丙압류(조세채권), 丁가압류로서 각각 4천만 원, 2천만 원, 3천만 원, 1천만 원의 채권이 있다. 이러한 경우, 입찰에 참여하여도 되는지, 그리고 권리분석을 하여 보자.

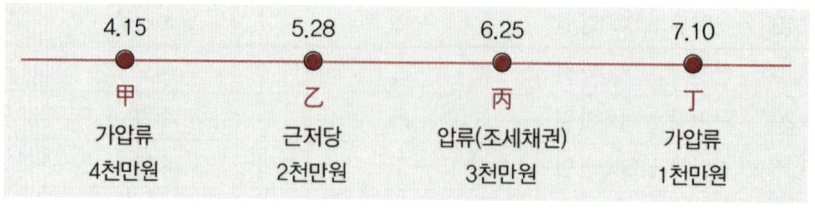

이러한 경우는 甲가압류권자가 말소기준권리자에 해당되어 추가부담은 없기 때문에 입찰에 참여해도 된다.
각 권리자에 대한 권리분석을 해보자.

1차 : 가압류권자를 기준으로 안분배당을 한다.
甲가압류권자가 선순위이기 때문에 이를 기준으로 甲, 乙, 丙, 丁이 안분배당을 한다.

　　　甲 5천만원 × 4천만원/1억원 = 20,000천원
　　　乙 5천만원 × 2천만원/1억원 = 10,000천원
　　　丙 5천만원 × 3천만원/1억원 = 15,000천원
　　　丁 5천만원 × 1천만원/1억원 = 5,000천원

2차 : 乙근저당권자는 1차 안분배당에서 만족을 하지 못하였기 때문에 丙과 丁에 우선하여 배당을 받는다.
따라서 乙근저당권자는 丙과 丁으로부터 1차 배당에서 부족분에 해당하는 10,000천원을 흡수하게 되는데, 압류권자인 丙이 가압류권자인 丁보다 우선하기 때문에 丁으로부터 먼저 5,000천원을 흡수하고, 그리고 나서 丙으로부터 5,000천원을 흡수한다.
따라서 다음과 같이 2차배당을 받게 된다.

　　　甲 20,000천원
　　　乙 20,000천원
　　　丙 10,000천원
　　　丁　　 0

3차 : 또한 丙조세채권자는 甲가압류보다 우선한다.

따라서 丁가압류에게는 흡수할 채권이 없어서 甲가압류로부터 흡수를 하게 된다.

이때 丙조세권자는 1차 안분배당시 15,000천원이기 때문에 이 범위 내에서 甲으로부터 1,500만원만을 흡수를 하게 된다.

따라서 최종적으로 다음과 같이 배당을 받게 된다.

     甲 5,000천원
     乙 20,000천원
     丙 25,000천원
     丁   0

2. 가처분에 대한 권리분석

1) 의의
가처분은 금전채권 이외의 권리 또는 법률관계에 관한 판결의 집행을 보전하기 위한 제도로 다툼의 대상에 관한 가처분과 임시지위를 정하기 위한 가처분으로 나눈다.

즉, 가처분을 지금 하여 두지 않으면 추후에 판결에서 승소하였다 하더라도, 상대방이 이미 처분을 하였거나 현상을 변경하는 경우가 있다. 이러한 경우 판결을 집행할 수 없게 되거나 현저히 곤란하게 되는 경우가 발행한다. 따라서 채무자의 처분행위를 금지함으로써, 현상의 변경을 방지하고 현재의 위험 또는 손해를 막아야 하기 때문에 가처분의 필요성이 있는 것이다. 이는 가압류와 더불어 임시적 보전조치라고 한다.

2) 목적
다툼의 대상에 관한 가처분은 현상이 바뀌면 당사자가 권리를 실행하지 못하거나 이를 실행하는 것이 매우 곤란할 염려가 있을 경우에 한다(민사집행법 제300조 제1항).

가처분은 다툼이 있는 권리관계에 대하여 임시의 지위를 정하기 위하여도 할 수 있다. 이 경우 가처분은 특히 계속하는 권리관계에 끼칠 현저한 손해를 피하거나 급박한 위험을 막기 위하여, 또는 그 밖의 필요한 이유가 있을 경우에 하여야 한다(민사집행법 제300조 제2항).

3) 가처분의 방법

법원은 신청목적을 이루는 데 필요한 처분을 직권으로 정한다. 가처분으로 보관인을 정하거나, 상대방에게 어떠한 행위를 하거나 하지 말도록, 또는 급여를 지급하도록 명할 수 있다. 가처분으로 부동산의 양도나 저당을 금지한 때에는 법원은 등기사항증명서에 그 금지한 사실을 기입하게 하여야 한다(민사집행법 제305조).

4) 관할법원

가처분의 재판은 본안의 관할법원 또는 다툼의 대상이 있는 곳을 관할하는 지방법원이 관할한다.

5) 가처분의 종류

가처분의 종류는 아래와 같다.

(1) 처분금지가처분

목적물에 대한 채무자의 소유권이전, 근저당권, 전세권의 설정, 임차권설정 등 일체의 처분행위를 금지시켜 채권자의 피보전권리의 행사를 쉽게 하기 위하여 하는 가처분이다.

부동산처분금지가처분은 채권자가 특정한 부동산의 소유권에 대하여 소유를 주장하면서 그 목적부동산이 다른 제3자에게 이전되는 것을 미리 막아 승소확정 후 그 소유권을 이전받으려는 목적으로 이용된다. 다시 말해 금전채권을 위한 채권보전이 아니라 그 해당 부동산의 소유권을 주장하는 경우에 취해지는 보전처분이다.

부동산처분금지가처분은 부동산등기사항증명서에 등기된다.

(2) 점유이전금지가처분

부동산 및 동산에 대한 인도, 명도청구권을 보전하기 위하여 채권자가 목적물의 현상의 변경을 금지시키는 것을 말한다.

즉 건물철거, 토지인도청구권을 피보전권리로 하는 경우에는, 건물에 대한 처분금지가처분으로 하여야 하며, 건물·토지에 대한 점유이전금지가처분만으로는 그 목적을 달성할 수가 없다.

가령, 김경돌이 정산하를 상대로 건물명도청구 소송을 제기하였으나, 소송 중에 정산하가 자신이 점유하고 있는 건물을 제3자에게 점유이전하고 일시적으로 나가버리면 김경돌이 승소하여도 제3자가 점유하고 있기 때문에 집행을 하지 못할 수 있다.

따라서 이러한 경우를 대비하기 위하여 김경돌은 정산하를 상대로 점유이전금지가처분을 하고 명도소송을 통하여 판결을 받아 놓으면, 제3자는 김경돌에게 대항을 할 수 없다.

부동산점유이전금지가처분은 부동산등기사항증명서에 등기되지 않는다.

📝 사례 27 소유부동산에 대하여 소유권이전금지가처분

> 부동산등기사항증명서를 열람하여 보니 甲의 부동산에 대하여 乙이 소유권이전금지가처분을 하였다. 丙을 말소기준권리로 보고 권리분석을 하여도 문제는 없는가?
>
>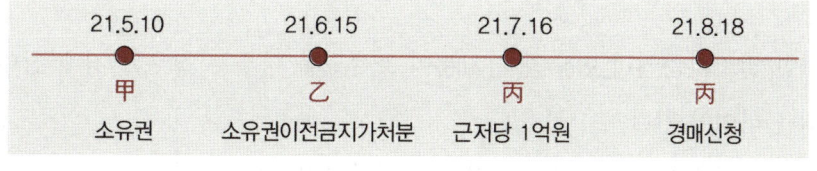

이러한 경우는 경매 참여시 조심을 하여야 한다.

甲과 乙이 소유권분쟁이 있는 경우로 乙은 제3자에게 소유권을 처분하지 말라는 취지로 가처분을 한다. 만일 乙이 재판을 통하여 승소할 경우 소유자가 된다. 따라서 丙은 원인 무효가 된다.

또한 말소기준권리는 丙이기 때문에 乙의 가처분은 말소되지 않고 낙찰자가 인수하거나 소유권을 상실할 수도 있다.

판례에 의하면 채무자 소유의 부동산에 대하여 처분금지가처분결정이 된 경우에 가처분채무자는 그 부동산을 처분할 수 없는 것이 아니고 다만 그 처분을 가지고 가처분에 저촉하는 범위 내에서 가처분채권자에게 대항할 수 없는 것에 지나지 않는다(대판 86다카191).

사례 28 근저당권 등 말소기준권리 이후에 소유권이전금지가처분

부동산등기사항증명서를 열람하여 보니 甲의 부동산에 대하여 乙이 근저당을 설정한 이후 丙이 소유권이전을 금지하는 가처분을 신청하였다.
乙을 말소기준권리로 보고 권리분석을 하여도 문제는 없는가?

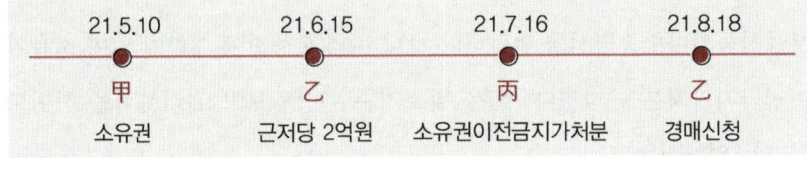

이러한 말소기준권리 이후의 가처분이 소유권을 다투는 경우는 경매 참여시 조심을 하여야 한다.

乙이 말소기준권리가 되어 이보다 후순위인 丙의 가처분은 원칙적으로, 경매로 인하여 소멸한다. 다만 丙이 재판절차에서 승소할 경우는 丙이 소유권자가 된다.

이러한 경우 乙의 근저당권자는 무효가 되고 낙찰자는 소유권을 상실한다. 따라서 낙찰자는 근저당권자가 수령한 배당금액에 대하여 부당이득금으로 반환을 청구하여야 한다. 따라서 이러한 경우 입찰 시에는 주의를 요하여야 한다.

사례 29 가처분이후 근저당권 등 말소기준권리가 있는 경우

부동산등기사항증명서를 열람하여 보니 甲의 부동산에 대하여 乙이 소유권을 이전하고자 가처분을 하였고, 결국 가처분의 실행으로 소유권을 넘겨 받았다. 이후 丙은 乙에 대하여 근저당권을 설정하였다. 丙을 말소기준권리로 보고 권리분석을 하여도 문제는 없는가?

이러한 경우 乙의 가처분은 말소기준권리보다 앞선 권리라 하더라도 사실상 효력이 없는 가처분으로, 입찰에 참여하더라도 낙찰자가 소유권을 취득한다. 단 상기 가처분은 자동적으로 소멸되지는 않고 낙찰자가 인수한 후 집행법원에 가처분등기를 말소하여 달라는 촉탁등기를 별도로 하여야 한다.

따라서 이러한 경우는 대출기관으로부터 대출받는 데 문제가 발생할 수 있기 때문에 사전에 대출여부를 확인한 후에 입찰에 참여하여야 한다.

사례 30 재산을 은닉한 경우 소유권이전등기말소가처분 ①

부동산등기사항증명서를 열람하여 보니 甲은 채무를 면탈하고자 하는 의도로 乙에게 소유권을 이전하였다. 이러한 사실을 알게 된 丙은 가처분을 하고 소송을 제기하여 승소하였다.
이후 丙은 채권을 회수하고자 경매를 진행하였다. 이러한 경우, 입찰에 참여하여도 되는지?

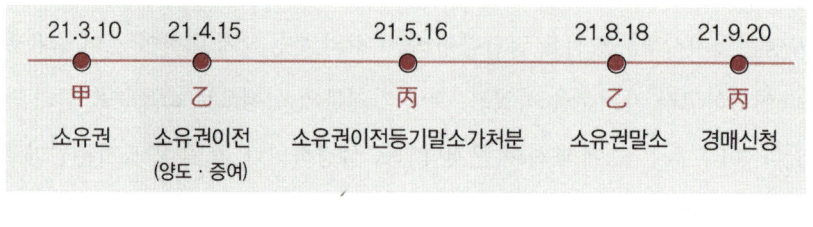

이러한 경우 집행권원을 획득하여 강제경매를 신청한 丙이 말소기준권리(강제경매기입등기)를 갖는다. 丙의 가처분은 낙찰자가 일단 인수하여야 한다. 왜냐하면 말소기준권리 이전의 권리이기 때문이다.
하지만 이는 원인이 없는 가처분으로 향후에 말소촉탁등기에 의하여 말소가 된다.
이와 같은 경우, 丙이 경매를 진행하려면 사해행위를 취소하는 소송을 제기하여 승소하여야 하나, 이는 형성의 소로서 강제집행을 할 수 없다.
따라서 추가로 이행의 소를 제기하여 집행권원을 획득하면, 이를 가지고 강제집행을 할 수 있다.

사례 31 재산을 은닉한 경우 소유권이전등기말소가처분 ②

부동산등기사항증명서를 열람하여 보니 甲은 채무를 면탈하고자 하는 의도로 乙에게 가압류가 된 상태에서 丙에게 소유권을 이전하였다. 이러한 사실을 알게 된 丁은 丙에게 소유권이전말소가처분을 하고 소송을 제기하였다. 이러한 경우, 입찰에 참여하여도 되는지?

21.4.5	21.5.10	21.6.20	21.7.10	21.10.15
甲	乙	丙	丁/丙	乙
소유권	가압류 1억원	소유권이전	소유권이전등기말소가처분	경매신청

이러한 경우는 입찰에 참여하여도 된다. 만일, 丁이 소송을 통하여 승소한 경우 丙에 대한 소유권은 말소된다. 하지만 乙의 가압류는 甲에 대한 권리로 효력에 아무런 문제가 없다.

따라서 乙의 가압류는 말소기준권리로 강제경매신청은 가능하고, 이러한 부동산을 낙찰받은 낙찰자는 소유권을 취득하는 데 문제가 없다.

사례 32 가압류 이후 소유권을 말소하는 가처분

> 부동산등기사항증명서를 열람하여 보니 甲에게 乙이 가압류가 되어 있었고, 이후 丙은 甲에게 소유권에 대한 말소등기가처분이 되어 있었다. 이러한 경우, 입찰에 참여하여도 되는지?
>
>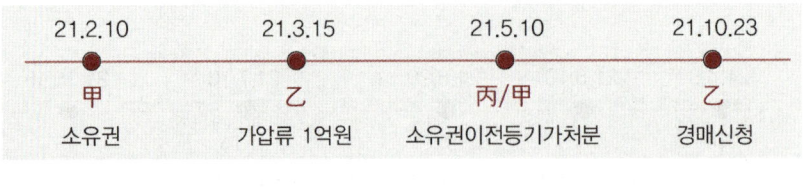

이러한 경우 조심하여야 한다. 乙이 가압류권자로서 말소기준권리로 보아, 부동산을 낙찰받은 경우 이후 권리들은 말소되기 때문에 문제가 없어 보인다. 하지만 소유권을 다투는 가처분이기 때문에, 소송 결과에 따라 소유자가 달라질 수 있다. 만일 丙이 승소하여 소유권을 취득할 경우, 낙찰자는 원인무효로 소유권을 취득할 수 없다. 또한 乙의 가압류도 효력을 갖지 못하고 소멸한다. 따라서 이러한 물건에 대하여는 입찰에 참여하지 않는 것이 바람직하다.

사례 33 근저당권설정등기 이행청구권가처분

부동산등기사항증명서를 열람하여 보니, 甲이 근저당권설정등기이행청구권가처분이 되어 있었고 乙이 가압류를 하였다. 이러한 경우, 입찰에 참여하여도 되는지?

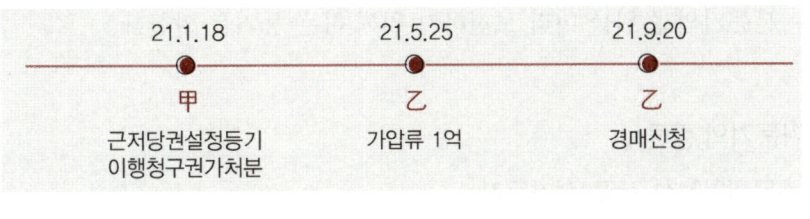

이러한 물권은 신중을 기하여 조심스럽게 접근하여야 한다. 말소기준권리는 乙가압류권자이다. 따라서 낙찰자는 乙가압류보다 선순위인 甲근저당권설정등기이행청구권을 인수하여야 하기 때문이다.

다만 감정가 이하로서 수차례 유찰 후 甲의 근저당권설정 금액을 알고 입찰에 참여하는 경우는 고려하여 볼만하다.

3. 가등기에 대한 권리분석

1) 의의
가등기는 본등기를 할 수 있는 법적 요건을 갖추지 못한 경우, 장래에 그 요건이 완비된 후에 본등기의 순위를 확보하기 위해 임시로 하는 등기를 말한다. 이는 본등기의 순위를 미리 보전하기 위해 하는 등기를 말한다.

2) 가등기의 종류
(1) 소유권이전청구권보전가등기
가등기는 소유권이전청구권보전가등기와 담보가등기가 있다. 가등기는 부동산 거래 시 이중경매가 발생하거나 또는 강제집행을 하고자 할 경우, 권리행사 방해를 사전에 막고자 부동산의 소유권을 확보하려고 하는 경우에 활용되고 있다.

가등기를 본등기하는 경우, 당사자의 합의하에 따라 하는 것이 원칙이나, 합의가 이루어지지 않을 경우 가등기권자가 단독으로 할 수 있는데, 이는 가등기가처분신청에 의한 방법으로 할 수 있다. 가등기에 기하여 본등기를 하면 본등기의 순위는 가등기의 순위에 따른다. 이를 순위보전력효력이라고 한다.

(2) 담보가등기
가등기는 채권자가 담보계약, 즉 매매예약 또는 대물변제예약 등에 의하여 담보가등기를 하면 담보계약에 따라 담보권을 실행하여 목적부동산을 취득할 수 있는 것으로 채권담보의 목적으로 하는 가등기를 말한다.

담보가등기권리자는 그 선택에 따라 '가등기담보 등에 관한 법률' 제12조에서

제3조에 따른 담보권을 실행하거나 담보목적부동산의 경매를 청구할 수 있다. 이 경우 경매에 관하여는 담보가등기권리를 (근)저당권으로 본다.
따라서 담보가등기는 가등기권자의 선택에 따라서 경매를 신청할 수도 있고 배당에 참여할 수도 있다.
경매절차에서 담보가등기는 말소기준권리로 보아 매각으로 인하여 소멸된다.
만일 가등기가 선순위임에도 경매가 계속 진행되고 있으면, 이는 소멸시효(10년)가 지났거나 담보가등기인 경우이다.
가등기담보라는 용어는 가등기가 담보용으로 사용됨에 따라 판례에서 인정되었으며, 이에 따라 '가등기담보 등에 관한 법률'이 제정되었다.

사례 34 근저당권 이후 가등기

부동산등기사항증명서를 열람하여 보니 甲이 근저당권이 설정되어 있었고 이후 乙이 가등기가 설정되어 있었다. 이러한 경우 입찰에 참여하여도 되는지?

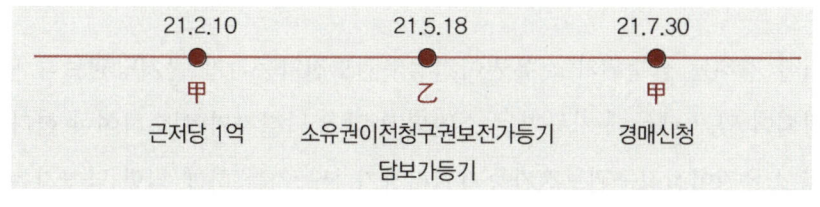

이러한 경우는 甲근저당권이 말소기준권리이기 때문에 배당을 받고 소멸되고, 가등기는 소유권이전청구권보전가등기이든 담보가등기이든 간에 종류를 불문하고 낙찰자가 잔금을 납부하면 소멸한다.

다만 근저당권의 금액이 소액일 경우는 소유권이전청구권보전가등기권리자가 대위변제 하고, 선순위로 되는 경우 낙찰자가 인수하여야 하는 경우도 있기 때문에 주의를 하여야 한다.

사례 35 가등기이후 근저당권 설정

부동산등기사항증명서를 열람하여 보니 甲이 선순위로 가등기가 설정되어 있었고, 이후 乙이 근저당권이 설정되어 있었다. 이러한 경우, 입찰에 참여하여도 되는지?

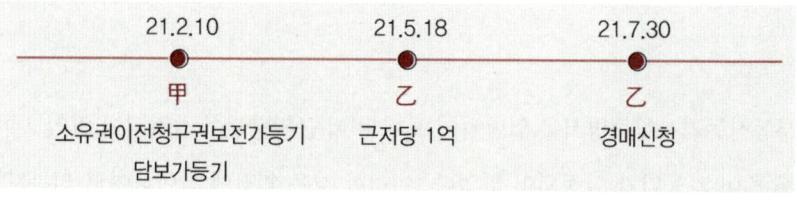

이러한 경우는 선순위가 소유권이전청구권보전가등기가 근저당권보다 먼저 설정되어 있기 때문에 가등기는 소멸되지 않고 낙찰자가 인수하여야 한다.
만일 소유권이전청구권보전가등기권리자가 본등기를 하게 되면 낙찰자는 소유권을 상실하기 때문에 주의를 하여야 한다.
그리고 선순위가 담보가등기(경매를 신청하거나 배당에 참여한 경우)인 경우는 우선변제적 효력이 있어 근저당권으로 취급되어 배당을 받고, 담보가등기는 소멸된다.

(3) 입찰시 체크포인트

가등기된 물건에 대하여 입찰 시는 조심하여야 한다. 선순위가 가등기일 경우 소유권이전청구권보전가등기인지, 담보가등기인지를 반드시 파악하여야 한다.

그 이유는 가등기는 전부 소유권이전청구권보전가등기로 보기 때문이다. 따라서 경매가 진행되면 가등기가 선순위인 경우 법원의 최고(가등기담보 등에 관한 법률 제16조) 절차를 통하여 소유권이전청구권보전가등기인지 또는 담보가등기인지를 가등기권자에게 원인 및 금액을 배당요구서나 채권계산서를 통하여 신고하게 하고 있다. 신고사항은 매각물건명세서를 통하여 확인을 할 수 있다. 만일 가등기권리자가 신고를 하게 되면 이는 담보가등기로 본다. 그러나 권리신고서만을 제출하거나 신고를 하지 아니하면 소유권이전청구권보전가등기로 본다.

따라서 담보가등기일 경우는 말소기준권리로 보기 때문에 입찰을 하여도 되나, 소유권이전청구권보전가등기일 경우는 낙찰자가 인수하여야 하기 때문에 입찰을 함부로 하여서는 아니 된다.

사례 36 선순위 가등기후 말소기준권리인 경우

부동산등기사항증명서를 열람하여 보니 甲이 선순위로 가등기가 설정되어 있었고, 이후 乙이 근저당권이 설정되어 있었다. 이러한 경우, 입찰에 참여하여도 되는지?

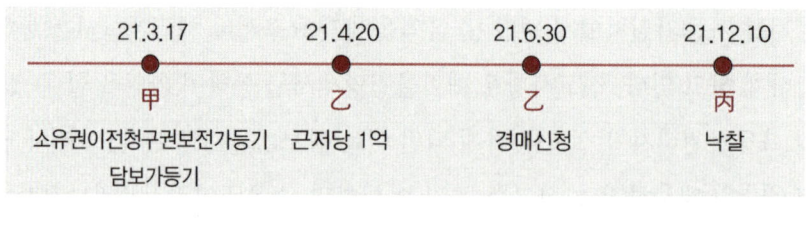

이러한 경우는, 甲가등기가 乙근저당 이전에 등기된 선순위로 丙이 낙찰을 받고 대금납부를 하거나 하지 않더라도 본등기를 할 수 있다.

만일 甲이 경매를 신청하지 않거나 배당을 요구하지 않고 본등기를 하면 낙찰받은 丙은 소유권을 잃게 되므로 주의를 하여야 한다.

이와 관련 선순위 가등기된 부동산을 낙찰받아 이전등기를 경료한 후에 가등기에 기한 본등기 때문에 결국 낙찰받은 부동산을 상실하게 되면, 민법 제576조, 제578조에 따라 채무자나 채권자를 상대로 대금의 반환을 청구할 수 있다. 하지만 판례에 의하면 부당이득반환청구는 할 수 없다(대판 86다카560).

사례 37 선순위가 말소기준권리이고 후순위가 가등기인 경우

부동산등기사항증명서를 열람하여 보니 甲이 선순위로 근저당이 설정되어 있었고, 이후 乙이 가등기가 설정되어 있었다. 이러한 경우, 입찰에 참여하여도 되는지?

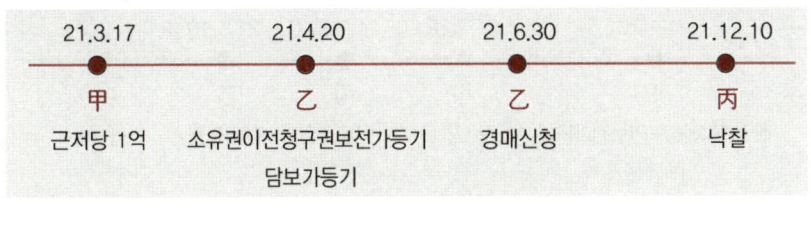

이러한 경우는 甲이 말소기준권리이다. 따라서 乙가등기는 경매절차에서 말소된다. 그러나 甲근저당권자가 채권금액이 소액인 경우는 乙가등기권자가 이해관계인으로서 대위변제를 할 수 있고, 실제로 대위변제를 하게 되면 가등기권자가 선순위로 본등기를 할 수 있다.

다만 말소기준권리 이후 가등기권자가 대위변제자로서 본등기를 할 수 있는 시기는 丙낙찰자가 대금을 납부하기 전까지 하여야 한다.

사례 38 가등기와 임차인이 있는 경우

> 부동산등기사항증명서를 열람하여 보니 甲이 선순위로 가등기가 설정되어 있었고, 이후 乙이 전입되어 있었다. 이러한 경우, 입찰에 참여하여도 되는지?
>
> | 21.1.20 | 21.2.20 | 21.3.31 | 21.5.10 | 21.11.25 |
> |---|---|---|---|---|
> | 甲 | 乙 | 丙 | 丁 | 戊 |
> | 소유권이전청구권보전가등기 담보가등기 | 전입 | 가압류 1억 | 경매신청 | 낙찰 |

경매물건을 검토하다 보면 선순위가 소유권이전청구권보전가등기가 있는 경우가 있다. 만일 이 경우에 보전가등기라면 입찰에 참여하여서는 아니 되고, 담보가등기라면 입찰에 참여를 해도 된다. 따라서 이를 구별할 수 있어야 한다. 구별을 하기 위한 방법으로 다음을 확인하여 보면 가능하다.

가등기담보 등에 관한 법률이 1984년 1월 1일부터 시행되었기 때문에, 그 이전에 설정된 경우는 무조건 보전가등기로 소멸되지 않는다고 보아야 한다.

그렇다면 1984년 1월 1일부터 설정된 가등기에 대한 분석은 확실히 하여야 하는데, 다음과 같이 확인하여 보면 될 것이다.

첫째, 등기사항증명서상에 가등기의 내용이 대물변제 또는 대물반환예약인지를 체크한다. 이와 같은 내용으로 되어 있으면 담보가등기이다.

둘째, 가등기권리자가 경매 또는 배당을 신청하였는지를 확인한다.

가등기권리자가 경매를 신청하거나 또는 배당을 요구하였다면, 가등기가 담보를 목적으로 하였다고 보면 된다. 특히, 가등기권리신고에 대하여 담보가등기로 신고한 것인지, 보전가등기로 신고한 것인지를 확인하여야 한다.

셋째, 가등기권리자를 만나서 보전가등기인지, 담보가등기인지를 확인하는 방법이 있다. 하지만 이 방법은 현실적으로 어려운 방법이다.

위 사항에 대하여 해당되지 않는다면 보전가등기로 보고, 입찰에 참여하는 것은 바람직하지 않다. 다만 제척기간이나 소멸시효를 판단하면서 입찰을 시도해 볼 수 있으나 신중을 기하여야 한다.

상기의 사례에서 甲가등기가 담보가등기라고 판명된 경우에 말소기준권리가 된다. 따라서 배당을 받고 담보가등기는 소멸된다. 하지만 배당을 받지 못한 경우는 낙찰자가 인수하여야 하는 문제가 있는데, 이러한 경우는 가등기담보 등에 관한 법률 제15조에서 '담보가등기를 마친 부동산에 대하여 강제경매 등이 행하여진 경우에는, 담보가등기권리는 그 부동산의 매각에 의하여 소멸한다'고 되어 있어 낙찰자가 인수하지 않아도 된다.

다만, 이와 같은 경우 후순위 임차인이 문제인데, 가령 선순위 담보가등기가 배당요구서 또는 채권계산서를 제출하지 못하여 배당을 받을 수 없는 경우에도 말소기준권리가 되기 때문에 戊낙찰자는 인수하지 않아도 된다. 이때 乙임차인은 戊낙찰자에게 대항을 할 수 없다.

아무튼 가등기가 있는 물건에 대하여 입찰을 할 경우는 조심스럽게 확인 또 확인하고 입찰에 참여하는 것이 좋다.

4. 지상권에 대한 권리분석

1) 의의

지상권은 타인의 토지에 건물 기타 공작물이나 수목을 소유하기 위하여 그 토지를 사용하는 물권을 말한다.

지상권은 토지의 전면적 지배권인 소유권을 제한하여 일면적으로 지배하는 제한물권이며, 그 가운데 용익물권에 속한다.

지상권은 그 객체인 토지를 직접 지배할 수 있는 물권으로 양도, 상속, 담보로 제공할 수 있다.

지상권은 타인의 토지에 대한 권리로 지상권과 토지소유권이 동일인에게 귀속되면 지상권은 혼동으로 소멸한다. 토지는 1필의 전부가 아니라 그 일부도 가능한데, 이 경우 그 범위를 등기하여야 한다.

지상권은 지표면뿐만 아니라 토지소유권의 효력이 미치는 범위 즉, 정당한 이익이 있는 범위 내에서 토지의 상하에 미친다(민법 제212조).

2) 지상권 설정

지상권은 타인의 토지를 사용, 수익하기 위하여 지상권자와 지상권설정자가 그 내용을 합의하여 등기할 때 성립한다.

일반적으로 토지를 담보로 하여 근저당을 설정할 경우 근저당권자가 채권액을 보전하기 위하여도 지상권을 설정하고 있다.

만일 채권자가 토지만 담보로 근저당권만을 설정하고 지상권을 설정하지 아니하면 토지소유자는 이 토지를 제3자로 하여금 사용, 수익하게 할 수 있다. 차후에 근저당권자가 담보권을 행사 시 지상에 제3자의 건물이 존재함으로 인하여 낙찰가가 현저히 저감되어, 근저당권자는 자신의 채권액을 전액 회수할 수 없는 상황이 발생할 수 있다.

따라서 근저당권자는 자신의 담보물에 제3자가 건축물을 신축하는 등의 사용, 수익권을 제한하기 위하여 지상권을 설정하는 것이다.

토지사용에 있어서 임대차는 임차료 지급을 약정하고 사용하여야 한다. 그러나 지상권은 토지사용의 대가인 지료의 지급은 지상권의 성립요소가 아니다. 따라서 당사자 간에 지료의 성립을 약정하고 지상권을 설정할 수도 있지만, 무상의 지상권을 설정할 수도 있다. 그러나 법정지상권은 지료지급의 의무가 당연히 발생한다.

3) 지상권을 설정하여야 하는 필요성

남의 토지에 건물을 지은 경우 그 토지에 지상권을 설정할 수 있다.

예를 들면 가건물, 창고, 그리고 조경수, 유실수 등의 나무가 서 있는 토지에도 지상권을 설정할 수 있다.

건물주인과 땅주인이 지상권설정계약을 하고 토지등기사항증명서상에 지상권을 설정하면, 땅주인이 변경되더라도 계속하여 그 토지를 사용할 수 있는 것이다.

다음의 사례를 보자.

(1) 토지임대차계약만 한 경우

임차인 B는 임대인 A에 대하여 토지임대차계약을 체결하고 임차권이라는 채권을 가지고 있었다.

만일 임대인과 임차인 간에 지상권을 설정하지 않은 경우는 A가 X토지를 B에게 인도하여 주지 않으면, B는 A에게 이용하게 하여 달라고 청구할 수 있을 뿐이다.

A를 밀어내면서 이용하지 못한다. B의 요청에도 불구하고 A가 이용하게 해주지 않으면 B는 더 이상 이용은 못 하고 채무불이행으로 손해배상만을 청구할 수 있다.

또한 B가 이용하고 있는 도중에 A가 X토지를 C에게 팔고 소유권을 넘겨주었다면, C는 B에게 인도하여 달라고 할 수 있다.

이 경우 B는 C에게 임차권을 가지고 더 이상 주장하지 못한다. 결국 B는 임차권인 채권자로서 A의 협력 없이는 권리가 실현될 수 없다.

(2) 지상권 설정을 한 경우

임차인 B는 임대인 A에 대하여 토지임대차계약을 체결하고 동시에 지상권을 설정하였다. 이러한 경우는 임차권이라는 채권과 지상권이라는 제한물권을 가지게 된다.

만일 토지 소유자인 A가 B에게 X토지를 이용할 수 있도록 인도하여 주지 않거나, B가 이용하고 있는 도중에 A가 그 토지를 C에게 팔고 소유권을 넘겨주었다고 하자. 이 경우 B가 지상권을 설정한 경우는 스스로 그 토지를 이용할 수 있다. 즉 B는 A가 이용하고 있어도 그의 권리인 지상권을 행사하여 A를 밀어내면서 X토지를 이용할 수 있고, 또한 C에 대하여도 그의 지상권을 주장하여 대항하면서 계속하여 이용할 수 있다.

위와 같은 상황에서 보면, 토지에 대한 임대차계약은 임차인 입장에서 보면 효력이 약화되어 있고, 상대적으로 지상권을 함께 설정하고 사용하게 되면 강하다고 볼 수 있다. 하지만 현실에서는 지상권과 함께 설정하기보다는 임대차계약이 주로 활용되고 있다.

(3) 잡종지에 대하여 근저당과 함께 지상권을 설정한다.

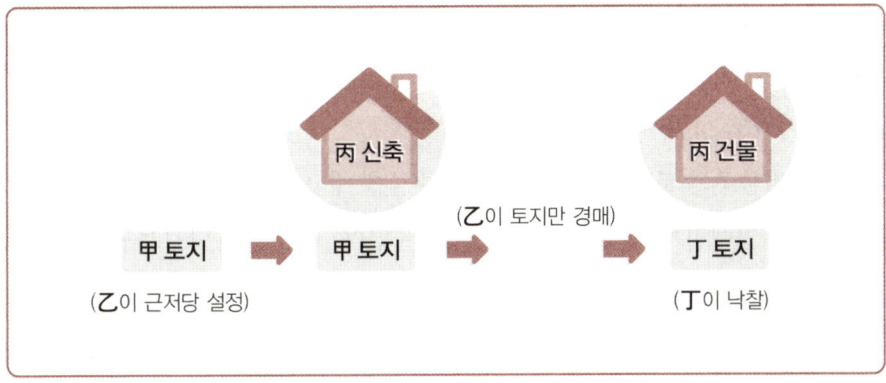

토지에 대하여 담보를 설정할 목적으로 근저당을 설정 시에는 지상권을 함께 설정하여야 한다. 만일 乙이 甲의 토지에 대하여 근저당만을 설정한 경우, 이후에 甲이 신축을 하거나 또는 丙이 토지에 대한 사용승낙서를 받고 신축을 하는 경우에 문제가 발생할 수 있다.

이러한 상황이 발생하면 토지가치는 떨어져 담보가치가 저감될 수 있다. 차후에 乙이 채권회수 목적으로 경매를 신청하게 될 경우, 토지에 대하여만 경매를 진행할 수는 있다.
따라서 채권자 입장에서 토지 경매만을 통하여 만족을 하면 다행이지만, 만족을 못 할 경우가 있다. 즉 지상권을 설정하였더라면 건축을 할 경우에 지상권자의 동의를 구해야 한다. 지상권자는 건축물을 짓지 못하게 한다든지 또는 건축물에 대하여 추가적으로 근저당을 설정하여 채권을 만족할 수 있다.

(4) 지상권의 특징

지상권은 토지를 이용할 수 있는 물권으로 직접적, 절대적, 배타적인 권리이다. 따라서 지상권이 있는 동안에는 토지를 다른 사람에게 양도하거나 임대, 상속, 담보로 제공할 수 있으며, 토지주인이 변경되더라도 그 권리를 계속하여 주장을 할 수 있다.

지상권은 건물 또는 토지주인이 임차인과 상호 임대료를 주고받지 않기로 약정하였더라도 성립이 된다.

이 경우 건물주는 토지주인에게 임대보증금을 내고 후일에 돌려받기로 약정하였더라도, 경매절차에서 배당을 받을 수는 없다. 지상권은 담보물권이 아니기 때문이다.

따라서 건물주가 경매절차에서 임대보증금을 되돌려 받으려면 별도의 보증금 반환 청구소송을 통하여야 한다.

(5) 지상권 존속기간(민법 제280조)

지상권에 대하여 약정이 있는 경우는 최장기간의 제한이 없다. 다만 최단기간에 대하여 제한이 있는데, 사용목적물에 따른다.

① 석조, 석회조, 연와조 또는 이와 유사한 견고한 건물이나 수목의 소유를 목적으로 하는 때에는 30년
② 전호 이외의 건물의 소유를 목적으로 하는 때에는 15년
③ 건물 이외의 공작물의 소유를 목적으로 하는 때에는 5년

지상권을 설정하고 건축물이 있는 경우 30년이 경과하면, 지상권자는 지상권설정자에 대하여 계약갱신과 지상물매수청구권을 행사할 수 있다. 이는 강행규정으로 지상물의 잔존가치와 임차인을 보호하기 위함이다.

하지만 채권자가 토지에 대하여 지상권을 설정하였으나 건축물이 없는 경우는 지상권존속기간이 경과하여도, 계약갱신 및 지상물매수청구권을 행사할 수 없다.

판례에 의하면 임차인이 화초의 판매용지로 임차한 토지에 설치한 비닐하우스

가 화훼판매를 위하여 필요한 시설물이라 하더라도, 그 자체의 소유가 그 임대차의 주된 목적은 아니었을 뿐 아니라, 비용이 다소 든다고 하더라도 주구조체인 철재파이프를 토지로부터 쉽게 분리 철거해 낼 수 있는 점 등에 비추어, 비닐하우스를 철거할 경우 전혀 쓸모가 없어진다거나 사회경제적으로 큰 손실을 초래하지 않는다는 이유로, 임차인의 매수청구권을 부정한다(대판96다 46668).

4) 지상권에 대한 권리분석

📝 **사례 39** 선순위 근저당권이 설정되고 후순위 지상권이 설정된 경우

부동산등기사항증명서를 열람하여 보니, 甲이 근저당권과 지상권이 같은 날 설정되어 있었고, 이후 경매가 진행되었다. 이러한 경우, 입찰에 참여하여도 되는지?

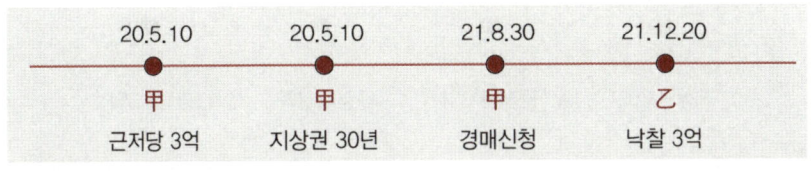

이러한 경우 근저당이 먼저인지, 지상권이 먼저인지 검토를 해야 한다. 말소기준권리는 근저당권이기 때문에 이를 기준으로 근저당권이 선순위인 경우엔 말소된다.

하지만 지상권이 선순위로 되어 있고, 근저당이 후순위인 경우는 낙찰자가 지상권을 인수하여야 한다.

본 사례는 근저당권이 선순위이기 때문에 채권 전액 3억 원을 우선 배당받고

지상권은 말소되어 낙찰자는 인수를 할 필요가 없다.

그런데, 만일 근저당권자가 배당을 통하여 2억원 만을 받았다면 지상권은 말소되지 않고 인수되는가가 문제가 되는데, 이는 지상권은 자신의 채권을 보전하고자 설정한 것이기 때문에, 근저당권자보다 후순위로 배당금액과 지상권 설정기간에 상관없이 말소된다.

사례 40 선순위 지상권과 후순위 근저당권자가 동일인 경우

부동산등기사항증명서를 열람하여 보니, 甲이 지상권과 근저당을 같은 날 설정하면서 지상권이 먼저 설정되어 있었고 이후 경매가 진행되었다. 이러한 경우, 입찰에 참여하여도 되는지?

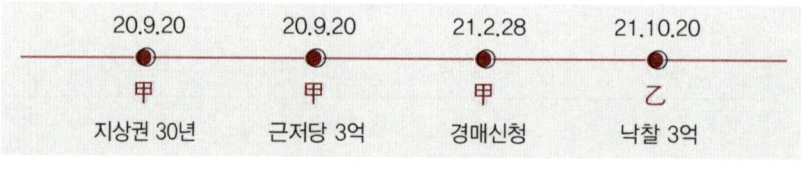

이러한 경우 말소기준권리는 근저당권으로, 甲근저당권은 배당을 받고 말소된다. 이때 지상권이 말소기준권리인 근저당권보다 선순위이기 때문에 말소되지 않지만, 근저당권이 채권전액을 배당받았기 때문에 지상권은 사실상 의미가 없다고 보아야 한다. 따라서 낙찰자는 지상권을 인수하지 않아도 된다.

지상권에 대한 말소는 근저당권자가 말소를 하여 주어야겠지만 만일, 말소를 하여 주지 않으면 낙찰자가 말소신청을 하면 된다. 이 경우 지상권자를 찾아가서 말소 여부를 한번 확인하는 것도 좋은 방법이다.

하지만 경매절차에서 2억 원에 낙찰되어 근저당권자가 2억 원을 배당받았다면, 선순위 지상권은 말소되지 않고 낙찰자가 인수를 하여야 한다.

따라서 이러한 경우 낙찰자가 입찰을 할 경우는 근저당권자의 채권금액에 해당하는 3억 원에 입찰을 하여야 할 것으로 보인다.

사례 41 선순위 지상권과 후순위 근저당권자가 다른 경우

부동산등기사항증명서를 열람하여 보니, 甲이 지상권, 乙이 근저당을 같은 날 설정되어 있었고 이후 경매가 진행되었다. 이러한 경우, 입찰에 참여하여도 되는지?

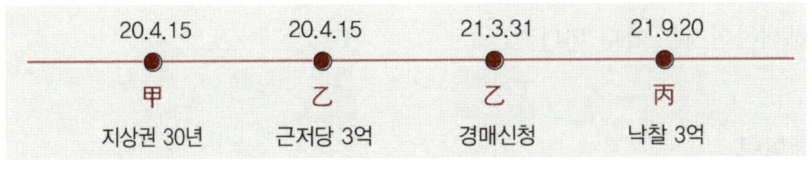

선순위 지상권자와 후순위 근저당권자가 서로 다른 경우로 3억 원에 낙찰이 되어 근저당권이 3억 원 전액을 배당받았을 경우 근저당권은 말소된다.

하지만 선순위 지상권자는 다른 권리자이기 때문에 낙찰자는 선순위 지상권을 인수하여야 한다. 따라서 이러한 물건에 입찰을 할 경우는 함부로 참여 하여서는 아니 된다.

5. 구분지상권에 대한 권리분석

1) 의의

구분지상권(민법 289조 2항)은 건물 및 그 밖의 공작물(터널, 지하철, 송전시설, 광고탑 등)을 소유하기 위하여, 다른 사람이 소유한 토지의 지상이나 지하의 공간에 대하여 상하의 범위를 정해 그 공간을 사용하는 권리로서 토지의 사용을 제한할 수 있다.

구분지상권은 건물 및 그 밖의 공작물을 소유하기 위해서만 설정될 수 있으므로 수목의 소유를 위해서는 설정할 수 없다.

구분지상권은 제3자가 토지를 사용·수익할 권리를 가진 때에도 그 권리자 및 그 권리를 목적으로 하는 권리를 가진 자 전원의 승낙이 있으면 이를 설정할 수 있다. 이 경우 토지를 사용·수익할 권리를 가진 제3자는 그 지상권의 행사를 방해하여서는 아니 된다.

2) 대항력

구분지상권은 말소기준권리 즉 압류, 가압류, 근저당권, 저당권, 경매개시결정등기, 담보가등기, 전세권(전부)보다 후순위로 등기된 경우라도 도시철도법, 도로법에 따라 대항을 할 수 있다. 따라서 구분지상권은 경매나 공매 시 낙찰자가 언제나 인수하여야 한다.

3) 특별매각조건

대지에 구분지상권이 설정되면 낙찰자가 인수하여야 하므로 특별매각조건으로 '토지별도등기 인수조건'으로 붙는다.

또한 매각물건명세서상에도 가처분 등 권리에 의하여 소멸되지 아니하는 취지의 내용이 기재된다.
만일 이러한 내용이 누락되었다면 중대한 하자로 매각불허가 신청을 할 수 있다.

4) 경매 참여시 고려사항
구분지상권은 등기되기 때문에 토지·건물의 가격하락이 일정부분 발생하게 된다. 따라서 이러한 경우 경매 참여 시는 상당한 가격 이하로 참여하는 것이 바람직할 것이다.

6. 법정지상권에 대한 권리분석

1) 의의
법정지상권이란 당사자의 계약에 의하지 않고 법률규정에 의한 성립하는 것으로 토지와 건물의 소유자가 동일하고 토지 또는 건물에 근저당이 설정되고, 근저당권에 의한 경매로 인하여 토지와 그 지상건물이 다른 소유자에 속한 경우에 건물소유자는 토지소유자에 대하여 지상권을 주장할 수 있다.

2) 성립요건
첫째, 토지와 건물의 소유자가 동일인이어야 한다. 토지와 건물의 소유자가 동일인인지와 근저당권 설정 당시 건물의 존재 여부는 매각물건명세서 및 부동산등기사항증명서, 토지대장, 건축물대장 등으로 확인할 수 있다.

둘째, 근저당권 설정 당시에 건물이 존재하여야 한다. 근저당권 설정 당시에 건물이 존재하면 법정지상권이 존재한다. 하지만 건물이 존재하지 아니하였다면 법정지상권이 존재하지 않는다. 건축물관리대장을 열람하여 건물의 존재 여부를 확인한다. 만일 건축물관리대장이 없는 경우는 관공서에 가서 담당 공무원에게 건축허가, 소유주 관계 등을 확인한다.

건물은 등기, 미등기, 무허가, 신축 중인 건물 모두를 포함하며 신축 중인 건물은 주벽, 주기둥, 지붕형태를 갖추면서 해체와 이동이 용이하지 않아야 한다. 판례에 의하면 건물을 건축 중이었던 경우, 그것이 사회관념상 독립된 건물로 볼 수 있는 정도에 이르지 않았다 하더라도 건물의 규모·종류가 외형상 예상할 수 있는 정도까지 건축이 진전되어 있었고, 그 후 경매절차에서 매수인이 매각대금을 다 낼 때까지 최소한의 기둥과 지붕 그리고 주벽이 이루어지는 등

독립된 부동산으로서 건물의 요건을 갖추면 법정지상권이 성립한다(대판 2004다13533).

셋째, 임의경매에 의하여 토지주와 건물주가 달라진다. 즉 근저당권자의 임의경매로 인하여 토지지주와 건물주가 달라진 경우, 건물주는 토지주에 대하여 법정지상권을 갖게 된다.

법정지상권은 다음의 다양한 형태로 성립한다.

(1) 토지와 건물이 동일 소유자에게 속하는 경우

㉮ 건물에 전세권을 설정한 때에는 그 대지 소유권의 특별승계인은 전세권설정자에 대하여 지상권을 설정한 것으로 본다(민법 제305조 제1항).

㉯ 저당물의 경매로 인하여 토지와 그 지상건물이 다른 소유자에 속한 경우에 토지소유자는 건물소유자에 대하여 지상권을 설정한 것으로 본다(민법 제366조 제1항).

㉰ 토지나 건물에 대하여 소유권을 취득하거나 담보가등기에 따른 본등기가 행하여진 경우에는 그 건물의 소유를 목적으로 그 토지 위에 지상권이 설정된 것으로 본다(가등기담보 등에 관한 법률 제10조).

(2) 토지와 입목

토지와 입목이 동일인에 속하고 있는 경우, 경매나 그 밖의 사유로 토지와 그 입목이 각각 다른 소유자에게 속하게 되는 경우에는 토지소유자는 입목소유자에 대하여 지상권을 설정한 것으로 본다(입목에 관한 법률 제6조).

3) 성립시기

법정지상권이 성립하려면 경매절차에서 매수인이 매각대금을 다 낸 때까지 해당 건물이 독립된 부동산으로서 건물의 요건을 갖추고 있어야 한다.

법정지상권은 법률의 규정(민법 제366조)에 의한 물권 취득으로서 등기를 필요로 하지 않는다.

그러나 강제경매개시결정 이전에 가압류가 있는 경우에는, 그 가압류가 강제경매개시결정으로 인하여 본압류로 이행되어 가압류집행이 본집행에 포섭됨으로써, 당초부터 본집행이 있었던 것과 같은 효력이 있다. 따라서 경매의 목적이 된 부동산에 대하여 가압류가 있고 그것이 본압류로 이행되어 경매절차가 진행된 경우에는, 애초 가압류가 효력을 발생하는 때를 기준으로 토지와 그 지상건물이 동일인에 속하였는지를 판단한다(대판 2010다 52140).

가설건축물은 민법 제366조의 법정지상권이 성립하지 않는다. 판례에 의하면 민법 제366조의 법정지상권은 저당권 설정 당시 동일인의 소유에 속하던 토지와 건물이 경매로 인하여 양자의 소유자가 다르게 된 때에 건물의 소유자를 위하여 발생하는 것으로서, 법정지상권이 성립하려면 경매절차에서 매수인이 매각대금을 다 낸 때까지 해당 건물이 독립된 부동산으로서 건물의 요건을 갖추고 있어야 한다.

독립된 부동산으로서 건물은 토지에 정착되어 있어야 하는데(민법 제99조 제1항), 가설건축물은 일시 사용을 위해 건축되는 구조물로서 설치 당시부터 일정한 존치기간이 지난 후 철거가 예정되어 있어, 일반적으로 토지에 정착되어 있다고 볼 수 없다. 민법상 건물에 대한 법정지상권의 최단 존속기간은 견고한 건물이 30년, 그 밖의 건물이 15년인 데 비하여, 건축법령상 가설건축물의 존치기간은 통상 3년 이내로 정해져 있다. 따라서 가설건축물은 특별한 사정이 없는 한 독립된 부동산으로서 건물의 요건을 갖추지 못하여 법정지상권이 성립하지 않는다(대판 2020다224821).

4) 존속기간(민법 제280조)

① 석조, 석회조, 연와조 또는 이와 유사한 견고한 건물이나 수목의 소유를 목

적으로 하는 때에는 30년

② 그 밖의 건물의 소유를 목적으로 하는 때에는 15년

③ 공작물의 소유를 목적으로 하는 때에는 5년

5) 지료

지상권자가 토지사용의 대가로 지주에게 지급하는 금전 그 밖의 물건을 말한다. 지상권에는 반드시 지료가 따라야 하는 것은 아니다. 당사자의 약정으로 결정할 수 있다.

그러나 당사자 간의 지료액이 약정된 후라도 물가변동 등 사정변경이 될 경우에는 양 당사자는 지료증감청구권을 행사할 수 있다.

지료의 산정은 원칙적으로 당사자 간 합의사항이나 합의가 이루어지지 않을 경우에는 법원에 청구(지료확정 청구의 소 : 형성의 소)한다.

토지의 낙찰자와 법정지상권자 간에 지료의 약정이 없더라도 2기 지체 시 낙찰자는 지상권자 또는 법정지상권자에 대하여 지상권 또는 법정지상권의 소멸을 청구할 수 있다.

이 경우 지상권자 또는 법정지상권자는 계약갱신청구권 및 지상물매수청구권을 행사할 수 없다.

연체기준을 판단 시 기(期)기준으로 하는 것이 아니고 연(年)기준으로 본다. 가령 1차연도 납부, 2차연도 미납, 3차연도 미납이면 연체로 본다. 그리고 월납으로 정한 경우는 연체 횟수가 24개월이면 연체로 본다.

이 경우 법정지상권자는 계약갱신청구권 및 지상물매수청구권을 행사할 수 없다.

판례에 의하면 지상권에 있어서 지료의 지급은 그의 요소가 아니어서 지료에 관한 유상 약정이 없는 이상 지료의 지급을 구할 수 없다(대판 99다24874).

또한 법정지상권의 경우 당사자 사이에 지료에 관한 협의가 있었다거나 법원

에 의하여 지료가 결정되었다는 아무런 입증이 없다면, 법정지상권자가 지료를 지급하지 않았다고 하더라도 지료 지급을 지체한 것으로는 볼 수 없으므로 법정지상권자가 2년 이상의 지료를 지급하지 아니하였음을 이유로 하는 토지소유자의 지상권소멸청구는 이유가 없다(대판 99다17142).

그리고 법정지상권자가 지급할 지료를 정함에 있어서 법정지상권 설정 당시의 제반 사정을 참작하여야 하나, 법정지상권이 설정된 건물이 건립되어 있음으로 인하여 토지의 소유권이 제한을 받는 사정은 참작·평가하여서는 안 된다(대판 94다61144).

6) 법정지상권의 종류

법정지상권의 종류에는 근저당권과 법정지상권, 관습법상 법정지상권, 건물전세권과 법정지상권, 가등기담보권과 법정지상권, 입목법과 법정지상권, 분묘기지권과 법정지상권 등이 있다. 이 중에서 근저당권과 법정지상권, 관습법상 법정지상권이 가장 많다.

(1) 근저당권과 법정지상권

토지와 건물이 같은 사람에게 속한 경우에 토지 또는 건물에 근저당권이 설정된 후 근저당물의 경매로 인하여 토지와 그 지상건물이 다른 소유자에 속한 경우에는 토지소유자는 건물소유자에 대하여 지상권을 설정한 것으로 본다(민법 제366조).

즉 법정지상권이 성립하려면 저당권 설정 당시 토지 위에 건물이 존재했는지, 존재했다면 동일인이었는지, 이후 경매 등으로 인해 소유자가 달라져야 한다. 판례에 의하면 법정지상권은 저당권 설정 당시 동일인의 소유에 속하던 토지와 건물이 경매로 인하여 소유자가 다르게 된 때에 건물의 소유자를 위하여 발생한다(대판 1993다 47318).

(2) 관습법상 법정지상권

토지와 그 지상의 건물이 동일한 소유자에게 속하였다가 토지 또는 건물이 매매나 기타 원인으로 인하여 양자의 소유자가 다르게 된 때에는 그 건물을 철거하기로 하는 합의가 있었다는 등의 특별한 사정이 없는 한 건물소유자는 토지소유자에 대하여 그 건물을 위한 관습상의 지상권을 취득하게 되고, 그 건물은 반드시 등기가 되어 있어야만 하는 것이 아니고 무허가건물이라고 하여도 상관이 없다(대판 91다 16631).

관습상 법정지상권이 성립하려면 토지와 그 지상 건물이 애초부터 원시적으로 동일인의 소유에 속하였을 필요는 없고, 그 소유권이 유효하게 변동될 당시에 동일인이 토지와 그 지상 건물을 소유하였던 것으로 족하다(대판 2010다 52140).

(3) 건물전세권과 법정지상권

토지와 건물이 동일한 소유자에 속한 경우에 토지와 건물 중 건물에만 전세권설정등기를 한 후 전세권설정자(건물소유자)가 토지소유권을 타에 처분하여 토지와 건물의 소유자가 달라진 경우에, 전세권설정자에 대하여 법정지상권이 성립한다(민법 제305조 제1항).

(4) 가등기담보권과 법정지상권

토지와 그 위의 건물이 동일한 소유자에게 속하는 경우 그 토지나 건물에 대하여 소유권을 취득하거나 담보가등기에 따른 본등기가 행하여진 경우에는 그 건물의 소유를 목적으로 그 토지 위에 지상권이 설정된 것으로 본다(가등기담보 등에 관한 법률 제10조).

(5) 입목법과 법정지상권

입목의 경매나 그 밖의 사유로 토지와 그 입목이 각각 다른 소유자에게 속하게 되는 경우에는 토지소유자는 입목소유자에 대하여 지상권을 설정한 것으로 본다(입목에 관한 법률 제6조).

(6) 분묘기지권과 법정지상권

분묘기지권은 관습법적으로 인정되는 개념으로 자기 소유의 토지에 분묘를 설치한 후 다른 특약이 없이 토지만을 타인에게 처분한 때 성립하는 관습법상 인정된 지상권을 말한다.

7) 법정지상권 유형별 권리분석

법정지상권에는 다양한 형태로 존재할 수 있기 때문에 유형별로 분석을 하여야 한다.

📝 사례 42 법정지상권이 성립하는 경우

건물이 있는 상황에서 토지만 경매로 나왔다. 이러한 경우 입찰에 참여하여도 되는가?

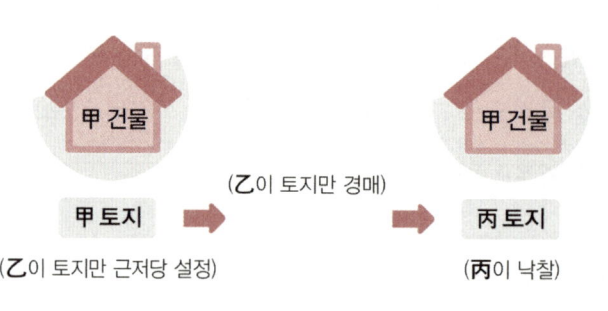

위와 같은 건물이 있는 상황에서 토지만 경매로 나와 丙이 낙찰을 받은 경우 甲은 법정지상권을 주장할 수 있다.

법정지상권이 있는 토지 물건만이 경매로 나온 경우는 대체적으로 가치가 하락한다. 따라서 저가에 낙찰을 받아 지료를 받을 목적으로 입찰에 참여하거나 지료를 지급하지 않으면 건물에 대하여 경매를 신청하여 낙찰을 받기 위하여 하는 경우도 있다.

甲건물주의 입장 정리

甲이 법정지상권을 주장할 수 있는 경우로 甲과 丙은 별도의 지상권을 설정하지 않거나 또는 토지임대차계약을 체결하지 않아도 30년(또는 15년, 5년) 동안 乙의 토지를 사용·수익할 수 있다.

이후 존속기간이 종료 후 甲은 丙에게 계약갱신을 청구할 수 있다. 만일 丙이 계약을 갱신하여 주지 않으면 甲은 丙에게 지상의 건물을 매수하여 달라고 청구를 할 수 있다. 이때 丙은 甲의 요구를 받아들여야 한다.

丙토지주의 입장 정리

丙은 甲에게 지료를 청구할 수 있다. 甲은 위에서와 같이 여러 가지 사용권을 주장할 수 있는 반면, 丙은 지료를 청구할 수 있는 것이다.

만일 甲이 지료를 지급하여 주지 않으면 지료확정의 소(형성의 소)와 지료에 대한 부당이득 반환의 소(이행의 소)를 제기하여 집행권원을 획득 후, 강제경매를 신청하여 낙찰을 받는다.

법정지상권이 있는 甲건물이 경매물건으로 나오면 제3자는 적극적으로 참여하지 않는다. 따라서 丙토지주는 저가에 낙찰받을 수 있을 것이다.

사례 43 법정지상권이 성립하지 않는 경우

> 건물이 있는 상황에서 토지만 경매로 나왔다. 이러한 경우, 입찰에 참여하여도 되는가?
>
> 甲 건물   甲 건물
>
> 甲 토지 ➡ 甲 토지 ➡ (乙이 토지만 경매) ➡ 丙 토지
> (乙이 근저당 설정)   (丙이 낙찰)

위와 같은 건물이 있는 상황에서 토지만 경매로 나와 丙이 낙찰을 받은 경우, 甲은 법정지상권을 주장할 수 없다. 왜냐하면 근저당설정 당시 건물이 존재하여야 하는데, 존재하지 않았기 때문이다.

甲건물주의 입장 정리

법정지상권이 없는 甲건물주는 丙토지를 적당한 가격으로 매수하거나 지료를 지급하고 이용할 뿐이다. 그렇지 않으면 철거를 당할 수 있다.

丙토지주의 입장 정리

이러한 경우 丙은 법정지상권이 없는 甲의 토지반환을 청구하여 건물을 철거할 수 있는 권리가 있다. 따라서 우선 丙은 甲에게 협상을 통하여 토지를 매도할 수 있을 것이다.

만일 甲이 토지를 취득하지 않으면 丙은 건물철거 및 토지인도청구가처분과 지료에 대한 부당이득 반환청구 소송을 통하여 경매를 진행할 수 있는데, 확정 판결문을 경매법원에 신고하면 건물만 매각한다. 이렇게 되면 건물만 경매로 나오기 때문에 사실상 무한 유찰이 되기 쉽다.

이러한 법정지상권이 없는 甲건물만이 경매로 나온 경우는 대체적으로 큰 폭으로 하락한다. 따라서 丙토지주는 저가에 낙찰을 받을 수 있어 큰 수익을 기대할 수 있다.

만일 상기 사례에서 甲건물에 임차인이 있는 경우를 보자!

丙은 甲토지만을 낙찰받았기 때문에 건물의 임차인과는 상관이 없다. 또한 법정지상권이 존재하지 않기 때문에 丙의 요구에 의하여 甲건물이 철거가 될 수도 있다.

판례에 의하면 임차주택의 대지만을 경락받은 자가 주택임대차보호법 제3조 제2항 소정의 '임차주택의 양수인'에 해당하지 않는다(대판 98다3276).

하지만 甲토지(근저당권 2020.05.31.)와 甲건물(근저당권 2021.06.30.)에 근저당권설정 일자가 서로 다른 경우가 있는데, 이 경우 임차인(전입 2020.10.20.)에 대한 말소기준권리는 甲건물에 대한 근저당권 설정 기준일이 된다. 즉 甲토지근저당권자에게는 권리를 해할 수 있기 때문에 대항을 할 수가 없다. 그러나 다른 권리자(가령, 가압류 2021.3.15.)들에 대한 말소기준권리기준은 甲토지근저당권이 된다.

따라서 이러한 경우에 가압류는 말소되나 임차인은 낙찰자가 인수하여야 한다. 다만, 甲토지 및 甲건물의 근저당권설정 이전에 임차인이 있는 경우는 주택임대차보호법 제8조 제3항에 의거 우선변제 및 최우선변제금의 배당액 기준은 건물뿐만 아니라 토지의 가액을 포함하여 배당을 받을 수 있다.

사례 44 토지에 근저당권 설정후 건물을 신축한 경우

> 토지에 근저당권이 설정된 후 건물이 신축된 상황에서 토지와 건물이 일괄로 경매가 나왔다. 이러한 경우 입찰에 참여하여도 되는가?
>
>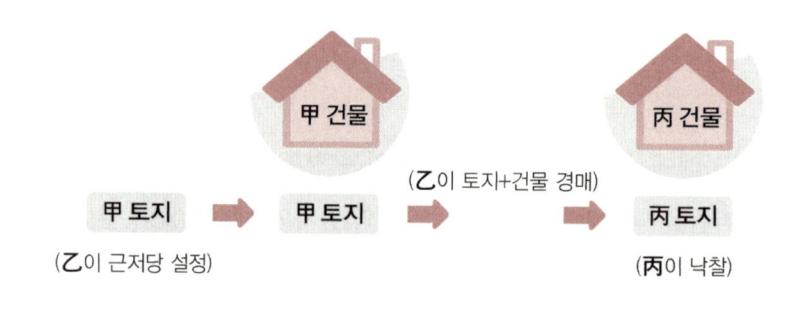

이와 같이 甲토지에만 근저당권이 설정된 후 甲건물이 신축된 경우에도, 甲토지와 甲건물을 일괄로 경매를 진행할 수 있다. 다만 이러한 경우에 甲토지 乙 근저당권자는 甲토지에 대하여만 배당을 받을 수 있고, 甲건물로부터는 배당을 받을 수 없다(민법 제365조).

또한 건물의 임차인은 건물 경매대금에 대하여만 최우선변제권을 주장할 수 있고, 토지 경매대금에 대하여는 최우선변제권을 주장할 수 없다.

판례에 의하면 임차주택의 환가대금 및 주택가액에 건물뿐만 아니라 대지의 환가대금 및 가액도 포함된다고 규정하고 있는 주택임대차보호법 제3조의2 제1항 및 제8조 제3항의 각 규정과 같은 법의 입법 취지 및 통상적으로 건물의 임대차에는 당연히 그 부지 부분의 이용을 수반하는 것인 점 등을 종합하여 보면, 대지에 관한 저당권의 실행으로 경매가 진행된 경우에도 그 지상 건물의 소액임차인은 대지의 환가대금 중에서 소액보증금을 우선변제받을 수 있다고 할 것이나, 이와 같은 법리는 대지에 관한 저당권 설정 당시에 이미 그 지상 건물이 존재하는 경우에만 적용될 수 있는 것이고, 저당권 설정 후에 비로소 건물이 신축된 경우에까지 공시방법이 불완전한 소액임차인에게 우선변제권을 인정한다면 저당권자가 예측할 수 없는 손해를 입게 되는 범위가 지나치게 확대되어 부당하므로, 이러한 경우에는 소액임차인은 대지의 환가대금에 대하여 우선변제를 받을 수 없다고 보아야 한다(대판 99다25532).

본 사례에서는 甲토지에 대한 근저당이 설정 당시에 건물이 존재하지 않았기 때문에 법정지상권은 존재하지 않는다.

사례 45 토지와 건물에 공동근저당을 설정하였으나 건물을 멸실후 신축한 경우

토지와 건물에 공동근저당을 설정하였으나 건물을 멸실후 신축한 경우 토지에 대하여만 경매가 진행되었다. 이러한 경우에 입찰에 참여하여도 되는지!

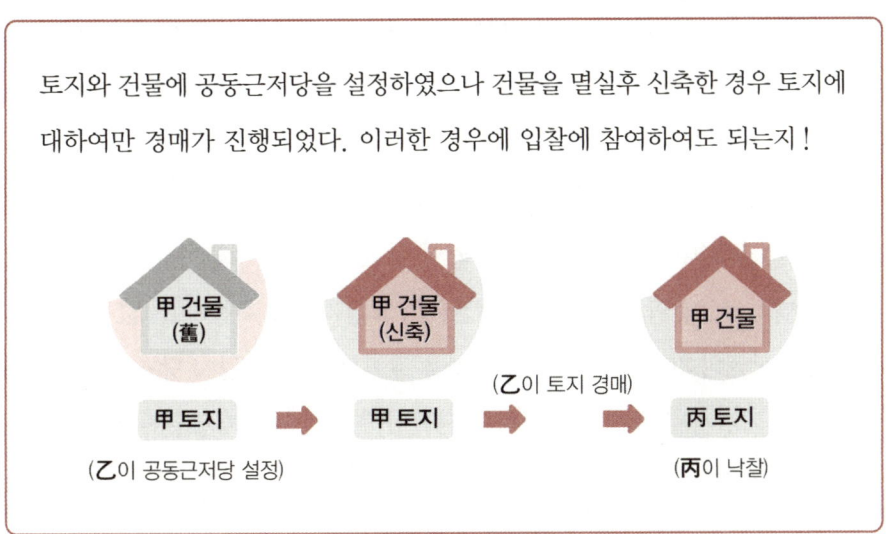

이와 같은 경우는 당초에 법정지상권의 성립요건은 있었으나 사실상 법정지상권이 존재하지 않는다.

판례에 의하면 동일인의 소유에 속하는 토지 및 그 지상 건물에 관하여 공동저당권이 설정된 후 그 지상 건물이 철거되고 새로 건물이 신축된 경우에는, 그 신축건물의 소유자가 토지의 소유자와 동일하고 토지의 저당권자에게 신축건물에 관하여 토지의 저당권과 동일한 순위의 공동저당권을 설정해 주는 등 특별한 사정이 없는 한, 저당물의 경매로 인하여 토지와 그 신축건물이 다른 소유자에 속하게 되더라도 그 신축건물을 위한 법정지상권은 성립하지 않는다고 해석해야 하는바, 그 이유는 동일인의 소유에 속하는 토지 및 그 지상 건물에 관하여 공동저당권이 설정된 경우에는, 처음부터 지상건물로 인하여 토지의 이용이 제한받는 것을 용인하고 토지에 대하여만 저당권을 설정하여 법정지상권의 가치만큼 감소된 토지의 교환가치를 담보로 취득한 경우와는 달리, 공동저당권자는 토지 및 건물 각각의 교환가치 전부를 담보로 취득한 것으로서, 저당권의 목적이 된 건물이 그대로 존속하는 이상은 건물을 위한 법정지상권이 성립해도 그로 인하여 토지의 교환가치에서 제외된 법정지상권의 가액 상당 가치는 법정지상권이 성립하는 건물의 교환가치에서 되찾을 수 있어 궁극적으로 토지에 관하여 아무런 제한이 없는 나대지로서의 교환가치 전체를 실현시킬 수 있다고 기대하지만, 건물이 철거된 후 신축된 건물에 토지와 동순위의 공동저당권이 설정되지 아니하였는데도 그 신축건물을 위한 법정지상권이 성립한다고 해석하게 되면, 공동저당권자가 법정지상권이 성립하는 신축건물의 교환가치를 취득할 수 없게 되는 결과 법정지상권의 가액 상당 가치를 되찾을 길이 막혀 위와 같이 당초 나대지로서의 토지의 교환가치 전체를 기대하여 담보를 취득한 공동저당권자에게 불측의 손해를 입게 하기 때문이다(대판 98다43601).

丙토지주의 입장 정리

丙토지주는 甲건물주가 법정지상권이 성립하지 않기 때문에 ① 건물에 대하여 철거를 요청하거나 ② 낙찰받은 丙토지를 甲건물주에게 매도하거나, 아니면

③ 甲건물을 매수한다.

또한 ④ 甲건물에 대한 임차인이 계약기간이 종료하여 임대보증금을 반환받지 못한 경우 '임대보증금 반환청구의 소'를 제기하게 하여 집행권원을 획득한 것으로 강제경매를 진행하게 하여 丙이 유리하게 낙찰을 받을 수 있다.

이와 같이 진행하는 이유는 임차인 입장에서 보면 법정지상권이 존재하지 않기 때문에 잘못되어 건물이 철거라도 되면 보증금 전액을 보상받지 못하는 문제가 발생할 수 있다.

하지만 강제경매가 진행되면 말소기준권리는 강제경매개시결정등기일로 보기 때문에 임차인은 대항력이 있다. 따라서 보증금 전액을 회수할 수 있다.

만일 위 사례에서 토지와 신축건물이 일괄로 경매가 진행될 수 있다. 이러한 경우 임차인은 건물에 대하여는 최우선 소액보증금 배당을 받을 수 있으나 토지에 대한 배당으로는 받을 수 없다. 다만 확정일자가 있다면 우선변제권 행사는 가능하다.

또한 구(舊)건물을 멸실하고 새로운 건물을 신(新)축한 상태에서 공동근저당권을 설정하고, 이후 토지와 건물이 일괄로 경매가 진행된 경우에 임차인은 토지와 건물에 대하여도 소액보증금을 최우선적으로 배당받을 수 있다.

판례에 의하면 대지에 관한 저당권의 실행으로 경매가 진행된 경우에도 그 지상 건물의 소액임차인은 대지의 환가대금 중에서 소액보증금을 우선변제받을 수 있다고 할 것이나, 이와 같은 법리는 대지에 관한 저당권 설정 당시에 이미 그 지상 건물이 존재하는 경우에만 적용될 수 있는 것이고, 저당권 설정 후에 비로소 건물이 신축된 경우에까지 공시방법이 불완전한 소액임차인에게 우선변제권을 인정한다면 저당권자가 예측할 수 없는 손해를 입게 되는 범위가 지나치게 확대되어 부당하므로, 이러한 경우에는 소액임차인은 대지의 환가대금에 대하여 우선변제를 받을 수 없다고 보아야 한다(대판 99다25532).

사례 46 건물은 있었으나 토지에만 근저당을 설정한 경우

건물은 있었으나 토지에만 근저당을 설정하고, 이후 토지만이 경매로 나왔다. 이러한 경우 입찰에 참여하여도 되는지!

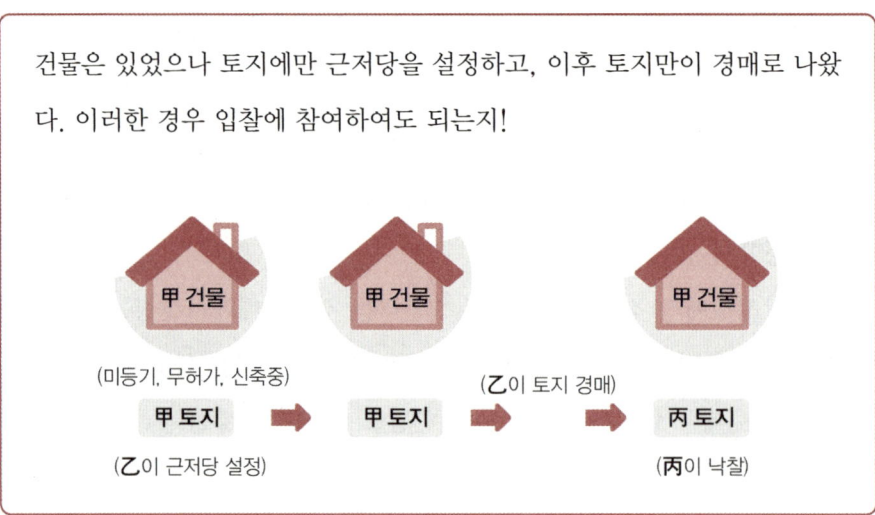

이와 같은 경우 미등기, 무허가, 신축 중이기 때문에 甲건물과 甲토지를 공동으로 근저당을 설정할 수 없지만 이러한 경우에도 법정지상권은 성립한다. 법정지상권이 성립한다는 것은 甲은 丙의 토지를 사용·수익할 수 있고, 丙은 甲에게 지료를 청구할 수 있다는 말이다. 만일 미등기 건물주 甲이 지료를 지급하지 않으면 丙은 부당이득에 의한 채무불이행을 원인으로 집행권원을 획득하여 강제경매를 진행하여 입찰에 참여할 수 있다. 미등기된 건물의 경매신청은 건축물허가 및 신고서를 가지고 대위등기를 통한 토지와 함께 일괄경매신청이 가능하다. 이때 甲토지에 乙근저당권자는 甲토지대금에 대하여만 배당을 받는다.

하지만 무허가건물은 1기 이상 지료를 연체하였다고 하여 즉시 건물에 대하여 경매를 진행할 수는 없고 '지료확정청구의 소 : 형성의 소'를 제기하여 판결문을 획득한 후, 2기 이상의 지료를 지급하지 않으면 '지상권말소청구의 소'를 진행하여 건물을 철거할 수 있다.

사례 47 토지를 임대차계약하여 임차인이 신축한 경우

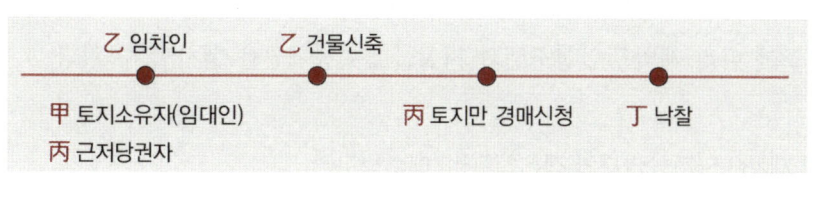

乙이 토지를 임차하여 건물을 신축하였다. 이후 甲토지의 丙근저당권자가 甲토지만 경매를 진행하였다. 이러한 경우 입찰에 참여하여도 되는지?

민법 제622조 제1항에 따르면 건물의 소유를 목적으로 한 토지임대차는 이를 등기하지 아니한 경우에도 임차인이 그 지상건물을 등기한 때에는 제삼자에 대하여 임대차의 효력이 생긴다.

임대차계약을 체결하고 乙임차인은 건물을 신축한 후, 乙임차인 명의로 보존등기를 할 수 있다. 이러한 건물은 법정지상권 또는 관습법상 법정지상권과는 상관이 없다.

이후 甲토지만이 경매가 진행된 경우, 丁낙찰자는 甲의 권리를 승계한 토지양수인이다. 따라서 임차인 乙은 甲과의 체결된 계약 내용을 가지고 낙찰받은 丁에게 토지의 사용·수익을 주장할 수 있고, 임대차 종료 시에는 계약갱신청구권과 지상물의 매수청구권을 행사할 수 있다. 또한 甲토지만을 낙찰받은 丁은 乙에 대하여 건물철거를 주장할 수 없다. 따라서 입찰하고자 하는 자는 이러한 내용을 잘 이해하고 입찰 여부를 결정하여야 한다.

위 사례에서 乙임차인이 지상권을 설정하였다면 어떻게 되겠는가?

문제는 토지에 대한 丙근저당권자가 먼저냐, 지상권자가 먼저냐에 따라 권리의 행사는 다르다. 만일 토지에 대한 丙근저당권자가 지상권자보다 선순위인 경우는 丙근저당권의 경매실행으로 지상권자는 토지에 대한 사용·수익의 권리행사를 할 수 없고, 甲임대인에게 반환해 주어야 한다. 그렇지 않으면 건물은 철거를 당할 위기에 놓이게 된다.

하지만 지상권자가 丙근저당권자보다 선순위인 경우는 丙근저당권자가 경매를 실행한다고 하더라도 소멸되지 않고 사용·수익을 할 수 있다.

또한 지상권설정기간이 종료가 되더라도 丁낙찰자(토지주)에 대하여 민법 제283조에 따라 계약갱신청구권과 지상물매수청구권을 행사할 수 있다.

민법 제283조(지상권자의 갱신청구권, 매수청구권)
① 지상권이 소멸한 경우에 건물 기타 공작물이나 수목이 현존한 때에는 지상권자는 계약의 갱신을 청구할 수 있다.
② 지상권설정자가 계약의 갱신을 원하지 아니하는 때에는 지상권자는 상당한 가액으로 전항의 공작물이나 수목의 매수를 청구할 수 있다.

위와 반대로 乙임차인이 신축한 건물에 대하여 근저당권을 설정한 丙근저당권자가 건물만을 경매진행할 경우는 어떻게 되는지를 살펴보자!

乙이 토지를 임차하여 乙건물을 신축하였다. 이후 乙건물의 丙근저당권자가 乙건물만 경매를 진행하였다. 이러한 경우 입찰에 참여하여도 되는지?

```
            丙 근저당권자
  乙 임차인  乙 건물신축
──●──────────●──────────●──────────●──
 甲 토지소유자(임대인) 이전   丙 건물만 경매신청   丁 낙찰
```

이러한 경우는 임대차계약의 당사자는 甲과 乙과의 관계이다. 따라서 이러한 乙신축건물 입찰에 참여하여 낙찰받은 丁은 甲하고는 전혀 관계가 없기 때문에 임대차계약에 대한 甲의 동의를 받아야 하는 문제가 있다.

만일 丁이 甲과의 관계에서 임대차계약에 대한 동의를 받지 못하면 건물은 철거를 당할 수밖에 없다. 결국 건물의 낙찰자는 甲이 된다고 보아야 한다.

판례에 의하면 건물의 소유를 목적으로 하는 토지임대차는, 이를 등기하지 아니한 경우에도 임차인이 그 지상건물을 등기한 때에는 제3자에 대하여 임대차의 효력이 생긴다. 이는 건물을 소유하는 토지임차인의 보호를 위하여 건물의 등기로써 토지임대차 등기에 갈음하는 효력을 부여하는 것일 뿐이므로, 임차인이 그 지상건물을 등기하기 전에 제3자가 그 토지에 관하여 물권취득의 등기를 한 때에는 임차인이 그 지상건물을 등기하더라도 그 제3자에 대하여 임대차의 효력이 생기지 아니한다(대판 2000다 65802).

따라서 사실상 건물에 대한 낙찰자는 토지임대인인 甲이 되기 때문에 이러한 물건을 입찰하기 위해서는 조심하여야 한다.

위 사례에서 乙임차인이 지상권을 설정하였다면 어떻게 되겠는가?

판례에 의하면 건물 소유를 위한 지상권도 민법 제187조의 규정에 따라 등기 없이 당연히 경락인이 취득하고, 따라서 경락인은 종전의 지상권자를 상대로 지상권이전등기절차의 이행을 구할 수 있다(대판 92다527).

따라서 甲토지소유자는 丁낙찰자에 대하여 토지를 인도하여 달라고 청구할 수 없고, 丁낙찰자는 乙이 설정한 기간 동안 토지에 대한 사용·수익의 권리행사를 할 수 있다.

그리고 丁낙찰자는 지상권설정기간이 종료가 되면 甲토지소유자(임대인)에 대하여 민법 제283조에 따라 계약갱신청구권과 지상물매수청구권을 행사할 수 있다. 이러한 물건에 대하여 입찰을 하고자 할 때에는 권리관계를 잘 따져 보고 참여를 하여야 한다.

사례 48 공동저당후 구건물을 철거하고 신축한 경우

공동저당 후 구건물을 철거하고 신축한 경우에 신건물의 소유자는 법정지상권을 주장할 수 있는가?

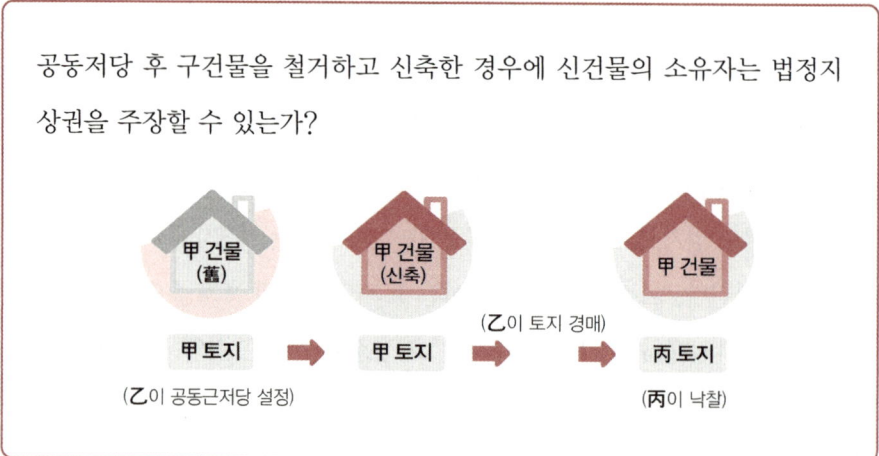

공동근저당 설정한 경우

甲이 乙근저당권자의 동의를 구하지 않고 건물을 철거 후 신축할 수 있다. 토지 및 건물에 대하여 공동으로 근저당권을 설정하였으나 건물을 멸실시키고, 새로운 건물을 신축한 경우, 乙근저당권자가 토지만 경매를 실행하여 토지주는 丙, 건물주는 甲으로 달라졌다. 이 경우 건물주 甲의 법정지상권은 인정되지 않는다.

단독근저당 설정한 경우

공동근저당권과 달리 건물이 있는 상태에서 토지에만 근저당권을 설정하고, 그 후에 건물을 멸실시키고 새로운 건물로 신축하였을 경우, 토지에 대한 근저당권자가 토지만을 경매신청하여 토지와 건물의 소유자가 달라졌다. 이 경우 건물소유자는 법정지상권이 인정된다.

사례 49 건물의 재축시 법정지상권이 성립하는가?

○ 상황

저자로부터 수강한 이남수는 토지를 낙찰받았다. 경기도에 사는 김부자는 한강수의 토지와 건물이 있는 상태에서 토지에 대하여만 근저당권을 설정하고 1억 원을 대여해 주었다. 그 후 한강수는 건물을 철거하고 재축하였다.
김부자는 한강수로부터 채권회수가 잘 되지 않자 토지에 대하여 경매를 진행하였다. 3차례 걸쳐 유찰된 후 4천2백만 원에 이남수가 입찰에 참여하여 낙찰을 받았다.
이러한 경우 낙찰받은 이남수는 어떻게 해결하여야 하는가?

○ 해결 방안

처음부터 근저당 설정 시 토지와 건물의 존재를 전제로 토지에 근저당권이 설정되었는데, 이후 재축하면 기존건물은 없어지고 새로운 건물이 신축되는 것이다. 이 경우 신축건물에도 법정지상권이 연속적으로 인정되는지 문제이다.
토지에만 근저당권을 설정하고, 그 후에 건물을 멸실시키고 새로운 건물로 신축하였을 경우, 토지에 대한 근저당권자가 토지만을 경매신청하여 토지와 건물의 소유자가 달라졌을 경우 건물소유자는 법정지상권이 인정된다.
판례에 의하면 저당권설정 당시에 토지 위에 건물이 있었을 경우에는 그 후에 건물이 멸실되어 재축되거나 또는 건물의 노후화 등의 이유로 개축·증축된 경우에도 법정지상권은 성립하여야 한다.
이 경우 신건물과 구건물 사이에 동일성이 있거나 소유자가 동일할 것을 요하는 것은 아니라 할 것이지만, 그 법정지상권의 내용인 존속기간·범위 등은 구건물을 기준으로 하여야 할 것이다(대판2000다48517, 48524, 48531).
또한 저당권설정 당시 이미 건물이 건축 중인 경우에도 법정지상권의 성립을 인정하여야 할 것이다. 다만 이때 건물이 어느 정도로 축조되어야 하는가는 문제이나 이 경우에는 건물의 독립성을 판정기준으로 할 것이 아니고, 저당권설정에 있어서 건물의 존재를 예측하거나, 또한 사회경제적 관점에서 그 가치의 유지를 도모하여야 할 정도로 축조되어 있으면 법정지상권의 성립을 인정하여야 할 것이다. 또한 건물은 저당권설정 당시에 실제로 존재하고 있으면 되고, 보존등기가 없더라도 법정지상권의 성립을 방해하지 않는다(대판 63아62). 또한 저당권설정 당시에 토지와 건물이 동일인에게 속하고 있으면, 그 후에 제3자에게 양도되더라도 법정지상권은 성립한다고 보아야 한다.

● 낙찰자 이남수의 대응 방안

이남수는 건물이 있는 상태에서 토지에 근저당권이 설정된 토지를 낙찰받았는데, 이후 건물을 재축한 경우, 건물소유자는 낙찰받은 이남수에 대하여 법정지상권을 주장할 수 있다. 따라서 이남수가 해결할 수 있는 방법은 몇 가지 대안이 있을 수 있다.

첫째로 건물을 합의하에 취득한다.

둘째로 지료를 청구할 수 있다. 지료금액은 임대수익률 정도를 고려하여 당사자 간 협의하에 청구하면 되는데, 협의가 안 되면 법원에 소송을 통하여 정할 수 있다.

셋째로 2년 이상 지료를 주지 않으면 지료청구의 소를 진행하여 경매를 진행하면 된다. 사실 경매를 진행하게 되면 다른 입찰자들은 참여하기가 부담스러워, 건물은 수차례 저감되어 토지주가 거의 낙찰받게 된다.

이와 같이 토지와 건물이 있는 상태에서 재축·개축·증축이 된 부동산에 대하여 입찰 시는 토지와 건물이 공동근저당인지, 아니면 단독근저당인지를 자세히 살펴보아야 한다.

앞에서도 언급하였지만, 공동근저당인 경우는 법정지상권이 인정되지 않지만, 단독근저당인 경우는 법정지상권이 인정되기 때문이다.

7. 전세권에 대한 권리분석

1) 의의

임대차는 채권이고 전세권은 물권이다. 전세권은 등기하여야 효력이 있다. 전세권은 전세금을 지급하고 타인의 부동산을 점유하여 그의 용도에 좇아 사용·수익하는 권리를 말한다.

전세권은 기본적으로 용익물권이고, 부수적·종적으로는 담보물권의 특징도 가지고 있다. 건물뿐만 아니라 토지도 전세권 목적이 될 수 있으나 농경지는 전세권의 목적이 될 수 없다(민법 제303조 제2항).

전세권의 존속기간은 등기하여야 제3자에게 대항할 수 있다. 전세권자는 타인에게 양도 또는 담보로 제공할 수 있고, 그 존속기간 내에서 타인에게 전전세 임대할 수 있다.

전세권자는 전세금의 반환에 대하여 전세권설정자가 전세금의 반환에 대하여 지체한 경우는 전세권의 목적물을 경매할 수 있다. 또한 후순위권리자, 기타 채권자보다 우선변제를 받을 권리가 있다.

전세권의 존속기간은 10년을 넘지 못한다. 당사자의 약정기간이 10년을 넘을 때는 이를 10년으로 단축한다.

건물에 대한 전세권의 존속기간을 1년 미만으로 정한 때에는 이를 1년으로 한다. 전세권은 직접 객체를 지배하는 물권으로, 부동산의 소유자가 변경되어도 전세권에는 영향이 없다. 또한 양도성과 상속성을 가지고 전세권이 침해되면 물권적 청구권이 인정된다.

전세권은 용익물권이다. 이는 타인의 부동산을 점유하여 그 부동산의 용도에 좇아 사용·수익하는 권리이다.

그 부동산 전부에 대하여 후순위권리자, 기타 채권자보다 전세금의 우선변제를 받을 권리가 있다(민법 제303조 제1항).

전세권은 건물의 전부 또는 일부에 대하여 설정할 수 있다. 배당은 건물의 일부에 대한 전세권자는 건물 전부에 대하여 우선변제권이 있다. 다만 대지의 매각대금에 대하여는 배당을 받을 수 없다. 상가건물이 이에 해당된다고 볼 수 있다.

하지만 아파트, 연립, 다세대 등 집합건물은 분리처분에 대한 가능규약이 없는 한 소유자가 대지사용권을 후일에 취득한 경우에도 대지의 매각대금에 대하여 우선변제권이 있다.

2) 전세권의 등기

전세권은 을구에 등재된다.

【 을 구 】 (소유권 이외의 권리에 관한 사항)				
순위번호	등기목적	접수	등기원인	권리자 및 기타사항
3	전세권설정	2021년3월30일 제64374호	2021년3월16일 설정계약	전세금 130,000,000원 범위 7층 716호 건물의 전부 존속기간 2021년04월 1일부터 2023년03월31일까지 전세권자 박말동 620310-******* 서울특별시 서초구 강남대로 61길25 2층

전세권은 물권으로, 전세권 기간에는 경매를 실행할 수 없지만, 기간이 경과하면 경매를 실행할 수 있다.

전세권은 아파트, 연립, 다세대 등 집합건물에 설정이 되어 있는 경우는 집행권원이 필요 없이 임의경매를 실행할 수 있고 주택, 상가주택, 다가구 등 단독건물에 설정이 되어 있는 경우는 집행권원을 획득하여 강제경매를 실행할 수 있다.

3) 말소기준권리

전세권은 경우에 따라서 말소기준권리가 될 수도 있고, 그렇지 않은 경우도 있다. 따라서 전세권이 있는 경우는 신중히 권리분석을 하여야 한다.

전세권이 말소기준권리가 되기 위해서는 첫째 선순위여야 하고, 둘째 집합건물 또는 단독건물 일부가 아닌 전부에 전세권이 설정되어 있어야 하고, 셋째 경매를 신청하거나 배당을 요구하여야 한다.

전세권이 1순위에 해당되어 경매를 신청하거나 배당을 요구하면 말소기준권리가 되어 배당을 받고 말소된다. 하지만 타인이 경매를 신청하였는데, 배당을 요구하지 않으면 낙찰자는 인수를 해야 있다.

그리고 후순위전세권자가 경매기입등기 이전에 이루어지면, 배당을 요구하지 않아도 배당은 받을 수 있고, 이 경우 배당을 받지 못한 금액에 대하여 낙찰자는 인수하지 않아도 된다.

경매기입등기 이후의 권리자들은 반드시 배당요구종기일까지 배당을 요구하여야 배당을 받을 수 있고, 그렇지 않으면 배당도 못 받고 낙찰자 또한 인수할 필요가 없다.

따라서 전세권에 대한 권리분석 시 이러한 내용을 잘 알고 권리분석을 하여야 한다.

사례 50 전세권이 말소기준권리에 해당되는 경우   배당교부금 2억5천만 원

> 집합건물인 아파트 부동산등기사항증명서를 열람하여 보니 甲이 선순위로 전세권이 설정되어 있었고, 이후 전세금을 돌려받지 못하자 甲이 경매를 진행하였다. 이러한 경우 입찰에 참여하여도 되는지?
>
> | 19.1.10 | 20.3.20 | 21.3.31 | 21.5.10 | 21.11.25 |
> | --- | --- | --- | --- | --- |
> | 甲 | 乙 | 丙 | 甲 | 丁 |
> | 전세권 3억 | 가등기 | 가압류 1억 | 경매신청 | 낙찰 |

甲은 선순위 전세권으로 경매를 신청하였기 때문에 말소기준권리에 해당된다. 이 경우 경매를 신청한 것은 배당을 요구한 것으로 보아 별도의 배당을 요구하지 않아도 된다.

甲은 2억5천만 원 배당을 받고 소멸되며 나머지 5천만 원은 낙찰자가 인수하지 않아도 된다.

이와 같이 최선순위가 전세권자로서 경매를 신청하거나 배당을 요구하면 말소기준권리에 해당되어 이후 권리자들은 말소되기 때문에 낙찰자가 인수하여야 하는 금액은 없다.

乙가등기와 丙가압류권자는 배당을 하나도 못 받는다.

사례 51 전세권이 말소기준권리에 해당되지 않는 경우 　　배당교부금 2억5천만 원

집합건물인 아파트 부동산등기사항증명서를 열람하여 보니 甲이 선순위로 전세권이 설정되어 있었으나 이후 丙가압류권자가 대금을 돌려받지 못하자 丙이 경매를 진행하였다. 이러한 경우 입찰에 참여하여도 되는지?

甲은 선순위 전세권을 설정하였으나 丙가압류권자가 먼저 강제경매를 진행하였기 때문에 사실상 말소기준권리는 丙가압류이다. 만일 甲전세권자가 먼저 임의경매를 진행하였다면 甲전세권이 말소기준권리가 된다.

만일 배당과 관련하여 甲전세권자가 2억5천만 원 배당을 요구하였다면 甲은 배당을 받고 소멸되며 나머지 5천만원은 낙찰자가 인수하지 않아도 된다.

이에 반해서 甲전세권자가 배당을 요구하지 않았다면 甲전세권자가 배당을 받지 못한 3억 원을 낙찰자는 인수하여야 한다.

또한 丙가압류권자가 말소기준권리자가 되기 때문에 乙가등기도 함께 인수하여야 하는 문제가 있다.

이와 같이 선순위 전세권의 경우에는 민사집행법 제91조 제4항에 따라 전세권자가 배당요구를 하면 매각으로 소멸되고 배당을 요구하지 않으면 낙찰자가 인수한다.

사례 52 선순위 전세권자가 경매신청 후 배당을 요구한 경우   배당교부금 1억5천만 원

> 집합건물인 아파트 부동산등기사항증명서를 열람하여 보니 甲이 선순위로 전세권이 설정되어 있었으나, 이후 甲전세권자가 대금을 돌려받지 못하자 경매를 진행하였다. 이러한 경우 입찰에 참여하여도 되는가?
>
> ```
> 19.1.25      20.3.25      21.3.20      21.4.15      21.11.20
>   ●           ●            ●            ●            ●
>   甲          乙           丙           甲           丁
> 전세권 2억   가압류 1억   가압류 1억   경매신청    낙찰
> 배당요구함
> ```

甲이 경매를 신청하였기 때문에 선순위 전세권자로서 말소기준권리가 된다. 또한 배당을 요구하였기 때문에 1억5천만 원 전액을 배당받고 소멸한다.

또한 甲전세권자가 경매를 진행하였지만 배당요구를 안 하는 경우가 있는데, 이러한 경우도 경매신청 자체가 배당요구를 한 것으로 보기 때문에 별도의 배당요구를 하지 않아도 甲전세권자는 배당을 받는다.

판례에 의하면 주택에 관하여 최선순위로 전세권설정등기를 마치고 등기부상 새로운 이해관계인이 없는 상태에서 전세권설정계약과 계약당사자, 계약목적물 및 보증금(전세금액) 등에 있어서 동일성이 인정되는 임대차계약을 체결하여 주택임대차보호법상 대항요건을 갖추었다면, 전세권자로서의 지위와 주택임대차보호법상 대항력을 갖춘 임차인으로서의 지위를 함께 가지게 된다. 이러한 경우 전세권과 더불어 주택임대차보호법상의 대항력을 갖추는 것은 자신의 지위를 강화하기 위한 것이지 원래 가졌던 권리를 포기하고 다른 권리로 대

체하려는 것은 아니라는 점, 자신의 지위를 강화하기 위하여 설정한 전세권으로 인하여 오히려 주택임대차보호법상의 대항력이 소멸된다는 것은 부당하다는 점, 동일인이 같은 주택에 대하여 전세권과 대항력을 함께 가지므로 대항력으로 인하여 전세권 설정 당시 확보한 담보가치가 훼손되는 문제는 발생하지 않는다는 점 등을 고려하면, 최선순위 전세권자로서 배당요구를 하여 전세권이 매각으로 소멸되었다 하더라도 변제받지 못한 나머지 보증금에 기하여 대항력을 행사할 수 있고, 그 범위 내에서 임차주택의 매수인은 임대인의 지위를 승계한 것으로 보아야 한다(대판 2010마900).

乙가압류와 丙가압류권자는 배당을 하나도 못 받는다.

사례 53 다른 채권자가 경매시 선순위 전세권자가 배당을 요구하지 않은 경우

배당교부금 1억5천만원

집합건물인 아파트 부동산등기사항증명서를 열람하여 보니 甲이 선순위로 전세권이 설정되어 있었으나, 이후 乙가압류권자가 대금을 돌려받지 못하자 경매를 진행하였다. 이러한 경우 입찰에 참여하여도 되는가?

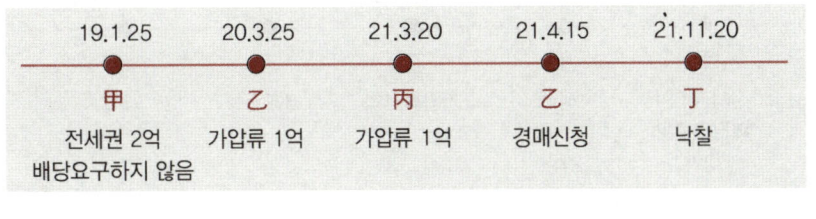

甲전세권자가 선순위로 되어 있지만 배당을 요구하지 않았기 때문에 경매를 신청한 乙가압류권자가 말소기준권리가 된다.

따라서 배당교부금 1억5천만 원은 乙가압류권자와 丙가압류권자가 안분배당으로 각각 7천5백만 원씩 배당을 받는다. 甲전세권자는 배당을 요구하지 않아서 배당을 받지 못하였기 때문에 낙찰자가 2억 전액을 인수하여야 하기 때문에 조심하여야 한다.

이러한 물건에 입찰하고자 할 때에는 전세권자가 배당을 요구하였는지, 요구하지는 않았는지를 반드시 체크한다. 그리고 배당을 요구하였더라도 배당요구종기일 때까지 하여야 하는데, 이를 지나서 요구한 경우에도 배당을 못 받는다는 사실을 명심하여야 한다.

사례 54 전세권자와 후순위 임차인이 동일인 경우   배당교부금 1억5천만원

집합건물인 아파트 부동산등기사항증명서를 열람하여 보니 甲이 선순위로 전세권이 설정되어 있었고 전입을 하였다. 이후 乙가압류권자가 대금을 돌려받지 못하자 경매를 진행하였다. 이러한 경우 입찰에 참여하여도 되는가?

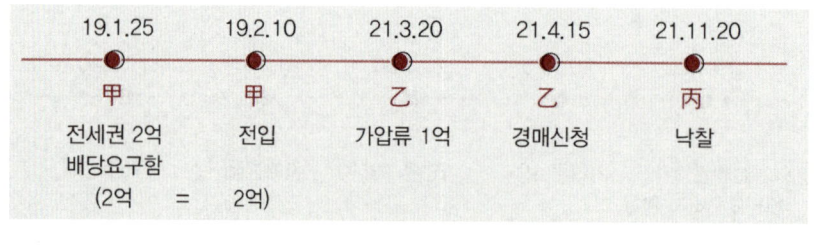

甲이 전세권을 설정하고 전입까지 하였고, 배당을 요구하였기 때문에 乙가압류권자가 경매를 신청하였어도 선순위 전세권자로서 말소기준권리가 된다.

또한 배당을 요구하였기 때문에 1억5천만 원 전액 배당을 받고 소멸한다. 따라서 낙찰자는 甲전세권자가 배당을 못 받은 5천만 원을 인수하여야 한다(대판 2010마900).

乙가압류권자는 배당을 못 받는다.

 사례 55 선순위 임차인과 전세권자가 동일인 경우　　배당교부금 1억5천만원

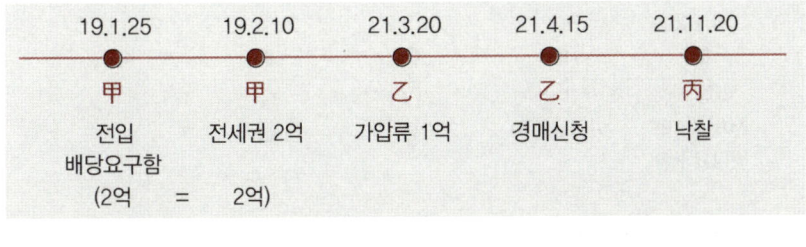

甲은 전입을 하고 전세권까지 설정하였고 경매절차에서 배당을 요구하였기 때문에 선순위 권리자로 말소기준권리자가 된다. 따라서 우선적으로 甲전세권자는 1억5천만 원 전액을 배당을 받고 소멸하지만 임차권은 대항력을 갖추고 있기 때문에 배당받지 못한 5천만 원은 낙찰자가 인수하여야 한다. 이와 같이 甲은 임차권과 전세권을 선택적으로 활용할 수 있는 장점이 있다.

또한 甲전세권자가 경매를 진행하여도 甲전세권자가 말소기준권리자이기 때

문에 우선적으로 甲전세권자는 1억5천만 원 전액을 배당받고 소멸하지만, 임차권은 대항력과 확정일자를 갖추고 있기 때문에 배당 받지 못한 5천만원은 낙찰자가 인수하여야 한다.

乙가압류권자는 배당을 못 받는다.

사례 56 단독주택의 건물 전부전세권자가 있는 경우 배당교부금 1억5천만원

단독건물인 주택의 부동산등기사항증명서를 열람하여 보니 甲이 선순위로 전세권(전부)이 설정되어 있었다. 이후 乙가압류권자가 대금을 돌려받지 못하자 경매를 진행하였다. 이러한 경우 입찰에 참여하여도 되는가?

19.1.25	19.2.10	21.3.20	21.4.15	21.11.20
甲	乙	丙	乙	丙
전세권 2억 배당요구함	가압류 1억	가압류 1억	경매신청	낙찰

甲이 전세권을 설정하고 배당을 요구하였기 때문에 乙가압류권자가 경매를 신청하였어도 선순위 전세권자로서 말소기준권리가 된다. 또한 배당을 요구하였기 때문에 1억5천만 원 전액 배당받고 소멸한다. 따라서 낙찰자는 甲전세권자가 배당을 못 받은 5천만 원을 인수하지 않아도 된다.

乙가압류권자와 丙가압류권자는 배당을 전혀 못 받는다.

사례 57 단독주택의 건물 일부전세권자가 있는 경우 — 배당교부금 1억5천만원

단독건물인 주택의 부동산등기사항증명서를 열람하여 보니 甲이 선순위로 전세권(일부)이 설정되어 있었다. 이후 甲전세권자가 대금을 돌려받지 못하자 경매를 진행하였다. 이러한 경우 입찰에 참여하여도 되는가?

19.1.25	19.2.10	21.3.20	21.4.15	21.11.20
甲	乙	丙	甲	丙
전세권 2억 배당요구함	가압류 1억	가압류 1억	경매신청	낙찰

甲은 전부전세권이 아닌 일부전세권이기 때문에 말소기준권리에 해당하지 않는다. 따라서 말소기준권리는 乙가압류가 된다.

다만 甲전세권자가 배당을 요구하였기 때문에 선순위로 1억5천만 원 전액을 배당받는다.

甲전세권자는 일부전세권자이기 때문에 임의경매는 실행을 할 수 없고, 전세금반환청구의 소를 제기하여 집행권원을 획득하여 강제경매를 진행하여야 한다.

사례 58 선순위 전세권자가 2개인 경우 　　　　배당교부금 1억5천만 원

> 상가건물인 부동산등기사항증명서를 열람하여 보니 甲과 乙이 전세권이 설정되어 있었다. 이후 丙근저당권자가 대금을 돌려받지 못하자 경매를 진행하였다. 이러한 경우 입찰에 참여하여도 되는가?
>
> | 19.1.25 | 19.2.10 | 21.3.20 | 21.4.15 | 21.11.20 |
> |---|---|---|---|---|
> | 甲 | 乙 | 丙 | 丙 | 丁 |
> | 전세권 1억 | 전세권 1억 | 근저당권 1억 | 경매신청 | 낙찰 |
> | 배당요구함 | 배당요구하지 않음 | | | |

丙근저당권이 대금을 변제받지 못하자 경매를 진행하면 말소기준권리자가 된다. 이때 선순위 甲전세권과 乙전세권이 있는 경우가 있는데, 이들 모두 선순위 전세권이다.

경매절차에서 甲전세권자와 乙전세권자가 배당을 요구하였는지 여부에 따라서 배당을 받고 소멸하기도 하고, 낙찰자가 인수하기도 한다.

만일 본 사례에서 甲전세권자는 배당을 요구하면 1억 원 배당을 받고 소멸되나, 乙전세권은 배당을 요구하지 않으면 낙찰자는 1억 원을 인수하여야 한다. 따라서 선순위 전세권이 2개 있는 경우는 자세히 확인하고 입찰을 하여야 낭패를 줄일 수 있다.

사례 59 선순위 전세권자가 있는 경우   배당교부금 1억5천만원

> 집합건물인 아파트 부동산등기사항증명서를 열람하여 보니 甲이 전세권이 설정되어 있었다. 이후 乙가압류권자가 대금을 돌려받지 못하자 경매를 진행하였다. 이러한 경우 입찰에 참여하여도 되는가?
>
> | 19.1.25 | 19.2.10 | 21.3.20 | 21.4.15 | 21.11.20 |
> |---|---|---|---|---|
> | 甲 | 乙 | 丙 | 乙 | 丁 |
> | 전세권 2억
배당요구함 | 가압류 1억 | 근저당권 1억 | 경매신청 | 낙찰 |

경매절차에서 甲전세권자가 배당을 요구하면 말소기준권리에 해당되고 1억5천만 원 전액을 배당받을 것이다. 따라서 낙찰자는 5천만 원을 인수하지 않아도 된다.

이와 같이 선순위 전세권의 경우에는 민사집행법 제91조 제4항에 따라 전세권자가 배당요구를 하면 매각으로 소멸되고, 배당을 요구하지 않으면 낙찰자가 인수한다.

하지만 다음의 사례에서 주택임대차보호법상의 임차인과 민법상의 전세권자와 비교하여 보자.

사례 60 선순위 임차인이 후순위 전세권을 갖고 있는 경우 　배당교부금 1억5천만 원

집합건물인 아파트 부동산등기사항증명서를 열람하여 보니 甲이 선순위로 전입되어 있었고 전세권까지 설정을 하였다. 이후 乙근저당권자가 대금을 돌려받지 못하자 경매를 진행하였다. 이러한 경우 입찰에 참여하여도 되는가?

```
19.1.25        19.2.10        21.3.20        21.4.15        21.11.20
  ●              ●              ●              ●              ●
  甲              乙              甲              乙              丁
임차인         근저당 1억      전세권 1억      경매신청          낙찰
확정일자 없음
```

乙근저당권이 말소기준권리다. 따라서 乙근저당권은 1순위로 1억 원을 배당받고 소멸한다.

甲전세권은 2순위로 잔여 배당금 5천만 원을 받는다. 이 과정에서 甲전세권은 乙근저당권자보다 후순위이나, 전입시기는 앞서기 때문에 배당받지 못한 5천만 원을 낙찰자가 인수하여야 한다. 이와 같이 甲의 선택에 따라 임차권으로 행사할지, 아니면 전세권으로 행사할지 각각 별도로 권리행사를 할 수 있다.

사례 61 전세권과 임차권의 비교 사례   배당교부금 1억5천만 원

주택에 대하여 임대차계약을 전세권(물권)으로 설정하는 것이 좋은지 아니면 임차권(채권)으로 하는 것이 좋은지를 다음의 사례에서 비교하여 보자.

```
             전세권 (2억)
                 甲
                 ●
    ────●────────●────────●────────●────────●────
        乙        丙        丁        丙        戊
    임대차(2억)   근저당    가압류   경매신청    낙찰
```

전세권을 설정한 경우

甲전세권자가 배당을 요구하면 전세보증금 2억 원 중 1억5천만 원에 대하여 배당받고 말소되며, 나머지 5천만 원은 낙찰자가 인수하지 않아도 된다.

그러나 甲전세권자가 배당을 요구하지 않으면 낙찰자는 2억 원을 인수하여야 한다.

이와 같이 선순위 전세권의 경우에는 민사집행법 제91조 제4항에 따라 전세권자가 배당요구를 하면 매각으로 소멸되고, 배당을 요구하지 않으면 낙찰자가 인수한다.

전세권의 효력은, 집합건물에 대하여는 건물과 대지권에도 미치나, 주택에 대한 전세권일 경우는 건물에 대하여만 미치고 토지에 대하여는 미치지 않는다. 따라서 배당금액이 차이가 있을 수 있다.

임차권으로 한 경우

乙임차인이 전세보증금 2억 원 중 1억5천만 원에 대하여만 배당을 받고 나머지 5천만 원을 배당받지 못한 경우, 낙찰자는 5천만 원을 인수하여야 한다. 왜냐하면 임차인은 입주와 전입신고, 확정일자를 하면 대항력을 갖추고 있기 때문이다.

따라서 임차권이 대항력을 갖추고, 확정일자를 갖추면 전세권보다 유리한 것을 알 수 있다.

 사례 62 선순위 전세권과 후순위 전세권 있는 경우   배당교부금 2억원

> 집합건물인 아파트 부동산등기사항증명서를 열람하여 보니 甲전세권이 선순위로 설정되어 있었다. 이후 乙근저당권자가 대금을 돌려받지 못하자 경매를 진행하였다. 이러한 경우 입찰에 참여하여도 되는가?

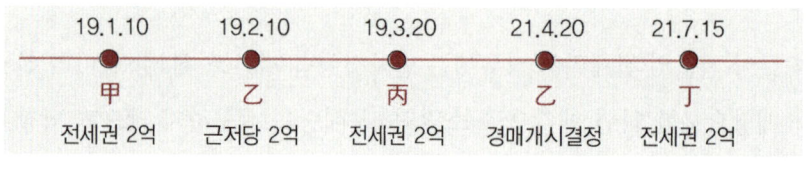

전세권자가 甲, 丙, 丁이 있었다.

甲전세권은 선순위 전세권자이고, 丙전세권자는 乙근저당권자인 말소기준권리보다 후순위다. 丁전세권자는 경매개시결정보다 후순위권리자이다.

이러한 경우 권리분석을 하여 보자.

甲선순위 전세권자에 대한 배당

말소기준권리인 乙근저당보다 먼저 등기된 경우를 선순위 전세권자라고 한다. 이 경우, 건물 전체에 설정된 선순위 甲전세권가 배당을 요구하면 甲이 2억 원 전액을 배당받고 말소기준이 되어 말소하게 된다. 따라서 낙찰자는 인수하는 금액은 없다.

하지만 甲전세권자 배당을 요구하지 아니하면 인수주의가 적용되어 乙근저당이 말소기준권리가 되어 배당 전액을 받고 말소된다. 따라서 이 경우는 낙찰자는 甲선순위 전세권자를 인수하여야 한다.

丙 전세권자에 대한 배당

말소기준권리인 乙근저당보다 후에 등기된 경우를 후순위 전세권자라고 한다. 경매개시결정보다는 먼저 등기가 되어 있어, 당연배당권자로 취급되어 배당을 요구하든 요구하지 않든 간에 잔여금액이 있으면 배당을 받고 말소된다. 따라서 낙찰자는 인수할 금액이 없다.

丁 전세권자에 대한 배당

丁전세권자는 경매개시결정보다는 후에 등기가 되어 있는 경우이다. 이 경우는 반드시 배당요구종기일까지 배당을 요구하여야 하며, 잔여금이 있을 경우 배당을 받지만, 잔여금액이 없을 경우는 배당을 못 받는다. 이 경우 낙찰자는 인수할 금액은 없다.

8. 주택임대차에 대한 권리분석

1) 의의

임차권에 대한 권리분석은 자세하게 접근해야 한다. 특히 임차인이 있는지 없는지를 확인해야 한다. 또한 임차인이 말소기준권리 이전에 있는지 아니면 이후에 있는지 등을 면밀하게 체크해야 한다. 그리고 임차인은 최우선변제금이나 우선변제금을 받기 위해서는 어떠한 조건을 갖추어야 하는지 등을 이해해야 한다.

2) 대항력과 우선변제력

먼저 최우선변제금을 받기 위해서는 다음 3가지 조건을 충족하여야 한다.
① 권역별로 소액보증금이어야 하고 ② 경매개시결정 전에 전입신고를 하여 대항력을 갖추어야 하고 ③ 배당요구를 배당요구종기일 이전에 하여야 한다. 대항력은 동거가족만 전입신고를 한 경우에 임차인의 배우자나 자녀와 같이 임차인 본인과 공동생활을 영위하는 가족만이 주민등록 전입신고를 하여도 주택임대차보호법상의 대항요건인 주민등록을 마친 것으로 볼 수 있다.

그러나 전입신고를 잘못하면 보호를 받을 수 없다. 임차인이 착오로 전입신고를 잘못하여 다른 지번에 주민등록이 실제 지번과 일치하지 아니한 경우, 주택임대차보호법상의 유효한 공시방법을 갖추었다고 볼 수 없기 때문이다.

판례에 의하면 주민등록의 전입은 임대차의 공시방법으로서 임차인이 전입신고를 함에 있어서 신거주지를 착오로 잘못 기재하였고, 담당공무원도 이를 발견하지 못하고 그대로 주민등록에 등재하였다고 하더라도 대항력이 없다(대판 97다 10024).

다가구주택은 구분소유권이 아니므로 지번만 기재하여도 임대차의 공시방법으로 유효하다(대판 99다 8322).

그러나 구분소유건물, 즉 아파트, 연립주택, 다세대주택은 지번 외에 동·호수까지 전입신고를 정확히 기재하여야 대항력을 갖춘다.

그리고 우선변제금을 받기 위해서는 소액보증금과 상관은 없지만, 대항력과 확정일자를 갖추고 배당요구종기일 이전에 배당을 요구하여야 한다.

판례에 의하면 실제 임대차계약의 주된 목적이 주택을 사용·수익하려는 것인 이상, 처음 임대차계약을 체결할 당시에는 보증금액이 많아 소액임차인에 해당하지 않았지만, 그 후 새로운 임대차계약에 의하여 정당하게 보증금을 감액하여 소액임차인에 해당하게 되었다면, 그 임대차계약이 통정허위표시에 의한 계약이어서 무효라는 등의 특별한 사정이 없는 한, 그러한 임차인은 같은 법상 소액임차인으로 보호받을 수 있다(대판 2007다 23203).

사례 63 임차인이 없는 경우   배당교부금 1억

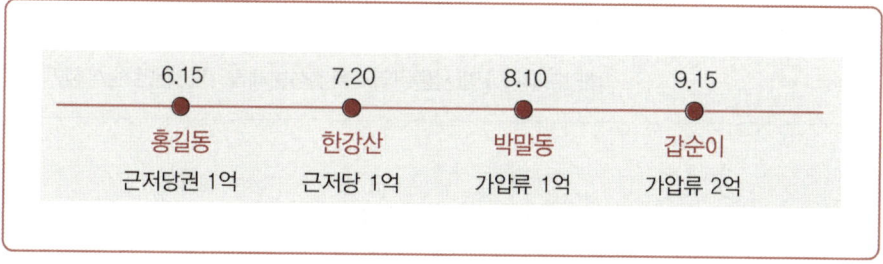

홍길동이 최선순위권리자(말소기준권리)로서 1억 원의 배당을 받고, 이후 권리자들은 배당과 상관이 없이 소멸된다.

임차인이 없기 때문에 낙찰자가 추가로 인수하여야 할 것은 없다. 이처럼 임차인이 없는 경우는 입찰가와 경쟁률이 높은 편이다.

사례 64 말소기준권리 이후에 임차인이 있는 경우(소액임차인이 아님)

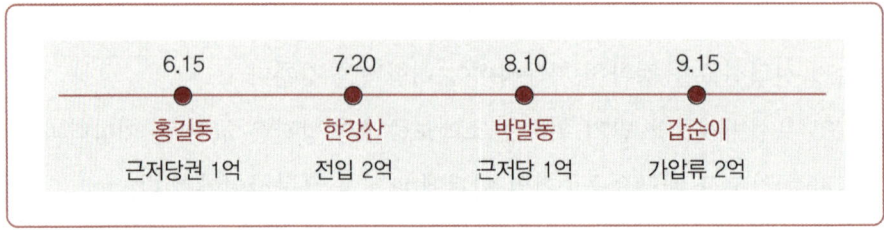

홍길동이 최선순위권리자(말소기준권리)로서 1억 원의 배당을 받고, 이후 한강산 임차인을 포함하여 다른 권리자들은 배당과 상관이 없이 소멸된다.

문제는 배당을 전혀 받지 못한 한강산 임차인이 주택을 점유하고 있다는 것이다. 한강산 임차인은 주택을 쉽게 명도해 주지 않을 수 있기 때문에, 사전에 협상을 잘하여야 한다. 만일 명도에 원만히 협조해 주지 않으면 인도명령을 진행하면 된다.

사례 65 말소기준권리 이후에 임차인이 있는 경우

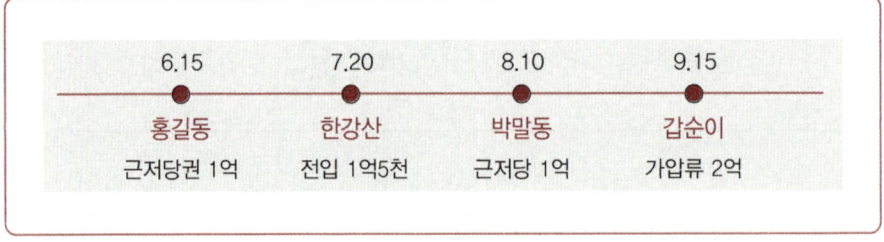

한강산은 최우선변제를 받을 수 있는 소액보증금에 해당되기 때문에 홍길동보다 최우선적으로 5천만 원을 변제받는다.

이 경우 한강산은 법원으로부터 5천만 원 배당을 받기 위해서는 낙찰자로부터 명도확인서와 인감증명서를 교부받아 법원에 제출하여야 한다.

홍길동은 가장 먼저 근저당권을 설정하였더라도 한강산이 소액보증금에 해당되어 5천만 원을 가장 우선하여 배당을 받아 가므로 잔여금액 5천만 원을 배당받고 말소된다.

박말동 근저당권자와 갑순이 가압류권자는 전혀 배당을 못 받는다.

사례 66 말소기준권리 이전에 임차인이 있는 경우

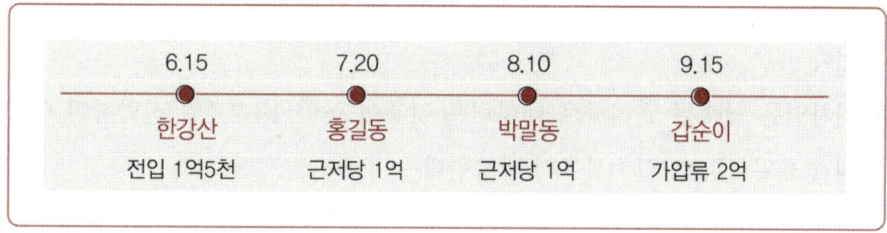

한강산 임차인이 말소기준권리 이전에 있기 때문에 낙찰자는 인수하여야 하는 문제점이 있다. 따라서 임차인의 확정일자와 배당을 요구하였는지를 확인하여야 한다.

선순위임차인이라도 당연배당권자가 아니다. 따라서 배당을 요구하여야 배당을 받을 수 있고, 또한 배당을 못 받으면 낙찰자는 인수하여야 한다.

그리고 만일 한강산 임차인이 강제경매를 신청하였더라도 배당신청은 별도로 하여야 배당을 받는다.

또한 한강산 임차인이 확정일자를 홍길동 근저당권자보다 먼저 받아 놓았다가 배당을 요구하더라도 낙찰자는 대항력 있는 한강산 임차인의 보증금을 인수하여야 한다.

사례 67 대항력 있으나 확정일자는 근저당보다 늦게 한 경우   배당교부금 2억원

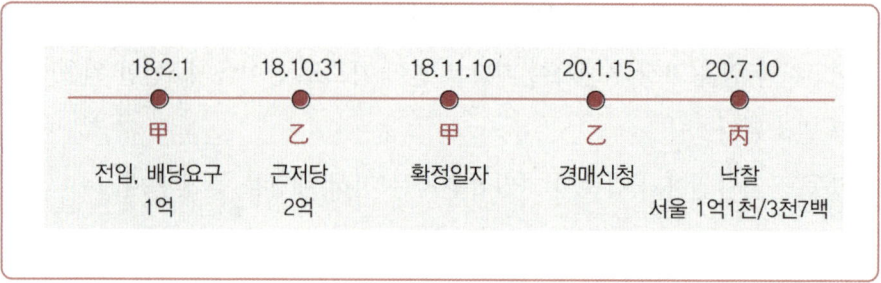

이와 같은 경우 우선 먼저 말소기준권리인 乙근저당을 찾는다. 乙근저당보다 선순위 甲임차인이 있는데, 배당을 요구한 상태이나 얼마나 받을 수 있는지가 문제이다.

甲임차인은 선순위 권리자로 대항력은 갖추어 놓아 18.2.1일 전입하여 대항력의 효력은 18.2.2일 0시부터 발생한다.

乙근저당의 효력은 18.10.31일 오전 9시부터 발생한다. 따라서 乙근저당보다는 선순위이나 확정일자(18.11.10일 오전 9시부터 효력 발생)를 늦게 받아 놓아서 우선변제를 받을 수 없는 상황이다.

다만 甲은 선순위자로 최우선변제금을 받을 수 있는 조건을 갖추고 있어서 乙근저당 설정 당시 보호되는 금액 기준으로 서울지역은 임차보증금액이 1억1천만 원 이하일 경우 3천7백만 원을 우선 배당받는다.

다음으로 잔여금 1억6천3백만 원은 2순위 乙근저당권자에게 배당이 된다.

결국 낙찰자는 甲임차인이 배당을 받지 못한 6천3백만 원을 인수하여야 하는 문제점이 발생하기 때문에 이러한 점을 인식하고 입찰을 하여야 한다.

사례 68 근저당보다 전입과 확정일자를 늦게 한 경우   배당교부금 2억원

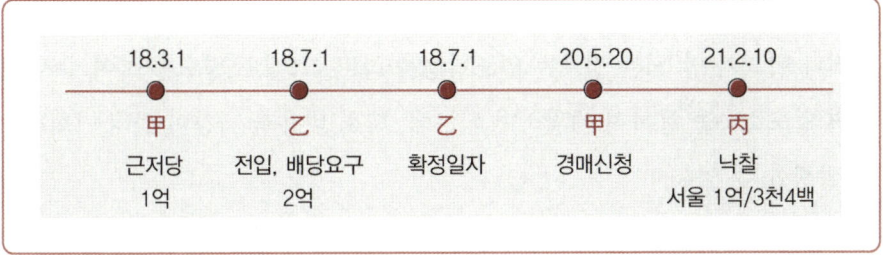

이와 같은 경우, 우선 먼저 말소기준권리인 甲근저당을 찾는다. 甲근저당이 선순위이다.

이러한 경우는 乙임차인에 대한 인수 문제는 고려하지 않아도 되나 명도 시 어떻게 대응을 해야 할지가 문제가 된다.

甲근저당의 효력은 18.3.1일 오전 9시부터 발생한다. 선순위로 가장 빠르다. 乙임차인은 후순위로 甲근저당 설정 당시 보호되는 금액 기준으로 서울지역은 임차보증금액이 10000만 원 이하일 경우 3400만 원을 우선 배당을 받을 수 있지만, 보증금 2억 원으로 계약이 되어 있어서 최우선변제보호를 받을 수 없어, 이에 대한 최우선변제금액 3400만 원의 배당을 받을 수 없다(만일, 보증금이 1억 원으로 계약이 되어 있었다면 乙임차인이 먼저 최우선변제금액으로 3400만 원을 받고, 甲근저당권자가 받는다).

다만 대항력과 확정일자를 갖추고 배당을 요구하였기 때문에 선순위 甲근저당권자에게 1억 원을 배당하고 乙임차인은 나머지 1억 원을 배당받는다.

낙찰자는 甲임차인이 배당을 받지 못한 1억원을 인수하지 않아도 된다.

만일 본 사례에서 甲근저당이 2억 원이라면 乙근저당권자가 2억 전액을 배당받는다. 따라서 乙임차인은 전혀 배당을 못 받는다.

이와 같은 경우 낙찰자가 명도 시 임차인이 쉽게 응하여 주지 않을 수 있어 어

려움이 예상되는데, 우선 乙임차인은 명도확인서가 있어야 1억 원의 배당금이라도 수령할 수 있기 때문에, 협상을 통하여 명도에 대한 합의를 하는 것이 좋다고 본다.

그러나 합의가 안 되는 경우는 인도명령을 하고, 그래도 명도를 하여 주지 않으면 명도소송을 통하여 해결하면 되는데, 다소 비용과 시간이 걸려 기회비용이 발생할 수 있다.

사례 69 확정일자, 근저당, 전입의 순서인 경우   배당교부금 2억원

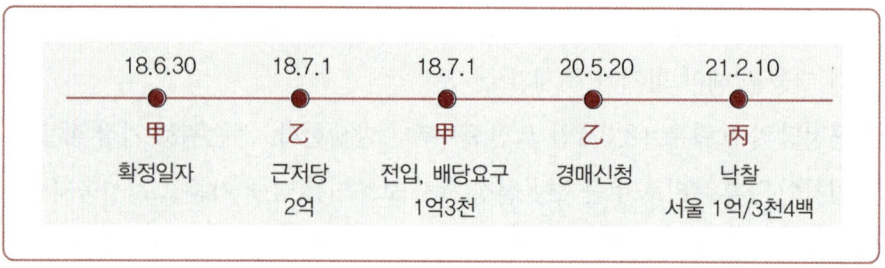

이와 같은 경우, 乙근저당이 말소기준권리 기준이 된다. 문제는 甲임차인이 乙근저당보다 먼저 확정일자를 받아 놓은 경우, 보호를 받을 수 있는지가 문제이다.

甲임차인은 먼저 확정일자를 18.6.30일 받아 놓고 그 사이에 乙근저당이 18.7.1일(효력은 18.7.1일 9시 발생) 들어왔고, 이후에 甲임차인이 전입신고를 18.7.1일에 하였다.

이 같은 경우 먼저 확정일자를 18.6.30일 받아 놓았다 하더라도 이때를 기준으로 보는 것이 아니라 대항력을 갖춘 전입신고 익일 18.7.2일 0시부터 효력이 발생한다.

따라서 乙근저당권자가 선순위 권리자이다.

결국 甲임차인은 乙근저당 설정 당시 보호되는 금액 기준으로 서울권역이 보증금 10000만 원일 경우에 최우선변제금 3400만 원을 보호를 받을 수 있으나, 13000만 원으로 보호를 받을 수 없어 배당을 하나도 못 받고, 乙근저당권자가 배당교부금 전액 2억 원을 배당금으로 받게 된다. 본 사례에서 만일 배당교부금이 2억 원이고 乙근저당권자의 채권액이 1억 원이라면 乙근저당권자가 먼저 1억 원의 배당을 받고, 나머지 1억 원은 甲임차인이 받게 된다.

따라서 이러한 경우 낙찰자는 甲이 못 받은 보증금을 인수하지 않아도 된다. 문제는 명도의 어려움이 있을 수 있고 이사비용이라도 지불하여 마무리 지을 것을 생각하여 볼 수 있다.

하지만 합의가 안 되면 인도명령을 하고, 그래도 명도를 하여 주지 않으면 명도소송을 통하여 해결하면 되는데, 다소 비용과 시간이 걸려 기회비용이 발생할 수 있다.

사례 70 전입, 확정일자, 근저당의 설정일이 같은 경우   배당교부금 2억원

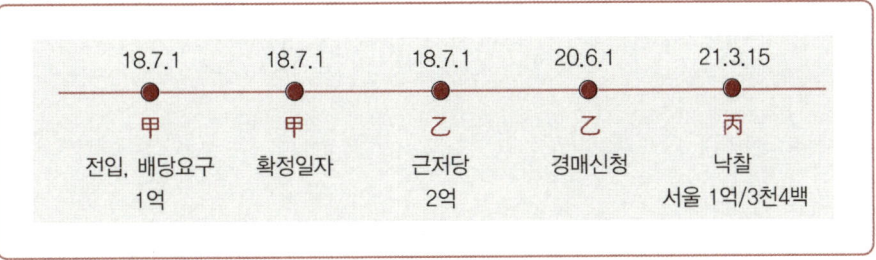

이와 같은 경우 우선, 먼저 말소기준권리인 乙근저당을 찾는다. 그런데 乙근저당보다 선순위 甲임차인이 있는데, 날짜가 동일하다. 배당을 요구한 상태이나 얼마나 받을 수 있는지가 문제이다.

甲임차인은 전입과 확정일자를 18.7.1일 받아 놓았으나 乙근저당 역시 18.7.1일 같은 날 설정되었다. 이 같은 경우 乙근저당의 효력은 18.7.1일 9시 발생하나 甲임차인의 대항력은 전입신고 익일인 18.7.2일 0시부터 발생한다. 따라서 乙근저당권자가 선순위 권리자로 말소기준권리자이다.

甲임차인은 최우선변제금 서울이 10000만 원 이하인 경우 3400만 원을 乙근저당권자보다 먼저 배당을 받고 낙찰자에 대하여 대항력을 주장할 수 없다. 다음으로 乙근저당권자는 나머지 16400만 원에 대하여 배당을 받는다.

따라서 이 같은 경우에 낙찰자는 인수하여야 하는 금액은 없지만 명도 시 다소 어려움이 예상된다.

甲임차인은 명도확인서가 있어야 3400만 원의 배당금이라도 수령할 수 있기 때문에 적절한 협상을 통하여 명도에 대한 합의를 하는 것이 좋다고 본다.

그러나 합의가 안 되는 경우는 인도명령을 하고, 그래도 명도를 하여 주지 않으면 명도소송을 통하여 해결하면 되는데, 다소 비용과 시간이 걸려 기회비용이 발생할 수 있다.

사례 71 확정일자, 조세채권(당해세), 근저당권의 순서인 경우 　　배당교부금 3억 원

> 부동산등기사항증명서를 열람하여 보니 甲은 채무자의 X부동산 강제경매를 진행하였다. 배당교부금은 3억 원이다. 甲임차인, 乙조세, 丙근저당권자로서 각각 3억 원, 1억 원, 2억 원의 채권이 있다. 이러한 경우, 입찰에 참여하여도 되는지, 그리고 권리분석을 하여 보자.
>
>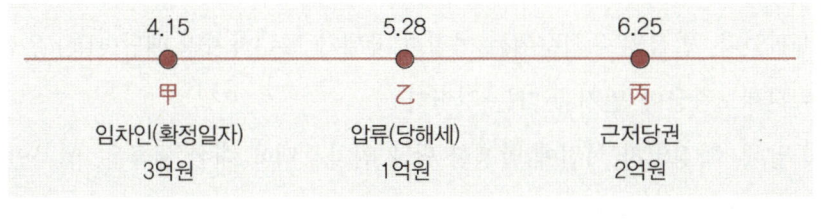

이 경우 그동안에는 乙압류권자가 말소기준권리자에 해당되어 甲임차인의 추가부담의 문제가 있기 때문에 입찰에 조심했어야 했다.

그러나 국세징수법 개정으로 세금 우선 변제 원칙 예외 규정으로 확정일자 있는 임차인이 보증금 전액을 당해세보다도 우선변제를 받게 하였다. 따라서 임차인이 보증금 전액을 받는다면 乙압류권자가 말소기준권리가 되어 인수되는 금액은 없어 입찰에 참여를 하여도 좋다. 다만, 배당교부금이 저감으로 인하여 甲임차인이 전액을 못 받을 경우, 이에 대한 낙찰자는 인수하여야 하는 문제가 있기 때문에 조심하여야 한다.

각 권리자에 대한 권리분석을 해보자.

이 경우 그동안에는 경·공매 대상 주택에서 당해세에 해당되면 임차인보다 늦더라도 우선하여 다음과 같이 배당을 하였다.

- 1순위 : 乙조세채권(당해세)　1억원
- 2순위 : 甲임차인(확정일자)　2억원
- 3순위 : 丙근저당권　　　　　0

다시 말해, 발생한 당해세 세금을 먼저 배당하고 남은 돈으로 근저당권자보다 우선순위에 해당하는 확정일자인 임차인의 전세보증금을 배당을 하였다.

하지만 2023년 4월 1일 이후 매각결정(공매) 또는 매각허가 결정(경매)하는 분부터 임차인의 보증금이 당해세보다 앞선다면 임차보증금을 우선변제를 하도록 바뀌었다. 법적인 우선순위는 여전히 국세가 보유하지만 배당(배분) 우선순위는 전세보증금에 먼저 둔다는 것이다.

다시 말해, 확정일자 이전에 발생한 당해 임차주택에 대한 세금은, 임차인 보증금보다 우선 변제된다.

결국 확정일자 이후에 발생한 당해 임차주택에 대한 세금보다 우선해서 임차인에 대한 보증금이 지급된다는 것이다.

따라서 다음과 같이 배당을 하게 된다.
- 1순위 : 甲임차인(확정일자)　3억원
- 2순위 : 乙조세채권(당해세)　0
- 3순위 : 丙근저당권　　　　　0

사례 72 최우선변제를 받을 수 없으나 확정일자 있는 경우 배당 — 배당교부금 3억

서울지역 아파트 입찰에 참여하고자 하는 한강수는 부동산등기사항증명서를 확인하여 보니 대항력 있는 甲이 최선순위로 전입신고가 되어 있었고, 이후 乙가압류, 丙근저당 순서로 권리자가 있었다. 甲은 확정일자를 丙근저당이 설정된 뒤에 받았다. 이러한 경우 甲전입자에 대한 인수금액이 얼마인가?

20.3.10	20.3.15	20.3.16	20.3.18	21.7.20	22.2.25
甲	乙	丙	甲	乙	丁
전입	가압류	근저당	확정일자	경매신청	낙찰
2억	2억	2억			서울 1억/3천4백

선순위 임차인이 있는 경우는 조심하여야 한다.
한강수는 甲이 최선순위이기 때문에 보증금 2억 원 중 인수하게 되는 금액이 얼마인가를 알아야 입찰가를 정할 수 있다.
다만 甲은 확정일자를 받았기 때문에 우선변제권이 있는 권리자로 전세권, 근저당권, 담보가등기와 동일한 효력이 있다.
위 사례의 경우는 甲전입 이후 중간에 乙가압류, 丙근저당 그리고 그 다음에 확정일자를 받았기 때문에 다음과 같이 권리분석을 하여야 한다.

1차 : 안분배당을 한다.
乙가압류권자를 기준으로 乙, 丙, 甲이 안분배당을 한다.
乙가압류권자는 안분배당 1억 원을 받고 더 이상 배당을 받지 못하고 소멸한다.

乙 3억원×2억원/6억원 = 1억원

丙 3억원×2억원/6억원 = 1억원

甲 3억원×2억원/6억원 = 1억원

2차 : 흡수배당을 한다.

丙근저당권자는 甲확정일자보다 우선하기 때문에 채권에 만족하기 위하여 甲으로부터 1억 원을 흡수한다.

丙 3억원×2억원/6억원 = 1억원+1억원 = 2억원

甲 3억원×2억원/6억원 = 1억원-1억원 = 0

최종적으로 배당 결과는 다음과 같다.

乙 3억원×2억원/6억원 = 1억원

丙 3억원×2억원/6억원 = 2억원

甲 3억원×2억원/6억원 = 0

甲은 확정일자가 있지만 순위배당을 통하여는 배당을 받을 수 없다. 다만 전입하고 바로 확정일자를 받았을 경우에는 순위배당에 참여할 수 있어 甲은 乙과 丙보다도 최우선적으로 2억 원을 배당받을 수 있었을 것이다.

그러나 선순위 대항력 있는 임차인으로 배당을 통하여 받지는 못 하지만 낙찰자에게 2억 원을 인수케 할 수 있다. 따라서 낙찰자는 3억 원 외에 추가로 2억 원을 인수하여야 한다.

이러한 경우 권리분석 시 甲임차인의 주민등록전입은 乙가압류, 丙근저당권자보다 먼저 이루어졌으나 확정일자를 갖게 되면 물권화되어 순위배당에 참여할 수 있다. 이 경우 순위배당 기준은 주민등록전입, 주택의 점유, 확정일자 중에서 가장 늦은 날짜를 기준으로 결정된다. 따라서 丙근저당권자보다 늦게 확정일자를 받았기 때문에 후순위배당권자로 잔여금액이 없어 배당을 받을 수 없는 상황이다.

이러한 경우 낙찰자 입장에서는 입찰에 참여하기 위하여는 甲보증금 2억 이하로 시가 또는 감정평가금액 대비 유찰이 되어야 참여를 검토하여 볼 수 있을 것이다.

경매에서 최우선변제액을, 무엇을 기준으로 판단하여야 할까? 임차인의 입주일이나 배당신청일을 기준으로 하면 안 된다.

경매에서 최우선변제액을 기준으로 판단하는 기준은 최초물권설정일, 즉 말소기준권리의 담보(근저당권 등)설정일을 기준으로 판단하여야 한다. 주택임대차보호법상의 소액보증금 중 일정 금액은 주택임대차보호법 시행령 제10조에서 정하고 있다.

● 주택임대차 보호법상의 소액보증금 중 일정금액

적용기간	내용
84.6.14.부터	300만원 이하(서울 및 광역시) 200만원 이하(기타시, 군지역)
87.12.1.부터	500만원 이하(서울 및 광역시) 400만원 이하(기타시, 군지역)
90.2.19.부터	2,000만원 이하 임차인중 700만원(서울 및 광역시) 1,500만원 이하 임차인중 500만원(기타시, 군지역)
95.10.19.부터	3,000만원 이하 임차인중 1,200만원(서울 및 광역시)) 2,000만원 이하 임차인중 800만원(기타시, 군지역)
01.9.15.부터	4,000만원 이하 임차인중 1,600만원(서울, 인천, 안양 등 과밀억제권역) 3,500만원 이하 임차인중 1,400만원(광역시, 인천광역시는 제외) 3,000만원 이하 임차인중 1,200만원(기타)
08.8.21.부터	6,000만원 이하 임차인중 2,000만원(서울, 인천, 안양 등 과밀억제권역) 5,000만원 이하 임차인중 1,700만원(광역시, 인천광역시는 제외) 4,000만원 이하 임차인중 1,400만원(기타)

기간	내용
10.7.26.부터	7,500만원 이하 임차인중 2,500만원(서울) 6,500만원 이하 임차인중 2,200만원(수도권중과밀억제권역, 서울제외) 5,500만원 이하 임차인중 1,900만원(광역시, 수도권과밀억제권역이 아닌 인천(군제외),안산, 용인, 김포, 광주) 4,000만원 이하 임차인중 1,400만원(그 밖의 지역)
14.1.1.부터	9,500만원 이하 임차인중 3,200만원(서울) 8,000만원 이하 임차인중 2,700만원(수도권중과밀억제권역, 서울제외) 6,000만원 이하 임차인중 2,000만원(광역시, 수도권과밀억제권역이 아닌 인천(군 제외),안산, 용인, 김포, 광주) 4,500만원 이하 임차인중 1,500만원(그밖의 지역)
16.3.31.부터	1억원 이하 임차인중 3,400만원(서울) 8,000만원 이하 임차인중 2,700만원(수도권중과밀억제권역, 서울 제외) 6,000만원 이하 임차인중 2,000만원(광역시, 군제외, 인천포함) 세종, 안산, 용인, 김포, 광주 5,000만원 이하 임차인중 1,700만원(그밖의 지역)
18.9.18.부터	1억 1천만원 이하 임차인중 3,700만원(서울) 1억원 이하 임차인중 3,400만원(수도권중과밀억제권역, 세종, 용인, 화성) 6,000만원 이하 임차인중 2,000만원(광역시, 안산, 김포, 광주, 파주) 5,000만원 이하 임차인중 1,700만원(그밖의 지역)
21.5.11.부터	1억 5천만원 이하 임차인중 5,000만원(서울) 1억 3천만원 이하 임차인중 4,300만원(수도권중과밀억제권역, 세종, 용인, 화성, 김포) 7,000만원 이하 임차인중 2,300만원(광역시, 안산, 광주, 파주, 이천시, 평택) 6,000만원 이하 임차인중 2,000만원(그밖의 지역)
23.1.2.까지 (입법예고)	16,500만원 이하 임차인중 5,500만원(서울) 14,500만원 이하 임차인중 4,800만원(수도권중과밀억제권역, 세종, 용인, 화성, 김포) 8,500만원 이하 임차인중 2,800만원(광역시, 안산, 광주, 파주, 이천시, 평택) 7,500만원 이하 임차인중 2,500만원(그밖의 지역)

「주택임대차보호법」 시행령 일부개정령안 입법예고 23.1.2까지 → 시행일 확인요.

사례 73 최우선변제도 받을 수 없고 확정일자도 없는 경우 배당   배당교부금 4억

서울지역 아파트 입찰에 참여하고자 하는 한강수는 부동산등기사항증명서를 확인하여 보니 甲이 최선순위로 가압류가 되어 있었고, 이후 乙근저당, 丙임차인, 丁근저당의 권리자가 있었다. 丙은 소액보증금이 초과되었고, 확정일자도 받지 않았다. 甲, 乙, 丙, 丁의 배당금액은 얼마인가?

20.5.10	20.6.15	20.7.16	20.8.18	21.8.30	22.3.31
甲	乙	丙	丁	甲	戊
가압류	근저당	임차인	근저당	경매신청	낙찰
2억	2억	2억	2억		서울 1억천/3천7백

甲가압류가 말소기준권리이다. 甲가압류가 선순위에 해당되면 채권이기 때문에 가압류를 기준으로 1차적으로 안분배당을 한다. 또한 丙임차인은 소액보증금액이 초과되어 최우선변제를 받을 수 없고 확정일자도 없기 때문에 우선변제권도 없다.

1차 : 안분배당을 한다.

甲 가압류권자를 기준으로 甲, 乙, 丁이 안분배당을 한다.

甲 가압류권자는 안분배당 133,333천 원을 받고 더 이상 배당을 받지 못하고 소멸한다.

      甲 4억원×2억원/6억원 = 133,333천원

      乙 4억원×2억원/6억원 = 133,333천원

      丁 4억원×2억원/6억원 = 133,333천원

2차 : 흡수배당을 한다.

乙근저당권자는 丁근저당권자보다 선순위이기 때문에 丁으로부터 66,666천원 흡수한다.

  乙 4억원×2억원/6억원 = 133,333천원+66,666천원 = 200,000천원

  丁 4억원×2억원/6억원 = 133,333천원-66,666천원 = 66,666천원

최종적으로 배당 결과는 다음과 같다.

  甲 4억원×2억원/6억원 = 133,333천원

  乙 4억원×2억원/6억원 = 200,000천원

  丙 4억원×2억원/6억원 = 0

  丁 4억원×2억원/6억원 = 66,666천원

따라서 丙은 소액보증금도 초과되었고, 확정일자도 받지 않았기 때문에 배당을 전혀 못 받고 낙찰자는 인수하여야 할 금액은 없다.

사례 74 최우선변제를 받을 수 있으나 확정일자가 없는 경우 배당 | 배당교부금 4억

서울지역 아파트 입찰에 참여하고자 하는 한강수는 부동산등기사항증명서를 확인하여 보니, 甲이 최선순위로 가압류가 되어 있었고, 이후 乙근저당, 丙임차인, 丁근저당의 권리자가 있었다. 丙은 최우선변제를 받을 수 있는 소액보증금이었으나 확정일자는 받지 않았다. 甲, 乙, 丙, 丁의 배당금액은 얼마인가?

20.5.10	20.6.15	20.7.16	20.8.18	21.8.30	22.3.31
甲	乙	丙	丁	乙	戊
가압류	근저당	임차인	근저당	경매신청	낙찰
2억	2억	1억	2억		서울 1억천/3천7백

甲가압류가 말소기준권리이다.
하지만 丙임차인이 소액보증금액에 해당되어 먼저 최우선변제 3,700만 원을 받는다. 그리고 甲가압류가 선순위이기 때문에 나머지 금액으로 1차 안분배당을 한다. 마지막으로 乙은 丁로부터 흡수배당을 한다.

1차 : 최우선변제를 한다.
丙임차인 37백만 원을 받는다.

2차 : 안분배당을 한다.
   甲 363백만원×2억원/6억원(甲+乙+丁) = 121,000천원
   乙 363백만원×2억원/6억원(甲+乙+丁) = 121,000천원

丁 363백만원×2억원/6억원(甲+乙+丁) = 121,000천원

甲가압류권자는 121백만 원을 받고 소멸한다.

3차 : 흡수배당을 한다.

乙근저당권자는 丁근저당권자보다 선순위이기 때문에 부족분을 丁으로부터 79,000천 원을 흡수한다. 丁은 79,000천 원을 흡수당하고 42,000천 원을 배당받는다.

최종적으로 배당 결과는 다음과 같다.

     甲 121,000천원

     乙 200,000천원

     丙 37,000천원

     丁 42,000천원

낙찰자가 인수하여야 하는 금액은 없다.

사례 75 최우선변제를 받을 수 있고 확정일자도 있는 경우 배당 　　배당교부금 4억원

> 서울지역 아파트 입찰에 참여하고자 하는 한강수는 부동산등기사항증명서를 확인하여 보니, 甲이 최선순위로 가압류가 되어 있었고, 이후 乙근저당, 丙임차인, 丁근저당의 권리자가 있었다. 丙은 최우선변제를 받을 수 있는 소액보증금이었고 확정일자도 받았다. 甲, 乙, 丙, 丁의 배당금액은 얼마인가?
>
> | 20.5.10 | 20.6.15 | 20.7.16 | 20.8.18 | 21.5.20 | 21.12.10 |
> |---|---|---|---|---|---|
> | 甲 | 乙 | 丙 | 丁 | 乙 | 丁 |
> | 가압류 | 근저당 | 전입, 확정일자 | 근저당 | 경매신청 | 낙찰 |
> | 2억 | 2억 | 1억 | 2억 | | 서울 1억천/3천7백 |

이와 같은 경우 말소기준권리는 甲가압류이다. 따라서 甲가압류를 포함하여 이후 乙근저당과 丙임차인은 말소된다.

丙임차인이 소액보증금액에 해당되어 먼저 최우선변제 3,700만 원을 받는다. 그리고 甲가압류가 선순위이기 때문에 나머지 금액으로 안분배당을 한다.

丙임차인은 소액보증금액에 해당되어 최우선변제를 받고 2차적으로 확정일자를 받았기 때문에 순위배당에도 참여를 할 수 있다.

1차 : 최우선변제를 한다.

丙임차인 37백만 원을 받는다.

2차 : 안분배당을 한다.

　　　　甲 363백만원×2억원/663백만원(甲+乙+丙+丁) = 109,502천원
　　　　乙 363백만원×2억원/663백만원(甲+乙+丙+丁) = 109,502천원

丙 363백만원×63백만원/663백만원(甲+乙+丙+丁) = 34,493천원

丁 363백만원×2억원/663백만원(甲+乙+丙+丁) = 109,502천원

甲가압류권자는 109,502천 원을 받고 소멸한다.

3차 : 흡수배당을 한다.

乙근저당권자는 丙임차인과 丁근저당권자보다 선순위이기 때문에 부족분을 丙과 丁으로부터 90,498천 원을 흡수당한다. 丙과 丁은 90,498천 원을 흡수당한다.

※ 丙 90,498천원×34,493천원/(34,493천원+109,502천원) = 21,678천원 흡수당함.

※ 丁 90,498천원×109,502천원/(34,493천원+109,502천원) = 68,820천원 흡수당함.

흡수배당 결과는 다음과 같다.

　　　甲 109,502천원

　　　乙 200,000천원

　　　丙 12,815천원

　　　丁 40,682천원

흡수배당한 후 丙임차인은 확정일자를 받았기 때문에 우선변제권이 있다. 따라서 丁이 배당받은 금액을 2차로 흡수하게 된다.

최종적으로 배당 결과는 다음과 같다.

　　　甲 109,502천원

　　　乙 200,000천원

　　　丙 53,497천원

　　　丁   0원

낙찰자는 인수하여야 하는 금액은 없다.

사례 76 선순위가압류, 임차인, 근저당, 확정일자의 경우 　　배당교부금 2억 원

```
18.5.20    18.7.10    18.8.30    18.9.10    20.3.15    20.10.20
  甲         乙         丙         乙         甲          丁
 가압류      전입       근저당     확정일자   경매신청     낙찰
  1억        1억        2억                            부산 8천/2천7백
```

이와 같은 경우, 말소기준권리는 甲가압류이다. 따라서 甲가압류 포함하여 이후 乙임차인과 丙근저당은 말소된다.

배당을 보면 가압류가 말소기준권리인 때에는 1차적으로 안분배당을 한다. 그리고 乙임차인은 최우선변제를 받을 수 있는 금액이 8000만 원을 초과하여 2700만 원도 받지 못할 뿐만 아니라 丙근저당보다도 후에 확정일자를 받아서 순위에서도 밀린다.

1차 : 안분배당을 한다.

甲 가압류권자를 기준으로 甲, 乙, 丙이 안분배당을 한다.

甲 가압류권자는 안분배당 50,000천 원을 받고 더 이상 배당을 받지 못하고 말소된다.

　　　甲 2억원 × 1억원/4억원 = 50,000천원
　　　乙 2억원 × 1억원/4억원 = 50,000천원
　　　丙 2억원 × 2억원/4억원 = 100,000천원

2차 : 흡수배당을 한다.

丙근저당권자는 乙임차인보다 선순위이기 때문에 乙로부터 자기 채권을 만족

할 때까지 흡수한다.

丙 2억원×2억원/4억원 = 100,000천원+50,000천원 = 150,000천원

乙 2억원×1억원/4억원 = 50,000천원-50,000천원 = 0원

최종적으로 배당 결과는 다음과 같다.

안분배당권자로 1순위   甲 2억원×1억원/4억원 = 50,000천원

우선순위배당권자로 2순위   丙 2억원×2억원/4억원 = 150,000천원

마지막 3순위 乙 2억원×1억원/4억원 = 0원

결국 낙찰자는 인수하여야 할 금액은 없다.

사례 77 임차인이 여러 명인 다가구 건물인 경우   배당교부금 2억원

대전에 있는 다가구 건물인 원룸이 경매가 진행되었다. 원룸에 입찰 참여하고자 하는 한강수는 부동산등기사항증명서를 확인하여 보니 19.7.10일 같은 날에 甲임차인, 乙근저당, 丙임차인이 있었고 19.8.10일 丁임차인이 있었다. 이와 같은 경우 甲, 乙, 丙, 丁의 배당금액은 얼마인가? 그리고 입찰을 하여도 되는가?

19.7.10	19.7.10	19.7.10	19.8.10	21.3.15	21.11.20
甲	乙	丙	丁	乙	戊
전입	근저당	전입	전입	경매신청	낙찰
5천	2억	2천/20만	1천/30만		대전 6천/2천

이와 같은 경우 말소기준권리는 乙근저당이다.

甲과 丙임차인은 19.7.10일 전입을 하였기 때문에 대항력은 19.7.11일 0시부터 발생한다. 乙근저당과 같은 날 등기가 되어 있지만 乙근저당은 19.7.10일 9시 효력이 발생하기 때문에 乙근저당이 甲과 丙 그리고 丁임차인보다 우선한다.

또한 甲, 丙, 丁은 소액보증금에 해당되어 배당금의 1/2 범위 내에서 乙근저당권자보다 최우선변제금을 배당으로 받는다.

이는 소액임차인들이 많을 경우 소액보증금의 합계액이 배당금의 1/2을 초과하는 경우는 배당금의 1/2에 해당하는 금액에 대하여만 최우선변제권이 인정되기 때문에 소액보증금 전액을 못 받을 수도 있다.

광역시 권역의 소액보증금은 乙근저당 설정 당시 보호되는 금액기준으로 보증금 6000만 원일 경우에 최우선변제금 2000만 원을 보호받을 수 있다.

따라서 甲, 丙, 丁임차인들은 우선 최우선변제금으로 다음과 같이 배당을 받는다.

   甲임차인 2000만원
   丙임차인 2000만원
   丁임차인 1000만원

그다음으로 乙근저당권자가 나머지 15000만 원을 배당받게 된다.

낙찰자는 인수하여야 하는 금액은 없다.

사례 78 대항력 있는 임차인이 낙찰 받는 경우   배당교부금 2억 원

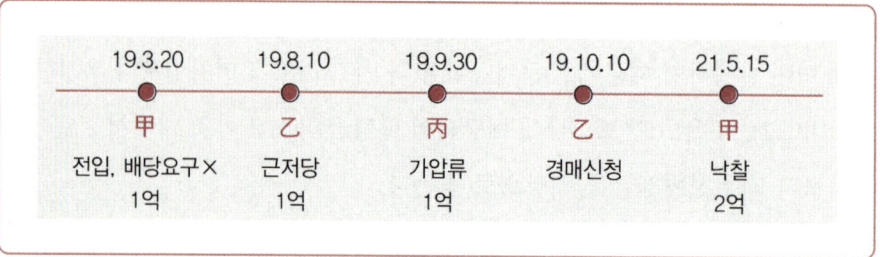

대항력 있는 甲임차인이 낙찰받는 경우도 있다.

가령 甲임차인이 2억 원에 낙찰받았다면 乙과 丙은 각각 1억 원씩 배당을 받는다.

따라서 甲임차인은 본인이 낙찰을 받았기 때문에 임대보증금 1억 원은 본인이 인수하여야 하는 상황으로 전주인에게 청구할 수 없다.

대항력 있는 甲임차인이 임차하고 있는 주택을 낙찰받아 소유권을 취득하는 경우, 임차권은 원칙적으로 혼동에 의하여 소멸하고 임대차관계는 종료된다. 이와 같은 혼동은 낙찰자에게 대항력 있는 경우에만 해당된다.

현시세가 3억 원이라면 甲임차인은 결국 3억 원에 낙찰을 받은 상황이다.

사례 79 대항력 없는 임차인이 낙찰 받는 경우 — 배당교부금 2억원

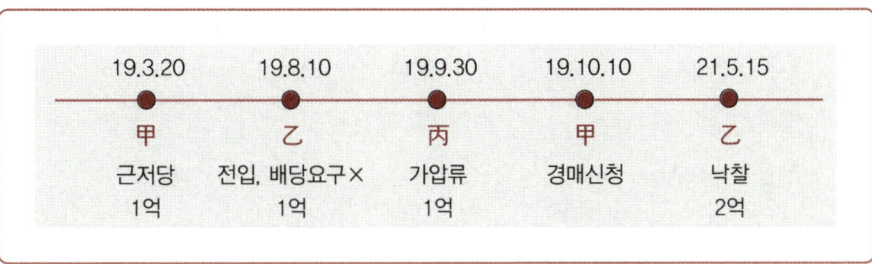

대항력 없는 乙임차인이 낙찰받는 경우도 있다.

가령 乙임차인이 2억 원에 낙찰받았다면 甲과 丙은 각각 1억 원씩 배당을 받는다.

따라서 乙임차인은 혼동에 의하여 소멸되지 않으므로 배당을 받지 못한 임대보증금 1억 원은 전주인에게 청구할 수 있다.

이와 같이 근저당 설정 후 입주한 임차인이 전입신고를 마친 경우, 이후 경매절차에서 임차인 자신이 낙찰을 받은 경우는 낙찰자로서 임차인은 임대인의 지위를 승계한 것이 아닌 것이기 때문에, 임차인의 임대보증금반환청구권은 혼동으로 소멸되지 않는다.

현시세가 3억 원이라면 乙임차인은 결국 2억 원에 낙찰을 받은 경우, 임대보증금 1억 원을 전주인에 청구하여 받게 된다면 1억 원의 차익을 얻을 수 있게 된다.

사례 80 임차인이 배당요구종기일 이후에 배당을 한 경우 　　배당교부금 2억 원

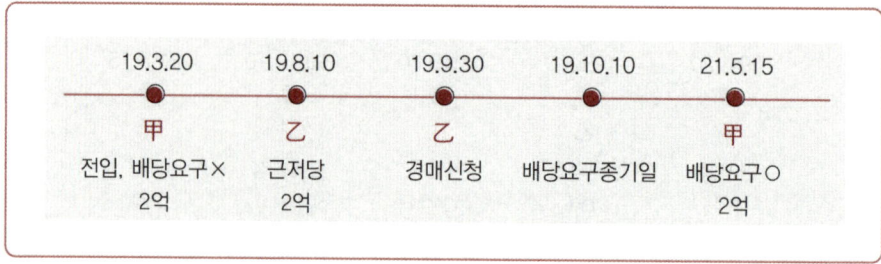

선순위 甲임차인이 배당을 받기 위해서는 배당요구종기일까지 배당을 요구하여야 한다. 만일 배당을 요구하지 않으면 낙찰자는 선순위 甲임차인의 보증금을 인수하여야 한다.

하지만 선순위 甲임차인의 배당요구는 배당요구종기일 지나서도 배당을 요구하는 경우가 있는데, 이 경우 경매법원은 접수는 하여 주지만 배당을 해주지는 않는다.

따라서 입찰자가 권리분석 시 선순위 甲임차인이 배당을 받을 것이라고 판단해서는 위험하다.

다만 乙근저당권자는 당연배당권자로서 배당을 요구하든 요구하지 않든 간에 배당을 받는다. 결국 乙근저당권자가 배당을 전부 받아 가고, 선순위 甲임차인은 배당을 못 받기 때문에 낙찰자가 추가로 인수를 하여야 한다.

입찰에 참여하고자 하는 사람은 배당요구종기일을 잘 확인할 필요가 있다.

사례 81 임차인이 경매신청한 경우

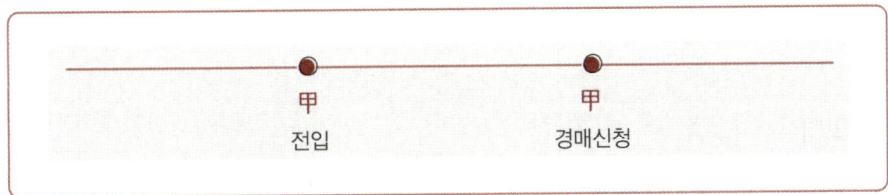

판례에 의하면 임차인이 기간 만료 후 임대인으로부터 임차보증금을 지급받지 못하고 계속 거주 중에, 임대인 상대로 임차보증금으로 소송을 통하여 승소판결을 받으면, 그 집의 점유를 명도하지 않고도 경매신청이 가능하다.

대항요건 및 확정일자를 갖춘 임차인과 소액임차인은 임차주택과 그 대지가 함께 경매될 경우뿐만 아니라 임차주택과 별도로 그 대지만이 경매될 경우에도, 그 대지의 환가대금에 대하여 우선변제권을 행사할 수 있고, 이와 같은 우선변제권은 이른바 법정담보물권의 성격을 갖는 것으로서 임대차 성립 시의 임차목적물인 임차주택 및 대지의 가액을 기초로 임차인을 보호하고자 인정되는 것이므로, 임대차 성립 당시 임대인의 소유였던 대지가 타인에게 양도되어 임차주택과 대지의 소유자가 서로 달라지게 된 경우에도 마찬가지이다(대판 2004다26133).

9. 임차권등기에 대한 권리분석

1) 의의

임차권등기는 임차인이 임대차계약이 종료된 후 보증금을 돌려받지 못한 경우, 임대인의 동의 없이 단독으로 등기할 수 있다. 이는 거주 이전의 자유를 보장하기 위해 주택임대차보호법으로 1999년 3월 1일 제정되었다.

2) 대항력과 우선변제권

임차인이 전세금을 돌려받지 못하고 이전할 경우, 법원에 임차권등기명령신청을 하면 임차된 주택에 살지 않고 주민등록을 옮기더라도 대항력과 우선변제력을 유지할 수 있다.

임차권등기는 임차인에게 대항력과 우선변제권을 유지해주는 담보적 성질을 가지고 있다. 이러한 임차권등기는 경매개시결정등기 전에 설정되기만 하면 된다. 부동산등기사항증명서에 임차권등기를 설정하면 행위 자체를 임대차계약의 종료와 배당요구의 의사표시로 본다.

따라서 부동산경매에서 첫 경매개시결정등기 전까지 설정한 임차인은 별도로 배당요구를 하지 않았다 하더라도 배당을 받을 수 있다.

3) 임차권등기 시점

임차권등기는 등기 시점에 따라 배당요구를 해야 하는 경우도 있다. 경매개시결정등기 전에 이뤄졌다면 배당요구를 할 필요는 없다. 하지만 경매개시결정등기 후에 된 경우에는 임차인은 배당신청을 해야 한다.

임차권의 대항력과 우선변제권은 임차권등기가 완료된 시점이기 때문에 등기사항증명서에 기록되기 전에 전입신고를 옮기거나 이사를 가서는 안 된다.

주택임대차보호법에서는 임차권등기명령에 의하여 임차권등기를 마친 임차인을 보호하기 위하여, 임차권등기가 된 주택에 대하여는 소액임차인의 최우선변제권을 인정하지 않기 때문에 임대차 계약 시 주의를 하여야 한다.

이미 기존 임차인이 대항력과 우선변제권이 있는 상태라면 보증금을 보장받을 수 없기 때문에 소액임차인이라면 더욱 주의를 하여야 한다.

소액임차인은 최우선변제권을 행사할 수는 없고, 확정일자를 갖춘 경우 순위에 따른 우선변제권 행사만 가능할 뿐이다.

4) 임차권등기 신청 절차

임차권등기명령은 임대기간이 종료되었으나 보증금을 회수하지 못하는 상황이면, 임대인의 동의나 승낙을 요하지 않고 임차인 단독으로 신청이 가능하다.

임차권등기명령신청은 임차주택의 소재지를 관할하는 지방법원에 접수하면 된다. 임차권등기명령신청서에는 수입인지, 송달료, 등기촉탁수수료, 등록세, 교육세를 납부해야 한다.

신청서에 이름, 주민등록번호, 주소 등의 인적사항을 기재한 후 임대차계약서 사본, 등기사항증명서, 주민등록초본 등을 첨부서류로 제출하면 된다.

신청취지에는 "별지목록 기재 건물에 주택임차권등기를 명한다."라는 내용을 기재하되, 별지목록 부동산표시에는 건물의 표시만 작성하면 된다.

주택임차권은 건물에만 임차하는 것이므로 대지나 대지권을 따로 적지 않는다.

5) 임차권등기 행사

주택임차권등기명령신청은 법원 접수 후 2주 정도 지나면 건물 등기사항증명서 을구에 기록된다.

이후 임대인이 보증금을 계속 반환하지 않을 시 '임대보증금 반환의 소'를 신청하여 집행권원을 받아두었다가, 부동산 강제경매를 신청하여 배당에 참여할 수도 있다.

다만 임차권등기보다 먼저 설정된 근저당권자 등의 담보권자에 우선하여 배당을 받을 수 없다. 등기 이후 실제 변제 시까지 법정이자를 청구할 수도 있다. 또한 주택의 임차인은 대지 부분만 낙찰되었더라도 배당을 받을 수 있다.

6) 임차권등기 기입 요령
주택임차권 명령에 대한 집행은 법원이 위 효력 발생 후 지체없이 주택소재지 관할등기소에 재판서등본을 첨부하여 주택임차권 기입등기를 촉탁하여야 한다.

순위번호	사항란
8	주택임차권 접수 2021년 3월 31일 제1234567호 원인 2021년 3월 20일 서울중앙지방법원 임차권등기명령(2021카기 1234호) 임차보증금 100,000,000원 범위 건물 중 옥탑(15평) 전부 임대차계약일자 2021년 2월 1일 주민등록일자 2021년 3월 1일 점유개시일자 2021년 3월 1일 확정일자 2021년 3월 1일 임차권자 홍길동(701205 - *******) 경기 안양시 동안구 관평로 123-12

1. 주소지 관할(해당)법원사이트에서 임차권등기명령신청서 양식을 다운받는다. 필요서류를 준비
   - 임차권등기명령신청서 1부, 등기사항증명서 1부, 주민등록등본, 임대차계약증서 사본1부씩 (초기부터 재계약까지), 부동산 목록 5부
2. 신청서 작성
   - 보증금액(계약금액), 차임 : 월세인 경우 표기하고 없으면 안씀
   - 부동산목록 : 부동산등기사항증명서의 부동산 목록을 똑같이 기재함.
3. 신청서 작성 중 날짜 작성 요령
   - 계약일자, 확정일자, 점유일자(주민등록 등본상), 보증금액 등 신청서 내용 기입
   - 계약서와 상관없이 임대인/임차인이 송달자료를 수신할 수 있는 주소로 기입

임차권등기명령의 집행에 의한 임차권등기가 경료된 주택을 임차한 임차인은 최우선변제권이 없다. 즉 임차보증금이 소액보증금에 해당하더라도 소액임차인으로서 보호받지 못한다.

다만 확정일자를 갖춘 경우 순위에 따른 우선변제권 행사만 가능할 뿐이다.

7) 임차권등기 분석 방법

임차권등기는 을구에 등재된다. 다음과 같은 경우 권리분석을 하여 보자.

 사례 82 임차권등기가 근저당권자보다 후순위인 경우   배당교부금 1억5천만 원

【 을 구 】 (소유권이외의 권리에 관한 사항)				
순위번호	등기목적	접수	등기원인	권리자 및 기타사항
1	근저당권설정	2012년8월20일 제37872호	2012년8월18일 설정계약	채권최고액 금120,000,000원 채무자 홍길동 서울특별시 양천구 가로공원로*** 근저당권자 주식회사****은행 서울특별시 종로구 종로**
2	주택임차권	2020년4월27일 제98660호	2020년3월6일 서울남부지방법원의 임차권등기명령 (2020카임12345)	임차보증금 90,000,000원 차 임 없음 범 위 건물 전부 임대차계약일자 2018년1월9일 주민등록일자 2018년2월6일 점유개시일자 2018년2월3일 확정일자 2018년1월17일 임차권자 은하수 901012-******* 서울특별시 양천구 가로공원로 ***, ***호

근저당이 2014년 8월 20일에 먼저 설정된 주택에, 주택임차권이 2020년 4월 27일에 등재되었다. 이후 근저당권자인 은행에서 임의경매를 신청하였다. 이와 같은 경우에 근저당권이 말소기준권리가 된다. 따라서 근저당권자인 은행은 1억2천만 원 배당을 받고 말소된다.

따라서 주택임차권은 근저당권보다 후순위이기 때문에 3천만 원 배당을 받고 말소된다.

다시 말해 주택임차권자는 주택임대차보호법의 근저당설정 당시의 최우선보호금액(서울 7,500만 원 이하 임차인 중 2,500만 원)을 초과하여 소액임차인으로 배당을 받을 수는 없고, 다만 선순위 근저당권자가 배당을 받고 남는 금액이 있다면 임차권자가 순위배당을 받게 된다.

따라서 낙찰자가 인수할 금액은 없다.

사례 83 임차권등기가 근저당권자보다 후순위이지만 대항력을 먼저 갖춘 경우

배당교부금 1억5천만 원

【을 구】	(소유권 이외의 권리에 관한 사항)			
순위번호	등기목적	접수	등기원인	권리자 및 기타사항
1	근저당권설정	2019년8월20일 제37872호	2019년8월18일 설정계약	채권최고액 금120,000,000원 채무자 홍길동 　서울특별시 양천구 가로공원로*** 근저당권자 주식회사****은행 　서울특별시 종로구 종로**
2	주택임차권	2020년4월27일 제98660호	2020년3월6일 서울남부지방법원의 임차권등기명령 (2020카임12345)	임차보증금 90,000,000원 차 임 없음 범 위 건물 전부 임대차계약일자 2018년1월9일

					주민등록일자 2018년2월6일 점유개시일자 2018년2월3일 확정일자 2018년1월17일 임차권자 은하수 901012-******* 　　　서울특별시 양천구 가로공원로*** 　　　***호

위와 같은 경우는 입찰 시 조심을 하여야 한다.

주택임차권은 근저당권자보다 후순위이기 때문에 경매절차에서 말소되나 권리자 및 기타사항에 등재된 일자의 내용을 반드시 확인하여야 한다.

주택임차권자의 등기는 근저당권자보다는 후순위이지만 임대차계약일자 2018년 1월 9일, 주민등록일자 2018년 2월 6일, 점유개시일자 2018년 2월 3일, 확정일자 2018년 1월 17일로 근저당권자 2019년 8월 20일보다 빠르다는 것을 알 수 있다.

따라서 이러한 경우는 일자별로 순위 관계를 확인하여야 한다.

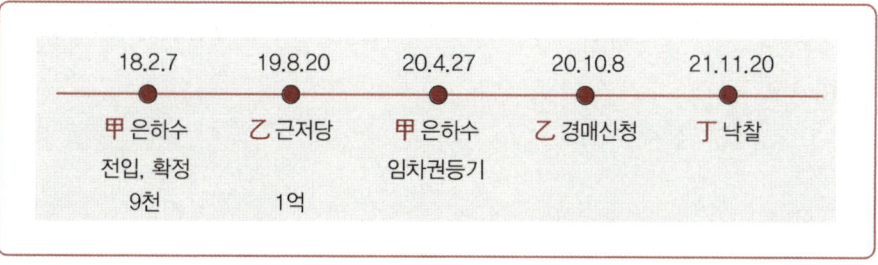

배당교부금이 1억5천만 원이기 때문에 은하수가 입주, 전입 및 확정일자가 은행의 근저당권자보다 빠르기 때문에 9천만 원에 대하여 배당을 받는다. 그리고 은행은 6천만 원을 배당받고 말소된다.

만일 은하수가 받아 놓은 확정일자가 은행보다 늦거나, 받아놓지 않았다면 배당을 받을 수 없다. 이러한 경우 낙찰자는 은하수의 임대보증금 9천만 원 전액을 인수하여야 한다.

또한 만일 임차인이 확정일자는 갖추었으나 배당을 요구하지 않고 임차권등기를 경매개시결정 전에 한 경우가 있을 수 있는데, 이러한 경우는 임차권등기 자체를 배당을 요구한 것으로 보기 때문에 낙찰자는 甲은하수의 임대보증금을 인수하지 않아도 된다.

그러나 임차권등기를 경매개시결정 이후에 하는 경우는 반드시 배당을 요구하여야 한다. 이 경우 임차인이 배당을 요구하지 않으면 낙찰자는 甲은하수의 임대보증금을 인수하여야 한다.

따라서 입찰자는 경매개시결정등기 이후에 임차권등기가 되어 있는 경우는 임차권자가 배당을 요구하였는지 여부를 반드시 확인하고 입찰에 참여하여야 한다.

8) 임차인의 배당에 따른 명도확인서 제출

임차인은 경매절차에서 배당금을 받기 위해서는 부동산을 낙찰자에게 명도하고 낙찰자로부터 명도확인서 및 인감증명서를 받아서 집행법원에 제출하여야 한다.

10. 상가건물임대차에 대한 권리분석

1) 의의

상가건물임대차보호법은 2002년 11월 1일부터 시행하였다.

상가건물에 대한 권리분석은 자세히 하여야 한다. 특히 임차인이 있는지 없는지 확인하여야 한다.

또한 임차인이 말소기준권리 이전에 있는지, 아니면 이후에 있는지 등을 면밀히 체크하여야 한다.

그리고 임차인은 최우선변제금을 받기 위해서는 어떠한 조건을 갖추어야 하는지, 우선변제금을 받기 위해는 어떠한 조건을 갖추어야 하는지 등을 이해하여야 한다.

2) 대항력과 우선변제력

임대차는 그 등기가 없는 경우에도 임차인이 건물의 인도와 부가가치세법, 소득세법, 법인세법의 사업자등록증을 신청한 때에는, 그 다음 날부터 제3자에 대하여 효력이 생긴다. 즉, 건물의 인도 + 사업자등록을 하면 대항력이 생긴다.

또한 최우선변제금을 받기 위해서는 3가지 조건을 충족하여야 한다.

① 권역별로 소액보증금이어아 하고 ② 경매개시결정 전에 건물의 인도와 사업자등록의 요건을 갖추어야 대항력 있고 ③ 배당요구를 배당요구종기일 이전에 하여야 한다.

그리고 우선변제금을 받기 위해는 소액보증금과 상관은 없지만 대항력과 확정일자를 갖추고 배당요구종기일 이전에 배당을 요구하여야 한다.

상가건물은 월세로 임대할 경우 환산보증금을 산정하여 계산하여야 한다.

> 환산보증금 = 보증금 + (월세×100)

상가건물임대차보호법은 보증금상당액이 일정 금액 이하인 상가건물의 임대차에 대하여만 적용한다.

보증금 상당액은 『보증금 + 월세(부가세 포함)×100』으로 계산한다.

예를 들면, 보증금이 1억 원이고 월세가 100만 원인 상가건물의 보증금 상당액은 2억 원이다.

적용 산식은 (2억원=1억원+100만원×100)이다.

2022년 1월 31일, 서울에 있는 상가건물을 임차하였을 경우 임대보증금이 9억 원을 초과하면 전혀 보호를 받을 수 없다. 따라서 이러한 경우는 전세권을 설정하여 보호를 받는 것이 중요하다.

그리고 상가건물을 월세로 임차한 경우 환산보증금액이 6500만 원을 초과하면 안 된다.

가령 3000만원+(40만원×100) = 7000만 원인 경우는 최우선변제금을 받을 수 없다.

판례에 의하면 상가건물의 임차인이 임대차보증금 반환채권에 대하여 상가건물 임대차보호법 제3조 제1항 소정의 대항력 또는 같은 법 제5조 제2항 소정의 우선변제권을 가지려면 임대차의 목적인 상가건물의 인도 및 부가가치세법 등에 의한 사업자등록을 구비하고, 관할세무서장으로부터 확정일자를 받아야 하며, 그 중 사업자등록은 대항력 또는 우선변제권의 취득요건일 뿐만 아니라 존속요건이기도 하므로, 배당요구의 종기까지 존속하고 있어야 한다.

또한 상가건물을 임차하고 사업자등록을 마친 사업자가 임차건물의 전대차 등으로 당해 사업을 개시하지 않거나 사실상 폐업한 경우에는 그 사업자등록은 부가가치세법 및 상가건물임대차보호법이 상가임대차의 공시방법으로 요구하는 적법한 사업자등록이라고 볼 수 없고, 이 경우 임차인이 상가건물 임대차보호법상의 대항력 및 우선변제권을 유지하기 위해서는 건물을 직접 점유하면서 사업을 운영하는 전차인이 그 명의로 사업자등록을 하여야 한다(대판 2005다64002).

3) 임차권등기명령 제도

임대차 종료 후 보증금을 반환받지 못한 임차인은 임차건물의 소재지를 관할하는 지방법원, 지원, 시·군 법원에 주택임대차보호법과 같이 임대인의 동의 없이 임차권등기명령을 신청할 수 있다. 임차인의 권리를 보호하기 위한 제도의 하나로서 임대차가 종료된 후 보증금을 반환받지 못한 임차인이 임차주택, 임차건물의 소재지를 관할하는 지방법원·지방법원지원 또는 시·군 법원에 신청하여 촉탁등기가 완료되면 대항요건을 유지한 채 주거이전을 보장하기 위한 제도를 말한다(주택임대차보호법 제3조의 3, 상가건물임대차보호법 제6조).

임차권등기명령의 신청을 할 때에는 신청의 취지 및 이유, 임대차의 목적인 주택이나 건물(임대차의 목적이 주택이나 건물의 일부분인 경우에는 그 도면을 첨부), 임차권등기의 원인이 된 사실 등을 기재하여야 하며, 신청의 이유 및 임차권등기의 원인이 된 사실은 이를 소명하여야 한다.

● 상가임대차 보증금 범위 및 최우선변제를 받는 소액보증금 중 일정액의 범위

적용일자	구 분	서울특별시	수도권중 과밀억제권역	광역시 (군, 인천제외)	기타지역
2002.11.1 이후	보호대상	2억4천만원	1억9천만원	1억5천만원	1억4천만원
	소액보증금	4,500만원	3,900만원	3,000만원	2,500만원
	최우선변제	1,350만원	1,170만원	900만원	750만원
2008.8.21. 이후	보호대상	2억6천만원	2억1천만원	1억5천만원	1억5천만원
	소액보증금	4,500만원	3,900만원	3,000만원	2,500만원
	최우선변제	1,350만원	1,170만원	900만원	750만원
	환산보증금	보증금+(월세×100)=보호대상의 판단기준(환산보증금)			

적용일자	구 분	서울특별시	수도권중 과밀억제권역	광역시 (군제외, 인천포함), 경기, 안산, 용인, 김포, 광주	기타지역
2010.7.26. 이후	보호대상	3억원	2억5천만원	1억8천만원	1억5천만원
	소액보증금	5,000만원	4,500만원	3,000만원	2,500만원
	최우선변제	1,500만원	1,350만원	900만원	750만원
2014.1.1. 이후	보호대상	4억원	3억원	2억4천만원	1억8천만원
	소액보증금	6,500만원	5,500만원	3,800만원	3천만원
	최우선변제	2,200만원	1,900만원	1,300만원	1천만원

적용일자	구 분	서울특별시	수도권중 과밀억제권역 및부산광역시	광역시, 세종, 경기파주, 화성, 안산, 용인, 김포, 광주(과밀억제권역, 군지역, 부산제외)	기타지역
2018.1.26. 이후	보호대상	6억1천만원	5억원	3억9천만원	2억7천만원
	소액보증금	6,500만원	5,500만원	3,800만원	3,000만원
	최우선변제	2,200만원	1,900만원	1,300만원	1,000만원
2019.4.17. 이후	보호대상	9억원	6억9천만원	5억4천만원	3억7천만원
	소액보증금	6,500만원	5,500만원	3,800만원	3,000만원
	최우선변제	2,200만원	1,900만원	1,300만원	1,000만원

상가는 환산보증금【보증금+(월세×100)】으로 보호대상의 적용을 하여 판단한다.

4) 상가건물임대차 사례

상가건물임대차보호법이 2002년 11월 1일부터 시행되었다. 따라서 이 날짜를 전후하여 권리분석을 하여 보자.

사례 84 2002년 11월 1일 이전에 근저당이 설정되었을 경우   배당교부금 8500만원

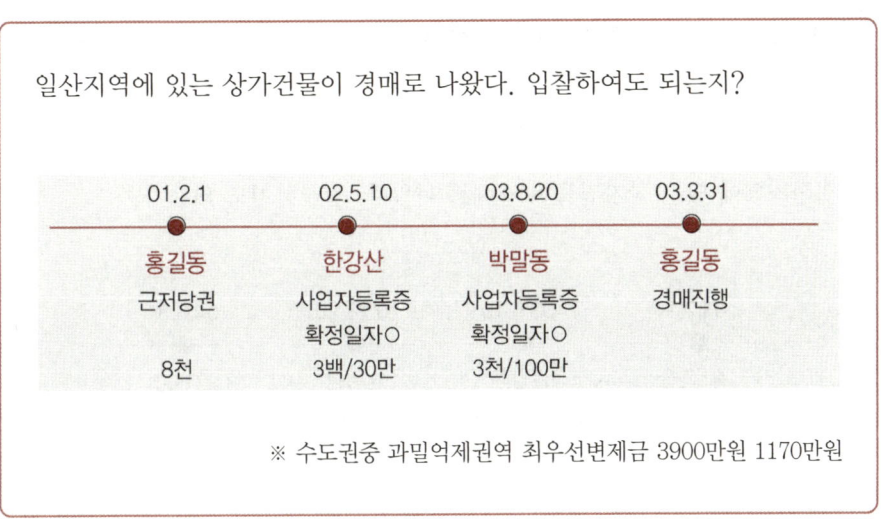

홍길동은 상가건물임대차보호법이 시행되기 전에 근저당권을 설정하였다. 따라서 임차인들은 근저당권자인 홍길동이의 권리를 침해할 수 없고 또한 근저당권이 말소기준이기 때문에 대항력도 없어 낙찰자는 부담이 없다.

배당금은 근저당권자인 홍길동이 우선 먼저 8천만 원 배당을 받는다. 잔여금액 500만 원은 임차인 한강산이 환산보증금이 3300만 원이더라도 보증금 300만 원을 최우선적으로 배당받고, 박말동은 환산보증금이 13000만 원으로 최우선변제금을 받을 수 없고 확정일자 순위에 따라 200만 원만 배당을 받는다.

배당 순위
- 1순위 : 홍길동 근저당권 8000만원
- 2순위 : 한강산 임차인 300만원
- 3순위 : 박말동 200만원

사례 85 2002년 11월 1일 이후에 근저당이 설정되었을 경우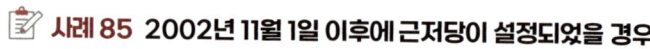

일산지역에 있는 상가건물이 경매로 나왔다. 입찰하여도 되는가?

03.2.1	03.5.10	03.8.20	04.3.31
홍길동	한강산	박말동	홍길동
근저당권	사업자등록증	사업자등록증	경매진행
	확정일자 ×	확정일자 ○	
8천	3백/30만	3천/100만	

※ 수도권 중 과밀억제권역 최우선변제금 3900만원 1170만원

홍길동은 상가건물임대차보호법이 시행 후에 근저당권을 설정하였다. 따라서 임차인 한강산은 환산보증금 3300만 원에 해당되어 최우선적으로 1170만 원을 배당받는다.

만일 확정일자까지도 있었다면 순위배당에 참여할 수 있으나, 확정일자를 받아 놓지 않아 우선변제금에 대한 배당은 못 받는다.

다시 말해, 한강산은 말소기준권리 이후에 대항 요건을 갖추었기 때문에 소액

보증금에 해당되어 최우선변제를 받을 수는 있었으나 대항력은 없다.

임차인 한강산 다음으로 근저당권자인 홍길동이 우선 8천만 원 배당을 받는다. 그러나 박말동은 환산보증금이 13000만 원으로 최우선변제금을 받을 수 없고 확정일자 순위에 따라 잔여금액 830만 원 배당을 받는다.

배당 순위
- 1순위 : 한강산 임차인 1170만원
- 2순위 : 홍길동 근저당권 8천만원
- 3순위 : 박말동 830만원

11. 유치권에 대한 권리분석

1) 의의
타인의 물건이나 유가증권을 점유한 자가 그 물건이나 유가증권에 관하여 생긴 채권이 변제기에 있는 경우에, 그 채권을 변제받을 때까지 그 물건이나 유가증권을 유치할 수 있는 권리이다(민법 제320조 제1항).

2) 법적 성질
유치권은 법정담보물권으로 법률상 요건에 부합하면 당사자 간의 합의도 필요 없이 성립한다. 등기도 되지 않는다. 그리고 유치권자는 채권의 변제를 받기 위하여 유치물을 경매할 수 있다. 또한 정당한 이유 있는 때에는 유치권자는 감정인의 평가에 의하여 유치물로 직접 변제에 충당할 것을 법원에 청구할 수 있다(민법 제322조).

그러나 판례에 의하면 민사소송법 제728조에 의하여 담보권의 실행을 위한 경매절차에 준용되는 같은 법 제608조 제3항은, 경락인은 유치권자에게 그 유치권으로 담보하는 채권을 변제할 책임이 있다고 규정하고 있는바, 여기에서 '변제할 책임이 있다'는 의미는 부동산상의 부담을 승계한다는 취지로서 인적 채무까지 인수한다는 취지는 아니므로, 유치권자는 경락인에 대하여 그 피담보채권의 변제가 있을 때까지 유치목적물인 부동산의 인도를 거절할 수 있을 뿐이고, 그 피담보채권의 변제를 청구할 수는 없다(대판 95다 8713).

3) 성립요건
유치권이 성립하려면 목적물이 다음의 요건을 충족하여야 한다.

첫째, 타인의 물건 또는 유가증권이어야 한다.

유치권이 성립하기 위해서는 타인의 소유이어야지 자신의 물건에 대한 유치권은 성립하지 않는다.

둘째, 피담보채권이 목적물과 견련관계가 있어야 한다.

견련성이란, 유치권의 성립요건은 유치대상이 된 물건 그 자체에만 행사할 수 있다는 것을 의미한다.

가령, 甲이라는 사람이 乙에게 컴퓨터 수선을 맡기고 대금을 주지 않았다. 이 경우 수선대금을 못 받은 乙은 컴퓨터를 주지 않아도 문제가 되지 않는다. 이후에 甲은 먼저의 컴퓨터 대금은 지불하지 않은 채, 핸드폰의 수리를 맡기면서 핸드폰의 수선대금만 지불했다. 이런 경우 乙은 컴퓨터의 수리비까지 요구하면서 핸드폰을 주지 않겠다고 주장할 수는 없다는 것이다.

유치권은 채권과 물건 간에 관련이 있어야 성립한다. 따라서 유치권은 채권이 먼저 발생하고, 후에 경매절차에서 개시결정등기 전에만 점유를 하면 성립한다.

예를 들면 건축업자가 건물을 완성 후 건축주에게 인도한 후 공사대금을 못 받은 경우, 공사대금을 확보하기 위하여 일정 부분 점유하는 경우가 있는데, 경매절차에서 개시결정등기 전에만 점유를 하면 유치권은 성립한다.

다만, 물건의 점유와 채권의 관련은 유치권이 성립하지 않는다.

예를 들면 건물의 임대차에 있어서 임차인의 임대인에게 지급한 임차보증금반환채권 또는 임대인이 건물시설을 아니하기 때문에 임차인에게 건물을 임차목적대로 사용 못한 것을 이유로 하는 손해배상채권은 모두 민법 제320조 소정 소위 그 건물에 관하여 생긴 채권이라 할 수 없어 유치권을 행사할 수 없다(대판 75다1305).

단 임차목적물에 대하여 임차인이 지불한 필요비 및 유익비는 임대인이 지급을 해 주어야 하는데, 이러한 경우는 물건에 관하여 생긴 것으로 보아 유치권이 인정된다.

필요비 및 유익비는 공익비용으로 배당 시 가장 먼저 배당을 받을 수 있으나, 경매절차에서 제3취득자가 배당을 요구하지 않거나, 배당을 받지 못하였을 경우에는 낙찰자를 상대로 유치권을 주장하여 변제를 받을 수 있다.

셋째, 채권이 변제기에 있어야 한다.
채권은 이행기가 도래되어야 한다. 채권이 성립되었더라도 이행기가 도래되지 아니하면 설령 점유를 하였더라도 유치권은 성립되지 않는다.

넷째, 유치권자가 목적물을 경매개시결정 전까지 점유하고 있어야 한다.
유치권자가 유치권을 행사하기 위해서는 반드시 경매개시결정 전까지 점유를 하고 있어야 한다. 만일 유치권자가 점유를 상실하면 소멸한다(민법 제328조). 판례에 의하면 점유라고 함은 물건이 사회통념상 그 사람의 사실적 지배에 속한다고 보여지는 객관적 관계에 있는 것을 말하고, 사실상의 지배가 있다고 하기 위하여는 반드시 물건을 물리적, 현실적으로 지배하는 것만을 의미하는 것이 아니고 물건과 사람과의 시간적, 공간적 관계와 본권관계, 타인지배의 배제가능성 등을 고려하여 사회관념에 따라 합목적적으로 판단하여야 한다.

또한 공장 신축공사 공사잔대금채권에 기한 공장 건물의 유치권자가 공장 건물의 소유 회사가 부도가 난 다음에 그 공장에 직원을 보내 그 정문 등에 유치권자가 공장을 유치·점유한다는 안내문을 게시하고 경비용역회사와 경비용역계약을 체결하여 용역경비원으로 하여금 주야 교대로 2인씩 그 공장에 대한 경비·수호를 하도록 하는 한편 공장의 건물 등에 자물쇠를 채우고 공장 출입구 정면에 대형 컨테이너로 가로막아 차량은 물론 사람들의 공장 출입을 통제하기 시작하고, 그 공장이 경락된 다음에도 유치권자의 직원 10여 명을 보내 그 공장 주변을 경비·수호하고 있었다면, 유치권자가 그 공장을 점유하고 있었다고 볼 여지가 충분하다(대판 95다 8713).

그러나 甲회사가 부동산의 일부 위에 컨테이너를 설치하고 유치권 행사 관련 현수막을 게시한 사실은 인정되나 이후 위 각 부동산의 분양을 위하여 유치권 행사 관련 현수막 등을 철거하였다가 임의경매절차 개시 이후에 다시 현수막과 컨테이너 등을 설치한 것은 유치권이 인정되지 않는다(전주지방법원 2019가합 288).

그리고 점유는 직접점유든 간접점유든 상관이 없으나, 직접점유자가 채무자인 경우는 점유에 해당하지 않는다(대판 2007다 27236). 따라서 타인의 소유이어야지, 자신의 물건에 대한 유치권은 성립하지 않는다.

점유에 있어서 당연히 불법점유는 성립되지 않는다. 판례에 의하면, 부동산을 점유 사용하게 하고 있다가 아무 조건 없이 위 부동산을 명도해 주기로 약정하였다면, 이는 유치권자가 유치권을 포기한 것이라고 할 것이므로 그 약정된 명도 기일 이후의 점유는 불법점유이다(대판 80다 1174).

또한 건물철거는 그 소유권의 종국적 처분에 해당하는 사실행위이므로, 원칙으로는 그 소유자에게만 그 철거처분권이 있으나 미등기건물을 그 소유권의 원시취득자로부터 양도받아 점유 중에 있는 자는 비록 소유권취득등기를 하지 못하였다고 하더라도, 그 권리의 범위 내에서는 점유 중인 건물을 법률상 또는 사실상 처분할 수 있는 지위에 있으므로, 그 건물의 존재로 불법점유를 당하고 있는 토지소유자는 위와 같은 건물점유자에게 그 철거를 구할 수 있다. 그리고 건물점유자가 건물의 원시취득자에게 그 건물에 관한 유치권이 있다고 하더라도 그 건물의 존재와 점유가 토지소유자에게 불법행위가 되고 있다면 그 유치권으로 토지소유자에게 대항할 수 없다(대판 87다카 3073).

이와 같이 불법점유가 있으면 낙찰자가 대출을 받기가 쉽지 않기 때문에 조심스럽게 접근하여야 한다.

다섯째, 당사자 사이에 유치권의 발생을 배제하는 특약이 없어야 한다.
다시 말해 당사자 사이에 유치권을 행사하지 않기로 합의가 되어 있었다면, 유치권을 주장하여도 성립하지 않는다.

4) 유치권이 성립 or 불성립 사례
① 견련성이 인정되는 경우
다세대주택의 창호 등의 공사를 완성한 하수급인이 채무자인 수급인의 소유가 아니더라도 견련성이 인정되는 경우, 공사대금채권 잔액을 변제받기 위하여 위 다세대주택 중 한 세대를 점유한 경우 유치권이 인정된다(대판 2005다16942).

② 공사대금 채권자에게 점유를 이전한 경우
채무자 소유의 건물 등 부동산에 강제경매개시결정의 기입등기가 경료되어 압류의 효력이 발생한 이후에 채무자가 위 부동산에 관한 공사대금 채권자에게 그 점유를 이전함으로써 그로 하여금 유치권을 취득하게 한 경우, 그와 같은 점유의 이전은 목적물의 교환가치를 감소시킬 우려가 있는 처분행위에 해당하여 민사집행법 제92조 제1항, 제83조 제4항에 따른 압류의 처분금지효에 저촉되므로 점유자로서는 위 유치권을 내세워 그 부동산에 관한 경매절차의 매수인에게 대항할 수 없다(대판 2005다 22688).

③ 유치권자가 임대보증금을 수령한 경우
유치권자는 채무자의 승낙 없이 유치물의 사용, 대여 또는 담보제공을 하지 못한다. 그러나 유치물의 보존에 필요한 사용은 그러하지 아니하다(민법 제324조 2항).
판례에 의하면 유치권의 성립요건인 유치권자의 점유는 직접점유든 간접점유든 관계없지만, 유치권자는 채무자의 승낙이 없는 이상 그 목적물을 타에 임대할 수 있는 처분권한이 없으므로(민법 제324조 제2항), 유치권자의 그러한 임대행위는 소유자의 처분권한을 침해하는 것으로서 소유자에게 그 임대의 효력을 주장할 수 없고, 따라서 소유자의 동의 없이 유치권자로부터 유치권의 목적물을 임차한 자의 점유는 경락인에게 대항할 수 있는 권원에 해당되지 않는다(대판 2002마 3516).

따라서 유치권자가 유치권 행사 중 소유자가 유치권자의 동의를 얻어서 임대를 할 수 있으나, 그 임대보증금을 유치권자가 수령한 경우에 유치권은 성립하지 않는다.

④ 가장 유치권자가 있는 경우

낙찰자가 매각대금을 납부하면 유치권자를 대상으로 인도명령을 신청할 수 있다. 이때 법원에서는 유치권자를 심문한다.

만일 가장유치권자임을 밝히기 위해서는 입증할 증거를 확보하여야 한다. 그리고 잔금납부 시에 '명도소송'과 '유치권부존재확인의 소'를 제기한다.

또한 허위계약서를 가지고 공사를 하였다고 주장을 한 경우는, 사문서위조죄 등 형사 책임을 물을 수도 있다.

⑤ 건물 부속물의 경우

방과 부엌 복도의 칸막이와 다다미 등은 건물의 부속물로 보아야 할 것이고, 부속물 설치에 소요된 공사비 채권은 건물에 관하여 생긴 채권이 아니므로 이에 기하여 건물을 유치할 수 없다(서울고법 72나2595).

⑥ 음식점 경영에 필요한 시설 비용의 경우

음식점 경영에 필요한 시설을 하기 위하여 지출한 비용은 임대인이 상환의무를 지는 유익비 또는 필요비에 해당하지 않는다(대구고법 79나1082). 따라서 유치권이 성립되지 않는다.

⑦ 음식점을 경영하기 위하여 부착시킨 간판 설치비의 경우
유익비란 임차인이 임차물의 객관적 가치를 증가시키기 위하여 투입한 비용을 말하는 것이므로, 임차인이 임차건물 부분에서 간이음식점을 경영하기 위하여 부착시킨 시설물에 불과한 간판은 건물 부분의 객관적 가치를 증가시키기 위한 것이라고 보기 어려울 뿐만 아니라, 그로 인한 가액의 증가가 현존하는 것도 아니어서 그 간판 설치비를 유익비라 할 수 없다(대판 94다20389). 따라서 유치권이 성립하지 않는다.

⑧ 새로운 유익비 지출의 경우
유치권자의 점유하에 있는 유치물의 소유자가 변동하더라도 유치권자의 점유는 유치물에 대한 보존행위로서 하는 것이므로 적법하고, 그 소유자변동 후 유치권자가 유치물에 관하여 새로이 유익비를 지급하여 그 가격의 증가가 현존하는 경우에는, 이 유익비에 대하여도 유치권을 행사할 수 있다(대판 71다2414).

⑨ 임차인이 진행한 인테리어, 장판, 도배, 소규모 개보수공사, 발코니 확장공사, 벽을 허물고 방을 넓히는 공사 등은 유치권으로 인정되지 않는다.

5) 유치권이 있는 건물에 경매 참여시 대응 방안
경매물건 입찰 시에 유치권자가 배당요구종기까지 신고가 들어온 물건이 있다면 가급적 입찰을 피하는 것이 좋겠지만, 꼭 입찰을 해야 한다면 유치권을 포함한 입찰가격으로 산정을 하여야 한다.

또한 유치권자가 진성 유치권자인지, 가장 유치권자인지를 가려서 그 유치권 신고 시기에 따라 대응방법도 달리 하여야 한다.

첫째로 유치권은 반드시 권리신고를 하지 않아도 인정된다. 따라서 입찰자는 매수신고 전에 유치권의 실체 여부를 판단하기 위하여 임장활동을 통하여 다음 항목을 확인하여야 한다.
① 부동산이 누구의 소유인지
② 해당 물건과 채권의 견련성은 있는지
③ 변제기는 도래가 되었는지
④ 소멸시효는 유효한지
⑤ 필요비 및 유익비 등의 여부
⑥ 점유 관계 사실 여부
⑦ 유치권 배제 특약은 있는지 등
유치권 성립요건에 해당 여부를 확인하고 입찰에 참여하여야 한다.

둘째로 매각허가 결정 전 유치권이 진성 유치권으로 확인되었고 신고가 되었다면 매각허가에 대해 '매각불허가' 신청을 할 수 있다.
판례에 의하면 부동산 임의경매절차에서 매수신고인이 당해 부동산에 관하여 유치권이 존재하지 않는 것으로 알고 매수신청을 하여 이미 최고가매수신고인으로 정하여졌음에도, 그 이후 매각결정기일까지 사이에 유치권의 신고가 있을 뿐만 아니라 그 유치권이 성립될 여지가 없음이 명백하지 아니한 경우, 집행법원으로서는 장차 매수신고인이 인수할 매각부동산에 관한 권리의 부담이 현저히 증가하여 민사집행법 제121조 제6호가 규정하는 이의 사유가 발생한 것으로 보아 이해관계인의 이의 또는 직권으로 매각을 허가하지 아니하는 결정을 하는 것이 상당하다(대판 2007마 128).

셋째로 매각불허가 사실이 매각허가 결정 확정 후 대금 지급 전에 밝혀진 경우에는, 매수인이 매각대금을 낼 때까지 '매각허가결정 취소'신청을 할 수 있다.

넷째로 대금 지급 후 유치권이 밝혀진 경우에는, 경매로 인한 매매계약을 해제하고 대금 반환 또는 부당이득 반환청구를 할 수 있다.
그러나 상기와 같이 할 수 있음에도 유치권이 신고된 물건을 낙찰받았다면, 명도를 위하여 다음과 같은 방법으로 대응을 하면 된다.
우선 인도명령 제도를 활용하는 경우를 생각하여 볼 수 있다.
가령 건물에 가장 임차인이 점유하고 있는 경우가 있는데, 유치권자가 매수인에게 대항할 수 있는 권원도 없이 점유하고 있는 제3자로 보기 때문에 인도명령제도를 활용한다.
다음으로 가장 유치권자인 경우, 이를 피고로 하여 명도소송을 신청할 수 있는데, 이는 소유권에 기한 명도 청구권을 행사할 수 있다. 만일 피고가 유치권을 인정받으려 유치권의 존재와 범위를 피고 자신이 입증하여야 한다.
만일 가장 유치권으로 판단이 되면 경매입찰방해죄 등 형사적으로 고소를 할 수 있다.

사례 86 유치권행사에 대한 인정여부

● 상황

건축주인 甲(도급인)이 乙(수급인)과 도급계약을 체결하고, 다시 乙과 丙(하수급인)이 하도급계약을 체결하고 공사를 진행하였다. 甲은 5층 건물을 발주하였고, 乙은 2층까지만 공사를 한 상태에서 부도가 발생하였고, 이때 甲은 乙에게 2층까지 공사대금은 모두 지급하였다.

그런데 乙이 하수급인 丙에게 하도급대금을 지급하지 않자, 하수급인인 丙이 건물을 점유하면서 유치권을 행사하고 있다. 이 경우 丙의 유치권 행사는 정당한가?

하도급거래의 계약에서 보증보험증권 미발행 시 또는 부도 시 하수급인은 발주자에 직불청구가 가능하다.

만일 건축주인 甲이 수급인 乙에게 공사대금 대부분을 지급하였다면 丙은 유치권 행사가 가능하다.

그러나 건축주인 甲이 수급인 乙에게 공사대금 대부분을 지급하지 않았다면 丙은 유치권을 행사할 수 없다.

◉ 해결 방안

유치권이 성립하기 위하여는 법정 성립요건을 갖추어야 한다. 만일 성립요건을 갖추지 아니하면 유치권을 행사할 수 없다.

유치권 성립요건은 ① 물건과 채권과의 사이에 견련관계가 있을 것, ② 유치권자가 타인의 물건이나 유가증권을 점유하고 있을 것, ③ 점유가 불법이 아닐 것, ④ 채권이 변제기에 있을 것, ⑤ 당사자 사이에 유치권 배제의 특약이 없을 것 등의 조건을 갖추어야 한다.

유치권은 법에서 정하고 있는 요건을 갖추면 당연히 성립하는 법정담보물권이다(민법 제320조). 다만 당사자가 유치권의 발생을 배제하는 특약을 한 경우에 그 특약은 유효하다.

위 사안에서 하도급대금은 당연히 견련관계가 있는 것이고, 丙이 점유하고 있고, 점유도 불법이 아니고, 당사자 사이에 유치권 배제 특약도 없다면 丙은 유치권을 정당하게 취득한다.

판례는 하수급공사대금 채권을 가지고 유치권을 행사하는 것을 인정하고 있다(대판 2011다44788, 대판 2012다18588).

위와 같은 억울한 일을 만들지 않기 위해서는 건축주는 도급계약 시에 유치권 배제 특약을 하는 것이다.

그리고 별도로 하수급인과도 유치권배제 특약을 하여야 하는지에 대해서는 당연히 별도로 하수급인과도 유치권 배제 특약을 하면 효력이 있는 것이고, 만일 별도로 하지 못하였다고 하더라도 하수급인이 도급인과 수급인 사이에 체결된 유치권배제 도급계약에 대해서 이의를 제기하지 않은 이상 유치권을 주장할 수 없다고 보아야 한다(대판 89다카11401).

또한 아직 건축주가 공사대금을 대부분 주지 않았다면 그 중단된 2층 건물은 수급인인 乙이 원시취득하는 것이다. 따라서 건축주인 甲은 도급계약을 해제하고 乙을 상대로는 건물철거 및 토지인도와 토지사용료 청구를, 丙을 상대로는 퇴거청구를 할 수도 있을 것이며, 이 경우에 하수급인인 丙은 토지에 대한 채권은 없으므로 건물에 대한 유치권을 가지고 토지소유자에게 대항할 수 없다(대판 87다카3073).

● 낙찰자의 대응 방안

이러한 물건에 대하여 입찰하고자 하는 입찰자는 사전에 유치권 성립 여부와 공사대금 지급 여부를 파악하는 게 중요하다.

하도급대금은 당연히 견련관계가 있고, 丙이 점유하고 있고, 점유도 불법이 아니고, 당사자 사이에 유치권 배제 특약도 없다면 丙은 유치권을 정당하게 취득한다.

그러나 만일 건축주인 甲이 수급인 乙에게 공사대금 대부분을 지급하지 않았다면 丙은 유치권을 행사할 수 없다.

따라서 입찰자는 이러한 관계를 자세히 파악하여 불법 유치권자를 배제시킬 수만 있다면 많은 수익을 기대할 수 있다.

사례 87 건물 신축공사와 관련하여 대지에 대한 유치권 성립 여부

◯ 상황

甲(수급인)회사가 乙(도급인)로부터 오피스텔 신축공사를 수급한 후 丙(하수급인)회사에 그 중 토목공사 및 흙막이 공사를 하도급하였다.

이에 丙이 토지를 지표면으로부터 14m 깊이까지 굴착한 뒤, 흙막이 벽체를 설치하고 굴착된 부분의 벽면 부위를 지탱하기 위한 철골구조물을 설치한 상태에서 자금경색으로 하도급공사가 중단되었다. 그러자 丙은 공사 현장에 유치권을 행사하였다.

그리고 甲은 집행권원을 획득하여 토지에 대하여 강제경매를 진행하였는데, 김행수가 신축건물에 입찰에 참여하여 낙찰을 받았다. 이러한 경우 낙찰받은 김행수는 丙의 유치권 행사를 배제시킬 수 있는가?

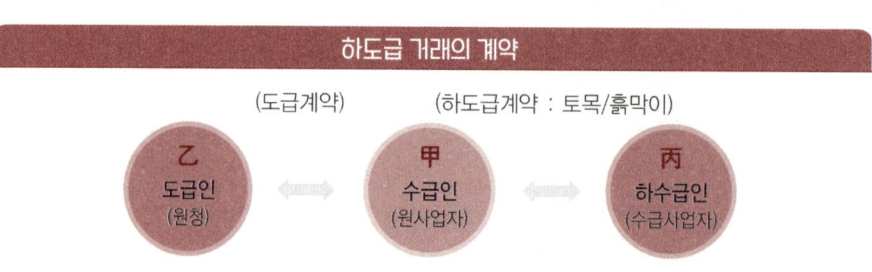

◯ 해결 방안

통상적으로 유치권의 성립은 피담보채권이 그 물건에 관하여 생긴 것이어야 한다. 건물 신축공사를 한 수급인이 공사대금채권이나 공사계약에 관한 손해배상채권을 가지면서 건물을 점유하고 있다면, 건물에 대하여 유치권이 성립할 수 있으나, 공사대금채권 등을 피담보채권으로 가지는 유치권이 건물의 대지에도 미치는지가 문제가 되는데, 공사대금채권 등을 피담보채권으로 가지는 유치권은 건물의 대지에는 미치지 않는 것이 원칙이다.

판례에 의하면 해당 하도급공사는, 지하층을 건설하는 건물 신축공사에 통상적으로 따르는 정지공사로서 오피스텔 신축을 위한 초기공사에 불과하고, 토지를 건물 신축에 적합한 용도로 유지하기 위한 공사가 아니므로 토지에 대한 공사의 성질을 지닌다고 볼 수는 없고, 따라서 공사대금채권이 토지에 관하여 생긴 채권으로 볼 수 없고, 토지에 대한 유치권을 행사할 수는 없다고 판단하였다(대판 2013다2474).

하지만 토지의 공부상 지목이 과수원, 전, 하천으로 구성된 일단의 토지로서 그 지목이 잡다하고, 장차 지목을 대지로 변경하더라도 지반침하 등으로 인한 건물 붕괴를 막기 위한 지반보강공사 없이는 건물을 건축하기에 부적합하였던 상황에서, 토지의 소유자이던 건설회사가 건물 신축을 시행하기에 앞서 丁회사와 토목공사 부분 도급계약을 체결하였고, 그 계약에 따라 시행한 하도급공사의 내용은 아파트가 들어설 단지를 조성하되 장차 지반침하로 인한 건물 붕괴를 막기 위하여 콘크리트 기초파일을 시공한 사례에서, 대법원은 해당 토목공사는 토지를 아파트 단지로 조성하기 위한 콘크리트 기초파일공사로 볼 여지가 있고, 이러한 경우에는 토목공사를 토지에 관한 공사로 볼 수 있으며 그 공사대금채권은 토지에 관하여 발생한 채권으로서 위 각 토지와의 견련성이 인정된다고 하여 유치권이 성립될 수 있다고 판단하였다(대판 2007다60530).

● 낙찰자의 대응 방안

입찰자는 대지에 대한 유치권 인정 여부는 상기 판례에서 경우에 따라 판단하고 있기 때문에 잘 이해하고 대응을 하여야 할 것으로 보인다.

12. 근저당권에 대한 권리분석

1) 의의

장래의 계속적인 거래관계로부터 발생하는 다수의 불특정 채권에 대하여 이를 확정시키지 않고 일정한 한도까지 담보할 채무의 최고액만을 정하는 것이다. 따라서 근저당권은 등기사항증명서에 등기된 채권최고액과 실제 채권액이 다를 수 있고, 실제 채권액이 얼마인지 알려면 근저당권자에게 확인하여 보는 방법이 가장 좋다.

근저당권은 보통 판매금액의 120%를 채권최고액으로 등기해 두는 것이 일반적이다.

2) 특징

근저당권은 장래의 증감·변동하는 불특정의 채권을 담보하는 점에서 현재 또는 장래의 특정의 채권을 담보하는 일반 저당권과 다르다.

저당권은 부종성이 강하지만 근저당권은 부종성이 완화되어 있다. 따라서 피담보채권이 확정되기 전에 피담보채권이 일시적으로 소멸하더라도 근저당권은 소멸하지 않는다.

3) 성립

근저당권은 근저당설정의 합의와 등기에 의하여 성립한다(민법 제186조). 근저당권을 설정 시 합의된 채권최고액을 반드시 등기하여야 한다.

4) 효력

근저당권은 소유자가 동일시 부동산의 부합물이나 종물에까지 영향을 미친다 (**예** 주물 : 주유소 토지와 건물, 종물 : 주유기, 부합물 : 지하기름탱크).

등기예규에 의하면 근저당권이 설정된 건물을 증축하여 그 부분을 별개 독립한 건물로 보존등기를 하지 않고, 기존건물에 건물표시변경등기 형식으로 증축등기를 하였다면, 다른 특별한 규정이나 약정이 없는 한 저당권의 효력은 증축 부분에 미친다(1994. 2. 1. 등기 3402-71).

판례에 의하면 근저당권자가 경매를 신청하면 피담보채권은 확정된다. 근저당권이 확정되면 그 이후에 발생하는 원금채권은 그 근저당권에 의하여 담보되지 않으나(대판 87다카545), 확정 전에 발생한 원본채권에 관하여 확정 후에 발생하는 이자나 지연손해금 채권은 채권최고범위 내에서 근저당권에 의하여 여전히 담보된다(대판 2005다38300).

그리고 이후부터 근저당권은 부종성을 가지게 되어 보통의 저당권과 같은 취급을 받게 된다(대판 97다25521). 따라서 피담보채권이 확정된 때 담보할 채권이 없거나, 채권이 있더라도 변제로 소멸한 경우에는 근저당권이 소멸한다. 그리고 후순위 근저당권자가 경매를 신청한 경우 선순위 근저당권자의 피담보채권의 확정 시기는 매수인이 대금을 완납한 때이다(대판 87다카545).

5) 말소기준권리

부동산의 등기사항증명서에 최선순위로 근저당권이 설정되어 있다면 그 후의 모든 권리는 경매로 말소되는 것이 원칙이다.

부동산 등기사항증명서상에 최선순위에 근저당권이 설정되어 있으나 실제 채무가 없다면, 이는 효력이 없는 형식상의 근저당권이 되어 낙찰자가 낭패 보는 경우가 간혹 있다.

판례에 의하면 근저당권이 설정되어 있으나 근저당권에 기한 피담보채권액이 없다면, 이 근저당권은 형식상의 근저당권으로서 있으나 마나 한 근저당권이 되고, 비록 가처분등기가 근저당권 설정 이후에 등기되어 경매절차상 말소되었다 하더라도 최선순위 근저당권이 효력이 없다면, 이때 말소기준권리는 강제경매신청등기가 되어 이 등기보다 먼저 등기된 가처분등기는 회복되고, 회복된다는 것은 낙찰자에게 인수된다는 의미로써 가처분권자가 전 소유자 및 낙찰자를 상대로 소유권말소청구소송을 제기하여 승소한다면, 낙찰자는 소유권을 상실하게 된다(대판 97다 26104).

6) 근저당권 사례

사례 88 근저당권 경합시 배당(순위 배당)　　　배당교부금 : 1억 원

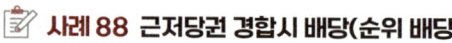

甲은 채무자의 X부동산에 대하여 경매를 진행하였다. 배당교부금은 1억 원이었다. 甲, 乙, 丙은 근저당권자인 채권자로서 각각 7천만 원, 3천만 원, 5천만 원의 채권이 있다. 이러한 경우 甲, 乙, 丙에 대한 배당은 어떻게 하여야 하는가?

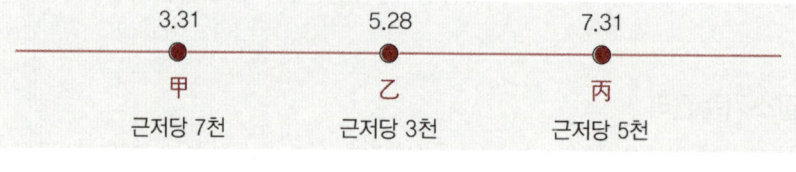

甲, 乙, 丙은 근저당권자들만이 존재하고 있다. 근저당권자들은 물권자들로서 근저당권등기설정 날짜 순위에 따라 순위배당을 받게 된다. 따라서 甲근저당권자가 1순위자로 가장 먼저 배당을 받고, 이어서 잔액에 대하여 乙근저당권자가 2순위로 잔여금 전액 배당을 받는다. 丙근저당권자는 3순위로서 배당 잔

액이 없기 때문에 배당금을 전혀 수령하지 못한다.
근저당권은 물권으로 순위배당을 한다.

    甲 7천만 원 乙 3천만 원 丙 배당 없음

말소기준권리는 甲근저당으로 이하 甲, 乙, 丙은 말소된다. 입찰자는 아무런 부담이 없다.

사례 89 가압류권자와 근저당권자 경합 시 배당(안분 후 흡수배당) 배당교부금 1억원

甲은 채무자의 X부동산에 대하여 경매를 진행하였다. 배당교부금은 1억 원이었다. 甲가압류, 乙근저당, 丙가압류 채권자로서 각각 7천만원, 3천만원, 5천만원의 채권이 있다. 이러한 경우 甲, 乙, 丙에 대한 배당은 어떻게 하여야 하는가?

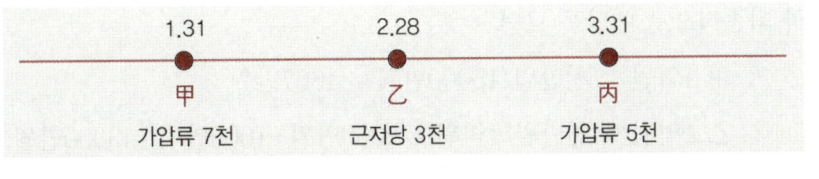

甲가압류권자 후순위에 있는 乙근저당권자는 甲가압류권자보다는 우선하지 못하나 丙가압류권자보다는 우선하여 배당을 받는다.

이러한 경우는 권리분석을 2번에 걸쳐서 하여야 한다. 우선 甲가압류권자를 기준으로 乙근저당권, 丙가압류권자 간에 안분배당을 하고, 甲가압류권자는 안분배당을 받고 더 이상 배당을 받지 못한다. 이어서 다음으로 乙근저당권자는 丙가압류권자보다 선순위로, 乙근저당권자가 만족할 때까지 2차 흡수배당을 한다. 따라서 乙근저당권자는 전액 배당을 받으나 丙가압류권자는 공제 후 차액만 배당을 받게 된다.

1차 : 안분 후 흡수배당을 한다.

甲가압류권자가 선순위이기 때문에 이를 기준으로 甲, 乙, 丙이 안분배당을 한다. 甲가압류권자는 안분배당을 받고 더 이상 배당을 받지 못한다.

   甲 1억원×7천만원/15000만원 = 4667만원

   乙 1억원×3천만원/15000만원 = 2000만원

   丙 1억원×5천만원/15000만원 = 3333만원

2차 : 乙근저당권자는 1차 안분배당에서 만족을 하지 못하였기 때문에 흡수배당을 한다.

따라서 乙근저당권자는 丙에 우선하기 때문에 丙으로부터 1천만 원을 흡수배당을 받아 최종 3천만 원을 배당받는다.

또한 丙은 결국 1천만 원을 흡수당하고 2333만 원을 배당받는다.

결국 최종적으로 배당을 보면

   甲 1억원×7천만원/15000만원 = 4667만원

   乙 1억원×3천만원/1억원 = 2000만원+1000만원 = 3000만원

   丙 1억원×5천만원/1억원 = 3333만원-1000만원 = 2333만원

부동산등기사항증명서를 보다 보면, 근저당권자의 근저당권부채권이 가압류된 경우를 볼 수 있는데, 가압류권자를 근저당권자로 보고 배당표를 작성한다. 다만 이때 배당금은 공탁을 하게 되는데, 이를 수령하기 위해서는 압류 및 추심명령이나 전부명령을 받아야 배당금을 수령할 수 있다.

또한 근저당권자에 대하여 처분금지가처분이 된 경우도 있는데, 근저당권자에게 배당금에 대한 지급을 막기 위해서는 다시 지급금지가처분을 받아야 한다.

7) 입찰 시 주의 사항

근저당권자의 채권액이 있는지 여부를, 해당 경매사건 문건접수 기록을 통하여 채권계산서를 제출하였는지 여부를 확인한다.

만약 채권계산서를 제출하지 않았다면 직접 근저당권자에게 채권액 유무를 확인해 보아야 한다.

말소기준 권리는 甲가압류이다. 따라서 이하 甲, 乙, 丙은 배당을 받고 말소된다. 입찰자는 아무런 부담이 없다.

사례 90 담보물권인 근저당권자에 대한 배당 배당교부금 1억원

甲은 채무자의 X부동산에 대하여 경매를 진행하였다. 배당교부금은 1억 원이었다. 甲근저당, 乙가압류 채권자로서 각각 7천만 원, 3천만원의 채권이 있다. 이러한 경우 甲, 乙에 대한 배당은 어떻게 하여야 하는가?

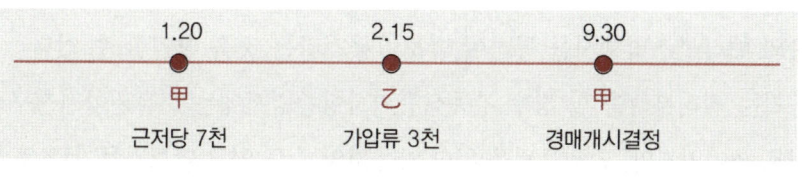

甲근저당은 당연배당권자로 배당을 요구하든지, 요구하지 않든지 배당을 받고 말소된다.

甲은 우선순위 배당을 받을 수 있는 물권자로 7천만 원 전액 배당을 받고, 乙은 나머지 3천만 원 배당을 받는다.

입찰하고자 하는 자는 인수되는 것은 없다.

사례 91 담보물권인 담보가등기권자에 대한 배당   　　　　　　　　　　　　　　　　　　배당교부금 1억원

甲은 채무자의 X부동산에 대하여 경매를 진행하였다. 배당교부금은 1억 원이었다. 甲담보가등기, 乙가압류 채권자로서 각각 7천만 원, 3천만 원의 채권이 있다. 이러한 경우 甲, 乙에 대한 배당은 어떻게 하여야 하는가?

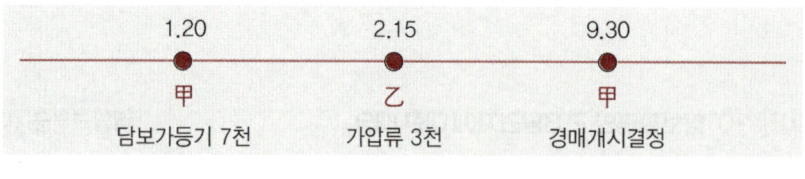

담보가등기권자는 배당을 요구하거나 경매를 신청하였다면 배당을 받고 말소된다.

경매절차에서 담보가등기권자는 근저당권으로 취급되어 순위배당에 참여하게 된다.

다음의 매각물건명세서를 통하여 담보가등기라는 것을 확인할 수 있다.

가등기는 권리분석을 할 경우 부동산등기사항증명서에는 소유권이전청구권가등기로 쓰여있지만, 순위보전을 위한 가등기일 수도 있고 담보가등기로 볼 수도 있다.

선순위 순위 보전을 위한 가등기는 조심해야 한다. 잘못하면 인수하여야 하는 상황이 발생해 낭패를 볼 수 있기 때문이다.

만약 낙찰자가 잔금을 납부하였어도, 가등기권자가 본등기를 한다면 소유권은 가등기권자에게 넘어간다.

매각물건명세서

사건	2021타○ 부동산강제경매		매각물건번호	1	작성일자	2021.10.15	담임법관 (사법보좌관)	
부동산 및 감정평가액 최저매각가격의 표시	별지기재와 같음		최선순위 설정	2018.05.11. 담보가등기			배당요구종기	2021.03.29

부동산의 점유자와 점유의 권원, 점유할 수 있는 기간, 차임 또는 보증금에 관한 관계인의 진술 및 임차인이 있는 경우 배당요구 여부와 그 일자, 전입신고일자 또는 사업자등록신청일자와 확정일자의 유무와 그 일자

점유자 성명	점유 부분	정보출처 구분	점유의 권원	임대차기간 (점유기간)	보증금	차임	전입신고 일자, 사업자등록 신청일자	확정일자	배당 요구여부 (배당요구일자)
진경란	402호 전부	현황조사	주거 임차인	미상		미상	2017.09.20	미상	
	402호 전부	권리신고	주거 임차인	2017.09.20.-	220,000,000		2017.09.20.	2017.09.21.	2021.03.29

〈비고〉

※ 최선순위 설정일자보다 대항요건을 먼저 갖춘 주택·상가건물 임차인의 임차보증금은 매수인에게 인수되는 경우가 발생 할 수 있고, 대항력과 우선변제권이 있는 주택·상가건물 임차인이 배당요구를 하였으나 보증금 전액에 관하여 배당을 받지 아니한 경우에는 배당받지 못한 잔액이 매수인에게 인수되게 됨을 주의하시기 바랍니다.

등기된 부동산에 관한 권리 또는 가처분으로 매각으로 그 효력이 소멸되지 아니하는 것

매각에 따라 설정된 것으로 보는 지상권의 개요

비고란

또한 낙찰자가 납부한 잔금이 배당된 이후일 경우, 배당받은 채권자들에게 돌려받기 위해서는 복잡하고 많은 시간이 걸린다.

하지만 선순위 담보가등기로 판단된다면 말소기준권리로 보아 낙찰자가 인수할 필요는 없다.

따라서 소유권이전청구권가등기가 선순위에 있다면 순위 보전을 위한 가등기인지 담보를 위한 가등기인지를 반드시 구별해 내는 능력이 필요하다.

부동산등기사항증명서에 가등기권자가 경매 신청한 채권자인지, 채권계산서를 제출하거나 배당을 요구하였다면 채권을 변제받겠다는 뜻으로 담보가등기로 이해하면 된다.

또한 부동산등기사항증명서를 보면 해당 가등기 사항이 기록되어 있는데, 만

일 내용에 '대물변제' 혹은 '대물반환예약'이라는 명시가 있다면 이 역시 담보가등기로 보면 된다.

담보가등기는 말소기준이 되어 배당을 받고 말소된다.

 사례 92 시효완성된 채무를 피담보채무로 하는 근저당권 실행

甲은 乙에 대하여 1억 원을 빌려주고 근저당권을 설정하였다. 이후 甲은 乙에 대하여 대금청구를 하지 않고 있다가 결국 소멸시효가 완성되었다. 그런데 甲은 이미 소멸시효가 완성된 채권을 피담보채무로 하는 근저당권을 실행하여 임의경매가 진행되었다.

그런데 채무자 乙은 동 근저당권이 매각되어 배당이 끝날 때까지 아무런 이의를 제기하지 않았다. 이러한 경우 경매절차는 유효한지 그리고 채무자가 아무런 이의를 제기하지 않은 것을 시효이익의 포기로 볼 수 있는지?

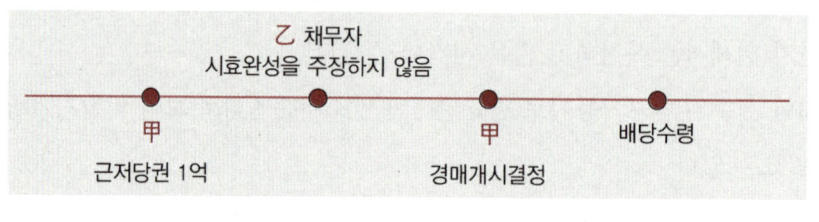

소멸시효는 오랫동안 자기가 권리행사를 하지 아니하고, 방치한 자의 권리행사에 대한 태만, 이른바 권리 위에 낮잠 자는 자에 대한 일종의 제재이고, 자기의 권리를 주장하지 않는 자에 대하여 법적 보호가치가 없다는 데 있다.

소멸시효가 완성되면 원칙적으로 청구할 수 없다. 그러나 소멸시효가 완성이

되었음에도 불구하고 청구한 것에 대한 이의를 제기하지 않으면, 시효이익의 포기로 볼 수 있다.

판례에 의하면 채무자가 소멸시효 완성 후 채무를 일부 변제한 때에는 그 액수에 관하여 다툼이 없는 한, 그 채무 전체를 묵시적으로 승인한 것으로 보아야 하고, 이 경우 시효완성의 사실을 알고 그 이익을 포기한 것으로 추정되므로, 소멸시효가 완성된 채무를 피담보채무로 하는 근저당권이 실행되어 채무자 소유의 부동산이 경락되고, 그 대금이 배당되어 채무의 일부 변제에 충당될 때까지 채무자가 아무런 이의를 제기하지 아니하였다면, 경매절차의 진행을 채무자가 알지 못하였다는 등 다른 특별한 사정이 없는 한, 채무자는 시효완성의 사실을 알고 그 채무를 묵시적으로 승인하여 시효의 이익을 포기한 것으로 보아야 한다(대판2001다 3580).

채무자가 경매절차의 진행을 알지 못하였다는 특별한 사정이 없는 한 채무자 乙은 시효완성의 사실을 알고 그 채무를 묵시적으로 승인하여 시효의 이익을 포기한 것으로 보게 된다. 따라서 채권자 甲은 배당을 받는 데, 문제없이 수령하게 된다.

사례 93 후순위 근저당권자 경매 신청시 피담보채권 확정시기

乙은 2순위로 근저당권을 설정하고 50백만 원을 대여하여 주었으나 부실화되어 경매를 신청하였다. 그 결과 80백만 원에 낙찰되었다.

한편 1순위 근저당권자(채권최고액 50백만 원)인 甲은 경매개시결정 당시에는 피담보채권이 30백만 원이었으나 경매진행 도중 15백만 원을 추가 대여하여 배당표에는 1순위권자인 甲에게 이자채권 포함 설정최고액인 50백만 원을 1순위로, 乙은 비용 포함 30백만 원을 배당하는 것으로 작성되어 있다. 이 경우 乙은 "경매신청 시점이 피담보채권 확정시기이므로, 경매신청 이후 발생된 甲의 대여금 15백만 원은 피담보채권이 확정된 이후에 발생된 채권으로서 甲근저당권의 피담보채권의 범위에서 제외하고, 그 해당금액은 2순위 근저당권자인 乙에게 배당되어야 한다고 주장하며 배당이의의 소를 제기하였다.

후순위권자인 乙이 경매진행 시 과연 甲에 대하여 배당이의의 소를 제기하여 승소할 수 있는가?

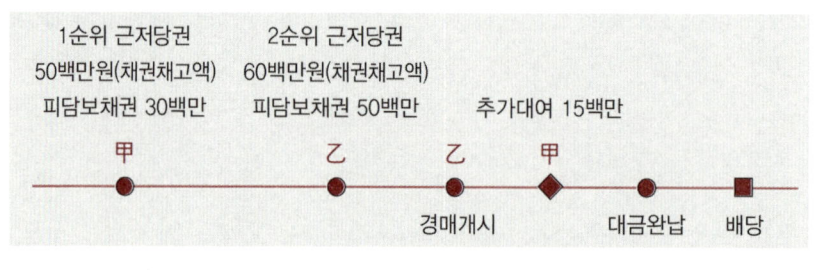

결론적으로 乙근저당권자가 경매신청 시 선순위근저당권자의 피담보확정시기는 매각대금 완납 때이다. 따라서 乙은 배당이의의 소로 승소할 수 없다.
후순위근저당권자가 경매를 신청한 경우에 선순위근저당권자의 피담보채권액이 확정되는 시기는 후순위근저당권자의 경매신청시기로 확정된다고 볼 수는 없다. 이 경우는 선순위근저당권이 소멸하는 시기인 매각대금 완납 시에 채권액이 확정된다고 보아야 할 것이므로 甲의 추가대여금 15백만 원은 甲의 피담보채권액에 당연히 포함된다. 그러므로 乙의 배당이의의 소는 승소할 수 없다.
판례에 의하면 후순위근저당권자가 경매를 신청한 경우 선순위저당권의 피담보채권은 그 근저당권이 소멸하는 시기, 즉 낙찰인이 매각대금을 완납한 때에 확정된다고 보아야 한다(대판99다 26085).
그러나 甲근저당권자가 경매를 신청하면 피담보채권은 경매신청 시 확정된다. 근저당권이 확정되면 그 이후에 발생하는 원금채권은 그 근저당권에 의하여 담보되지 않으나(대판 87다카545), 확정 전에 발생한 원본채권에 관하여 확정 후에 발생하는 이자나 지연손해금 채권은 채권최고범위 내에서 근저당권에 의하여 여전히 담보된다(대판 2005다38300).
그리고 이후부터 근저당권은 부종성을 가지게 되어 보통의 저당권과 같은 취급을 받게 된다(대판 97다25521). 따라서 피담보채권이 확정된 때 담보할 채권이 없거나, 채권이 있더라도 변제로 소멸한 경우에는 근저당권이 소멸한다.
근저당권의 성질상 채권최고액까지는 그 담보가치를 인정할 수 있기 때문에, 경매절차 진행이 상당한 시일을 요한다는 점에서 볼 때 경매신청일, 매각일, 매각대금완납일 중 어느 시점에 채무가 확정되는가의 여부는, 경우에 따라 선순위근저당권자의 피담보채권액이 변동될 수 있으므로 매우 중요하다.
이에 관하여 대법원은 '부동산 경매절차에서 경매신청기입등기 이전에 등기되어 있는 근저당권은 경락으로 인해 소멸하는 대신에 그 근저당권은 배당요구를 하지 않더라도 그 순위에 따라 배당받을 수 있고, 선순위근저당권의 채권최고액만큼은 먼저 배당받을 수 있다는 것을 후순위근저당권자가 인지하고 있으므로, 거래의 안전을 해치지 않는 범위 내에서 선순위근저당권자가 그 담보가치를 최대한 활용하게 함이 타당하므로, 후순위근저당권자가 경매를 신청한 경우, 선순위근저당권자의 피담보채권액은 그 근저당권의 소멸시기 즉 매수인이 매수대금을 완납한 때에 확정된다고 보고 있다.

따라서 근저당권의 채권최고액의 범위 내에서 매각대금완납일까지의 이자를 계산하여 피담보채권액을 확정한 후 변경된 채권계산서를 법원에 제출하면, 그 채권액만큼 배당받을 수 있다.

이 외에도 근저당권의 확정시기는 기본계약 결산기 도래, 근저당권의 계약만기, 근저당권의 계약해지, 채무자의 파산, 회생절차개시 결정시기이다.

사례 94 담보건물 멸실 후 건물을 신축한 경우, 낙찰자는 소유권을 취득할 수 있는지?

○ 상황

저자가 출강하고 있는 M새마을금고가 김찬수의 건물에 대하여 근저당권을 설정하고 1억 원의 대출을 하여 주었는데, 채무자 김찬수는 근저당권자인 M새마을금고의 동의를 받지 않고 무단으로 건물을 멸실하고 새로운 건물을 신축하였다.

M새마을금고는 채무자 김찬수로부터 채권회수가 잘 되지 않자 신축건물에 대하여 임의경매를 진행하였는데, 조남수가 신건물 입찰에 참여하여 낙찰을 받았다.

이러한 경우, 낙찰받은 조남수는 소유권을 취득하여 권리행사를 하는 데 문제는 없는지?

○ **해결 방안**

판례에 의하면 구건물 멸실 후에 신건물이 신축되었고, 구건물과 신건물 사이에 동일성이 없는 경우, 멸실된 구건물에 대한 근저당권설정등기는 무효이며 이를 근거로 하여 진행된 임의경매절차에서 신건물을 경락받았다 하더라도 그 소유권을 취득할 수 없다(대판 92다 15574).

○ **낙찰자 조남수의 대응 방안**

신건물을 낙찰받았다 하더라도 무효이다. 따라서 특히 신축건물인 경우는 입찰하기 전에 부동산등기사항증명서와 지적도, 건축물대장을 통하여 사실관계를 자세히 살피는 것이 중요하다. 또한 매각 후 매각불허가 신청을 하거나 매각취소신청을 할 필요가 있다.

○ **근저당권자인 M새마을금고의 대응 방안**

M새마을금고는 채무자의 협조를 얻어 신축건물을 담보취득하여 임의경매를 실행하거나, 담보제공에 협조하여 주지 않으면 신축건물을 가압류한 후 근저당권설정을 한 토지와 일괄하여 임의경매를 진행하면 된다.

만일 신축건물이 건축허가는 받았으나 미등기건물인 경우는 채권자대위권을 행사하여 소유권보존등기를 신청하고, 보존등기가 되면 신축건물을 가압류하여 근저당설정을 한 토지와 일괄하여 임의경매를 진행하면 된다.

그리고 담보건물을 무단으로 멸실한 채무자 김찬수를 경매방해죄, 강제집행면탈죄로 형사고소하여 채무금의 자진변제를 유도할 수 있다.

13. 환매등기에 대한 권리분석

1) 의의

환매란 매매계약과 동시에 매도인이 환매할 권리를 유보한 경우에, 그 환매권을 일정한 기간 내에 행사하여 매매의 목적물을 다시 사 오는 것을 내용으로 하는 특약을 말한다.

그러나 실제 매매하면서 하는 특약보다는, 채무자가 채권자로부터 금전을 빌리면서 채무자 소유의 부동산을 채권자에게 매매방식으로 채권자에게 이전시킨 후 채무자가 채무변제를 하면, 다시 채무자에게 소유권을 이전시킨다.

2) 환매권 행사 기간

환매 기간은 부동산은 5년, 동산은 3년이며, 기간은 연장하지 못한다. 환매권의 행사는 환매 기간 내에 하여야 한다. 만일 환매권 행사 기간을 초과하면, 환매권은 소멸하게 되어 소유권을 찾아올 수 없다.

만일 환매특약이 있는 물건을 입찰할 경우, 이때 특약사항이 어떠한 내용인지를 반드시 확인해야 한다.

환매권리자가 환매권을 행사하면 낙찰자는 소유권을 넘겨주어야 하는 불의의 손해를 입을 수 있다. 하지만, 이와 반대로 이익을 볼 수도 있다.

사례 95 환매등기 인수에 따른 손익

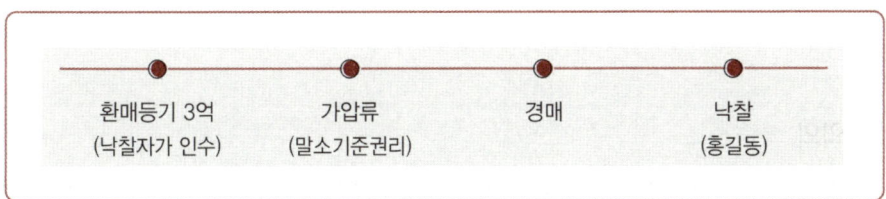

본 사례에서 환매등기된 부동산에 대하여 홍길동이 2억 원에 낙찰받았을 경우, 채무자가 환매권을 행사하면 홍길동은 1억 원의 이익을 얻고 소유권을 넘겨주게 된다. 이와 반대로 3억5천만 원에 낙찰을 받았다면, 오히려 5천만 원의 손해를 보게 된다.

3) 경매에서 활용

환매등기는 말소기준권리 이전에 환매등기된 권리는 낙찰자가 인수하여야 하고, 말소기준권리 이후에 환매등기된 경우는 말소된다.

환매권이 낙찰자에게 인수되는 경우, 낙찰자는 환매권자(등기권리자)의 환매권 행사 시 등기의무자가 되고, 환매권자가 환매대금을 낙찰자(등기의무자)에게 지급하면 낙찰받은 소유권을 잃게 된다. 따라서 선순위환매등기가 되어 있는 물건을 낙찰받으려 하는 경우엔, 낙찰금액이 등기상 기록되어 있는 환매대금보다 적게 입찰을 해야 한다. 환매권자가 환매권을 행사할 경우 그 차액 많큼 수익을 얻을 수 있다.

14. 대지권미등기에 대한 권리분석

1) 의의
대지사용권은 집합건물의 구분소유자가 건물의 전유부분을 소유하기 위하여 대지에 대하여 갖는 권리를 말한다.

대지권미등기는 주로 집합건물의 아파트, 연립, 다세대 등의 공동주택을 신축하거나 재개발을 하면서 발생한다. 즉 여러 필지의 지번을 말소하고 통합하여 새로운 주택의 번지를 부여하면서 환지작업과 동시에 각각의 호수별로 대지권을 부여한다.

대지권미등기는, 대지사용권은 있으나 단순한 절차상 하자로, 대지 지분이 미등기로 되어 있는 경우로 대금을 납부하면 대지 지분의 소유권이전이 가능하다. 이러한 경우는 향후에 다른 입주자들과 대지권등기를 하면 된다. 만일 경매 시에는 당시 소유자 명의로 대위등기를 한 후에 자신에게 이전등기를 하면 된다. 문제는 수분양자가 분양대금을 납부하지 않은 경우, 낙찰자가 인수하여야 하는 경우가 발생할 수 있기 때문에 조심하여야 한다.

2) 대지권 미등기가 발생하는 경우
(1) 대지권이 처음부터 없는 경우(= 대지권 없음)

　국유지, 사유지(타인의 소유의 땅) 등에 건축된 집합건물

(2) 대지권이 있으나 등기절차가 진행되지 않은 경우(= 대지권미등기)

　① 수분양자가 분양대금을 납부하지 않은 경우

　② 각 세대당 지분비율 결정 지연

　③ 새로운 신도시의 택지조성되는 분필 · 합필, 환지 절차의 지연

④ 누락 또는 절차상 문제로 등기가 지연된 경우

상기 내용은 시행사를 통하여 확인할 수 있다. 그러나 감정평가서에 미등기된 대지권이 감정평가금액에 포함되어 있다면 향후 소유권을 취득하는 데 문제가 없다.

3) 구분소유권 매도청구권 행사

대지사용권을 가지지 아니한 구분소유자가 있을 때에는, 그 전유부분의 철거를 청구할 권리를 가진 자는 그 구분소유자에 대하여 구분소유권을 시가로 매도할 것을 청구할 수 있다(집합건물의 소유 및 관리에 관한 법률 제7조). 따라서 집합건물의 경우 낙찰자는 후에 대지권을 다시 낙찰을 받거나 대지사용료를 부담하고 건물을 사용하여야 한다.

그렇지 않으면 대지권소유자가 "구분소유권 매도청구권"을 시가로 행사하게 되면, 건물을 대지권자에게 매도하여야 하기 때문에 조심해야 한다.

📝 사례 96 구분소유권매도청구권 행사

본 사례는 소유자 甲이 대지권등기를 하지 않고 대지사용권을 취득하고 있는 집합건물의 전유부분에만 乙이 근저당권 설정을 한 경우, 분리처분가능규약이

존재하는 등 특별한 사정이 없는 한, 대지사용권에 근저당권의 효력이 미친다. 이는 甲소유자가 집합건물의 수분양자로서 대지사용권을 분양받은 경우로, 대지사용권이 있다.

그러나 문제는 수분양자 甲이 대지권등기를 경료하지 않는 상태에서 전유부분에 대한 소유권을 丙에게 매도하였다. 이후 丙의 채권자 丁에 의하여 경매가 진행된 경우, 낙찰자 戊는 대지사용권 없는 물건을 낙찰받는 결과가 된다. 이후 丙이 대지권등기를 경료한다면 丙은 낙찰자 戊에게 전유부분을 시가로 매도청구 할 수 있는데, 이러한 경우 戊는 응하여야 한다.

판례에 의하면 아파트와 같은 대규모 집합건물의 경우, 대지의 분·합필 및 환지절차의 지연, 각 세대당 지분비율결정의 지연 등으로 인하여 전유부분에 대한 소유권이전등기만 수분양자를 거쳐 양수인 앞으로 경료되고, 대지지분에 대한 소유권이전등기는 상당 기간 지체되는 경우가 종종 생기고 있는데, 이러한 경우 집합건물의 건축자로부터 전유부분과 대지지분을 함께 분양의 형식으로 매수하여 그 대금을 모두 지급함으로써 소유권취득의 실질적 요건은 갖추었지만, 전유부분에 대한 소유권이전등기만 경료받고 대지지분에 대하여는 위와 같은 사정으로 아직 소유권이전등기를 경료받지 못한 자는 매매계약의 효력으로써 전유부분의 소유를 위하여 건물의 대지를 점유·사용할 권리가 있는바, 매수인의 지위에서 가지는 이러한 점유·사용권은 단순한 점유권과는 차원을 달리하는 본권으로서, 집합건물의 소유 및 관리에 관한 법률 제2조 제6호 소정의 구분소유자가 전유부분을 소유하기 위하여 건물의 대지에 대하여 가지는 권리인 대지사용권에 해당한다고 할 것이고, 수분양자로부터 전유부분과 대지지분을 다시 매수하거나 증여 등의 방법으로 양수받거나 전전 양수받은 자 역시 당초 수분양자가 가졌던 이러한 대지사용권을 취득한다.

또한 집합건물의 소유 및 관리에 관한 법률의 규정내용과 입법취지를 종합하여 볼 때, 대지의 분·합필 및 환지절차의 지연, 각 세대당 지분비율 결정의 지연 등의 사정이 없었다면, 당연히 전유부분의 등기와 동시에 대지지분의 등기가 이루어졌을 것으로 예상되는 경우, 전유부분에 대하여만 소유권이전등기를 경료받았으나 매수인의 지위에서 대지에 대하여 가지는 점유·사용권에 터 잡아 대지를 점유하고 있는 수분양자는, 대지지분에 대한 소유권이전등기를 받기 전에 대지에 대하여 가지는 점유·사용권인 대지사용권을 전유부분과 분리 처분하지 못할 뿐만 아니라, 전유부분 및 장래 취득할 대지지분을 다른 사람에게 양도한 후 그 중 전유부분에 대한 소유권이전등기를 경료해 준 다음 사후에 취득한 대지지분도 전유부분의 소유권을 취득한 양수인이 아닌 제3자에게 분리 처분하지 못 한다 할 것이고, 이를 위반한 대지지분의 처분행위는 그 효력이 없다(대판 98다45652, 45669).

또한 분양자가 지적정리 등의 지연으로 대지권에 대한 지분이전등기는, 지적정리 후 해 주기로 하는 약정하에 우선 전유부분만 소유권보존등기를 한 후 수분양자에게 소유권이전등기를 경료하였는데, 그 후 대지에 대한 소유권이전등기가 되지 아니한 상태에서 전유부분에 관한 경매절차가 진행되어 제3자가 전유부분을 경락받은 경우, 그 경락인은 본권으로서 집합건물의 소유 및 관리에 관한 법률 제2조 제6호 소정의 대지사용권을 취득한다(대판 98다 45652, 45669).

4) 대지권미등기 집합건물 입찰방법

아파트 등 집합건물의 대지권미등기가 되어 있는 물건에 입찰하고자 하는 경우엔, 반드시 법원의 감정평가서를 통하여 대지권가격도 포함되어 평가된 것인지를 확인해야 한다.

만일 감정평가서상에 대지권에 대한 평가 금액이 포함되어 있다면, 대지권도 낙찰로 인하여 당연히 취득하게 된다.

그러나 감정평가에서 배제되어 있다면, 분양회사에 문의를 하여 대지가격 납부 여부를 확인하여, 대지가격이 납부되었다면 대지권도 함께 취득이 되었다고 볼 수 있다.

하지만 대지가격이 납부되지 않았다면 별도의 대지사용료를 납부해야 하는 상황이다.

대지권 있는 미등기건물이 경매에 나와서 수차에 걸쳐 유찰되어 대지사용료를 지불하는 이상으로 가격이 떨어진다면, 입찰을 검토하여 보는 것도 생각해 볼 수 있다.

또한 토지소유자도 사실상 토지의 사용이 제한되어 있기 때문에 저렴한 가격으로 매도하고자 할 경우, 토지의 지분을 매수할 수도 있기 때문에 여러 정황을 고려하여 입찰에 참여하는 것도 검토할 수 있을 것이다.

15. 토지별도등기에 대한 권리분석

1) 의의

우리나라의 부동산등기법은 토지와 건물을 각각 별도등기 하게 되어 있다. 따라서 토지등기사항증명서와 건물등기사항증명서가 따로 존재한다.

단독주택 매매 시는 원칙적으로 토지와 건물의 매매계약서를 각각 작성하여야 하지만, 실무에서는 통상 한 장의 계약서에 작성한다.

그러나 아파트, 연립, 다세대주택 등 집합건물은 건물의 전유부분에 대한 등기사항증명서만 열람하면 되지, 토지등기사항증명서는 별도로 열람할 필요가 없다.

구분소유에 해당하는 집합건물은 토지 부문만 별도로 처분할 수 없고 토지와 건물이 일체가 되어 거래하게 되어 있다(집합건물의 소유 및 관리에 관한 법률 제20조). 토지에는 대지권이라는 대지권 비율이 표시만 있고, 모든 권리관계는 전유부분의 등기기록에만 기재하게 되어 있다. 즉 전유부분에 대한 권리관계가 토지에도 나타나기 때문이다.

토지별도등기는 건물을 신축하기 전에 토지에 근저당권 등 제한물권이 있는 경우 토지와 건물의 권리관계가 일치하지 않는다.

따라서 건물등기사항증명서에 '토지에 별도의 등기 있음'을 공시하여 집합건물을 양수하고자 하는 사람들에게 경고를 한다.

【 표 제 부 】		(전유부분의 건물의 표시)		
표시번호	접 수	건 물 번 호	건 물 내 역	등기원인 및 기타사항
1	2003년4월3일	제5층 제501호	철근콘크리트조 482.00㎡	구분전환으로 인하여 경기도 의왕시 내손동 663 동부종합시장에서 이기 도면편철장 제1책 제29장

(대지권의 표시)			
표시번호	대지권종류	대지권비율	등기원인 및 기타사항
1	1 소유권대지권	1000.4분의 172.4	2003년3월12일 대지권 2003년4월3일
2			~~별도등기 있음 1토지(을구 5번 근저당권설정 등기) 2003년4월3일~~
3			2번 별도등기 말소 2003년7월11일

2) 경매 입찰시 주의 사항

집합건물이 신축되면 토지가 대지권으로 정리되어야 하는데, 토지에 대한 근저당권이나 가압류가 설정되어 있는 경우, 구분건물의 근저당권자 등 채권자가 경매를 진행하여도 토지에 대한 권리관계는 말소되지 않는다.

따라서 이러한 경우, 건물에 대하여 낙찰받은 사람은 토지소유자에 대하여 지료를 지불하여야 한다.

만일 지료를 지불하지 않으면 토지소유자는 건물소유자에 대하여 집행권원을 획득하여 강제경매를 진행할 수 있다.

경매물건의 등기사항증명서상에 토지의 별도등기가 있다는 표시가 있으면 토지등기사항증명서를 확인하고 또한 매각물건명세서에서 인수되는 권리가 있는지 반드시 확인하고 입찰에 참여하여야 한다.

하지만 토지별도등기의 내용이 집합건물의 가치를 높이는 경우도 있다. 예를 들어 아파트 단지, 상가건물, 오피스텔로 GTX 등 지하철 출입구가 연결되면 지하철공사는 토지에 지상권을 설정한다.

이러한 지상권설정등기에 대한 토지별도등기는 오히려 집합건물의 가치를 높여 주기 때문에 입찰을 고려하여도 좋다.

3) 토지별도등기가 있는 경우

첫째, 토지에 대한 신탁등기는 토지별도등기를 하도록 되어 있다.

집합건물을 건축할 경우 지역조합이나 시행사 측에서 원활한 분양을 위해 토지를 신탁회사에 신탁한 후 건축을 하면서 분양을 하는 경우, 신탁계약을 해지하고 토지주 명의로 이전등기를 한다.

둘째, 지하철이 인근에 있는 상가, 또는 지하구조물이 있는 경우, 구분지상권 문제로 상가등기사항증명서상에 토지별도등기가 등재된다.

셋째, 아파트, 연립, 다세대 등 집합건물의 등기사항증명서가 구성되기 전에 토지등기사항증명서상에 토지 전체에 대한 근저당권을 설정하고 대출을 받은 다음, 그 자금으로 건물을 건축하고 난 이후에, 근저당을 해결하고 대지권도 함께 넘겨주어야 하는데, 대출금을 변제하지 않은 경우, 근저당이 존재하고 있어 토지별도등기가 있을 수 있다.

상기와 같이 토지별도등기가 있을 수 있는데, 반드시 토지등기사항증명서를 확인하고 그 해결 여부 상황에 따라서 접근을 해야 한다.

가령 문제가 해결되어 있으나 말소되지 않은 경우는 문제가 없으나, 해결이 안되어 있는 경우는 그 이유가 어떤 것인지를 확인하면서 검토해야 한다.

3) 토지별도등기 되어 있는 부동산의 입찰 여부 검토

토지별도등기가 되어 있는 부동산은 가급적 입찰에 참여하지 않는 것이 바람직하다고 본다. 문제는 토지에 대한 근저당권자 등 채권자가 배당요구를 하지 않을 경우, 법원에서 낙찰자에게 특별매각 인수조건을 붙인다.

또한 토지에 설정된 제한물권의 종류에 따라 인수 여부가 달라지기도 한다. 가령 토지별도등기는 근저당권, 가압류 등이 설정된 경우, 특별매각조건에 인수조건이 없으면 통상 법원에서 토지의 근저당권자에게 채권신고를 하게 하여, 그 중 경매대상의 구분건물에 대한 대지권비율에 해당하는 만큼 토지근저당권자에게 우선적으로 배당을 하여 주고 말소시킨다.

그러나 토지상에 지상권, 가등기, 가처분, 임차권 등의 경우는 말소대상이 되지 않기 때문에 건물 낙찰자가 인수하여야 하는 문제가 있다.

하지만 토지에 대한 근저당권자 등 채권자가 배당요구를 한 경우에는 입찰하여도 된다. 만일 입찰에 참여를 한다면, 건물과 토지에 대하여 동시에 감정평가는 되었는지, 선순위가처분, 지상권, 가등기는 있는지, 토지별도등기를 낙찰자가 인수한다는 특별매각조건이 있는지, 토지에 대한 근저당권 등 권리자가 배당을 받기 위하여 채권신고를 하였는지를 확인하여야 한다.

일반적 경매절차에서 건물분에 대한 매각대금은 건물분의 근저당권자 등에게 우선 배당이 되지만 대지권에 대한 매각대금은 건물 근저당권자와 토지에 대한 근저당권자 모두 우선변제권이 있다.

토지별도등기가 되어 있는 경우 적극적으로 입찰을 검토하여 볼 수 있는데, 가령 여러 번 유찰이 되는 경우, 임대수익이 충분하고, 토지에 대한 근저당권자가 경매를 신청하였으나 이후 낙찰자가 건물철거를 신청하더라도 신축이기 때문에 법원에서 허락을 하지 않을 것이고, 따라서 토지에 대한 근저당권자는 경매를 신청하지 못할 것이라고 판단되고, 때문에 토지에 대한 근저당권 협상을 통하여 인수하는 것이 좋다고 확신이 들면 적극적으로 검토하여 보는 것도 좋다. 결국 낙찰자는 건물과 더불어 토지를 갖게 될 것이다.

사례 97 토지별도등기

배당교부금 : 2억원

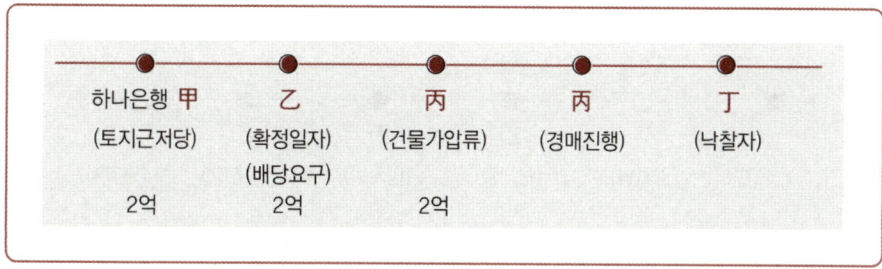

가령 감정가격이 3억 원이라고 하면, 이중 토지에 대한 감정가격이 21000만 원(70%)이고 건물에 대한 감정가격이 9000만 원(30%)이다.

낙찰되어 배당교부금이 2억 원이다. 배당 결과를 보면 다음과 같다.

       토지에 대한 배당은 2억원×70% = 14000만원

       건물에 대한 배당은 2억원×30% = 6000만원

결국 하나은행은 14000만 원을 배당 받는다. 그리고 임차인 乙은 6000만 원을 배당받게 된다. 임차인이 배당을 못 받은 14000만 원은 낙찰자가 인수하게 된다. 가압류 丙은 전혀 배당을 못 받는다.

사례 98 토지별도등기(구건물 철거후 신축)　　　　배당교부금 : 3억원

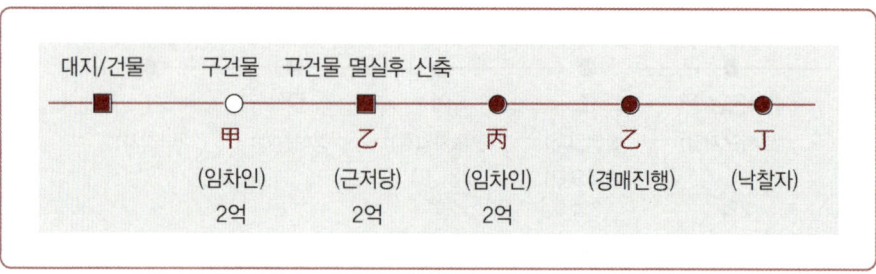

주택, 다가구 등 공동근저당이 설정된 단독주택의 경우 기존건물에 대하여 임차인이 있는 구건물을 멸실하고 신축한 건물에 다시 근저당을 설정 후 새로운 임차인이 있는 경우가 있다.

이와 같이 토지와 건물의 근저당권설정이 달라져 있는 경우에 '토지·건물별도등기'라고 표시가 된다.

토지와 건물의 근저당권의 설정일이 다를 경우 임차인의 대항력은 신축한 건물을 기준으로 판단한다.

권리분석 시 토지와 건물이 각각 1순위로 근저당이 설정되어 있을 경우, 조심하여야 한다.

따라서 이러한 경우에 甲임차인의 대항력은 전입일(선순위임차인)을 기준으로 하고, 丙임차인의 대항력(후순위임차인)은 근저당을 기준으로 말소되기 때문에, 낙찰자는 甲임차인의 임대보증금 2억을 인수하여야 한다.

경매정보지를 보면 구건물에 대한 임차인이 빠진 상태에서 배당표가 작성되는 경우가 있는데, 이러한 경우 토지별도등기가 있다고 본다.

따라서 대항력은 신축한 건물을 기준으로 보기 때문에 신축한 건물에 대한 임차인만 있다고 보고 권리분석을 하였다가 멸실된 임차인에 대한 보증금을 인수하여야 하는 문제가 있어 조심해야 한다.

16. 건축허가는 있는데, 미등기건물에 대한 권리분석

1) 의의

보존등기된 건물은 경매절차가 진행되는 경우, 해당 부동산의 등기사항전부증명서의 갑구에 경매개시결정이 경료등기 된다.

그러나 건물은 완성되었으나 아직 사용승인을 받지 못하였더라도, 건축허가나 신고를 마쳤으면 미등기건물도 강제집행의 대상이 된다.

2) 입증서류

미등기건물을 강제집행 하기 위해서는 민사집행법 제81조에 따라 준비하면 된다.

> **민사집행법 제81조**
> ① 강제경매신청서에는 집행력 있는 정본 외에 다음 각호 가운데 어느 하나에 해당하는 서류를 붙여야 한다.
>   1. 채무자의 소유로 등기된 부동산에 대하여는 등기사항증명서
>   2. 채무자의 소유로 등기되지 아니한 부동산에 대하여는 즉시 채무자명의로 등기할 수 있다는 것을 증명할 서류. 다만, 그 부동산이 등기되지 아니한 건물인 경우에는 그 건물이 채무자의 소유임을 증명할 서류, 그 건물의 지번·구조·면적을 증명할 서류 및 그 건물에 관한 건축허가 또는 건축신고를 증명할 서류
> ② 채권자는 공적 장부를 주관하는 공공기관에 제1항 제2호 단서의 사항들을 증명하여 줄 것을 청구할 수 있다.

또한 판례에 의하면 완공되지 아니하여 보존등기가 경료되지 아니하였거나 사용승인되지 않은 미등기건물도 채무자의 소유로 건물의 실질과 외관을 갖추고 지번, 구조, 면적 등이 건축허가 또는 건축신고의 내용과 사회통념상 동일하다고 인정되는 경우에는 보전처분이나 부동산경매절차를 이행할 수 있다(대판 2009마406). 다만 건축허가나 건축신고를 하지 않은 무허가건물은 가압류나 강제경매신청이 어렵다고 본다.

그 이유는 민사집행법 제81조 제1항 제2호 단서를 보면, 부동산이 등기되지 아니한 건물인 경우에는 그 건물이 채무자의 소유임을 증명할 서류, 그 건물의 지번·구조·면적을 증명할 서류 및 그 건물에 관한 건축허가 또는 건축신고를 증명할 서류를 첨부하여야 한다고 규정하고 있기 때문이다.

다만 무허가건물이라도 주거용이면 주택임대차보호법이 적용된다.

3) 미등기건물에 대하여 대응 방안

건물은 완성되었으나 아직 사용승인을 받지 못한 토지에 대하여 경매로 나온 경우, 낙찰을 받아 소유주가 되었는데, 문제는 사용승인되지 않은 건물을 어떻게 대응해야 할지 문제가 된다.

건물은 원래의 건축주 소유주의 것이다. 따라서 이러한 경우는 협상을 통하여 건물을 매수하는 것이 좋다.

하지만 여러 사유에 의하여 협상이 안 되는 경우가 있는데, 이러한 경우는 소유권보존대위등기를 신청하여 등기가 되면, 건물철거를 위한 가처분과 지료청구권 이행판결을 받아 강제경매를 신청하면 상당히 유찰되어 결국 건물까지도 소유하게 되는 유리한 상황을 만들 수도 있다.

그러나 경매가 아닌, 건물철거를 생각한다면 건물철거 및 토지인도를 위한 소송을 제기하여 승소한 후 철거를 해야 하는데, 채무자가 철거를 하지 않는다면 대체집행을 통하여 철거를 할 수 있다.

사례 99 미등기주택이 있는 토지를 낙찰받은 경우의 대응

○ 상황

임순정은 경기도 가평에 위치하고 있는 건축허가 승인이 된 미등기건축물이 있는 토지가 강제경매로 나와서 입찰에 참여하여 낙찰을 받았다.
건물에는 임차인이 있었고, 건축주는 연락이 두절된 상태이다.
낙찰받은 임순정은 어떻게 해결을 해야 할지 고민스러웠다.

○ 해결 방안

미등기주택이 있는 토지를 낙찰받은 임순정은 우선 건축주와 연락을 통하여 협상을 하는 것이 좋다. 적정한 매수가격 협상을 통하여 건물을 취득하는 것이 시간과 비용을 줄일 수 있다.

하지만 연락이 되지 않으면 건물철거 및 토지인도, 세입자퇴거, 지료청구소송을 통하여 집행권원을 획득하는 것이다.

문제는 건축허가 승인은 나왔지만 보존등기가 되지 않았기 때문에, 우선 지료청구권에 대한 집행권원으로 강제집행을 신청하면 된다. 그러면 법원에서 미등기건물을 직권으로 촉탁등기하여 경매를 진행한다.

또한 채권자대위보존등기를 통하여 가압류를 하거나, 집행권원이 있다면 강제경매를 진행하면 된다.

아마도 이러한 경우, 경매가 진행되면 거의 대부분 수차례에 걸쳐 저감되어 토지소유자는 낮은 가격으로 입찰에 참여하여 낙찰을 받을 것이다.

○ **낙찰자 임순정이의 대응 방안**

가급적 이렇게 복잡한 특수물건은 초보자는 참여하지 않는 것이 좋지만, 해결 능력이 있다면 입찰에 참여하여 보는 것도 괜찮다고 본다.

임순정은 우선 건축주와 연락을 통하여 협상을 하는 것이 좋다. 적정한 매수가격 협상을 통하여 건물을 취득하는 것이 시간과 비용을 줄일 수 있다. 그렇지 않으면 지루하고 꽤 긴 시간 동안 소송과 강제집행을 해야 한다.

다만 이와 같이 복잡한 과정을 통하여 마무리되었을 경우는, 상당한 수익은 기대할 수 있다고 본다.

사례 100 미등기주택 소액임차인의 대지 매각대금에 대한 우선변제권 행사

○ **상황**

N은행이 김대수의 A대지에 근저당권설정 시 B미등기주택이 있었는데, 甲이 B미등기주택에 세입자로 들어간 경우, A대지의 경매로 인한 매각대금 중에서 소액보증금을 우선적으로 배당을 받을 수 있는지?

N은행은 채무자 김대수로부터 채권회수가 잘 되지 않자, A대지에 대하여 임의경매를 진행하였는데, 김수산이 입찰에 참여하여 낙찰을 받았다.

이러한 경우 낙찰받은 김수산은 소유권을 취득하여 권리행사를 하는 데 문제는 없는지?

● 해결 방안

건물이 주거생활 용도로 사용되는 주택에 해당하는 이상, 비록 그 건물에 관하여 아직 등기를 마치지 아니하였거나 등기가 이루어질 수 없는 사정이 있다고 하더라도 대지의 매각대금에서 소액임차보증금 중 일정액을 우선변제 받을 수 있다.

● 낙찰자 조남수의 대응 방안

입찰하고자 하는 자는 근저당권 설정 당시 미등기건물이나 무허가건물이 존재한다면 전입세대 열람을 통해 임차인을 확인하여야 한다.
만일 낙찰을 받는다면 소유권 행사는 문제가 없으나 임차인이 최우선변제를 배당으로 받지 못한다면 낙찰자는 보증금을 인수하여야 한다.

● 근저당권자인 N은행의 대응 방안

임대되지 않은 방이 존재할 때는 이를 감안하여 소액임차보증금 해당액을 차감 후 여신을 취급하여야 한다.

실전사례 103가지로 파헤치는 **부동산 경매와 권리분석 완전정복**

경매절차에서 구제방법을 확인하라.

PART 5

1. 매각허가결정 확정일 전의 구제 방법
2. 매각허가결정 확정일 이후 매각대금납부 전 구제방법
3. 매각대금납부 이후 배당기일 이전 구제방법
4. 배당기일 이후 구제 방법

1. 매각허가결정 확정일 전의 구제 방법

경매절차에서 매각물건명세서에 중대한 흠이 있는 경우 매각기일 이후 매각허가결정일 이전에는 '매각불허가신청'을 할 수 있다.
판례에 의하면 선순위임차인의 주민등록에 대한 기재가 누락된 집행관의 임대차조사보고서 및 입찰물건명세서의 하자는 낙찰불허가 사유가 된다(대판 95마1197).
이는 민사집행법 제121조의 5항에 해당하는 매각허가에 대한 이의신청사유에 해당된다.

> **민사집행법 제121조**
> 1. 강제집행을 허가할 수 없거나 집행을 계속 진행할 수 없을 때
> 2. 최고가매수신고인이 부동산을 매수할 능력이나 자격이 없는 때
> 3. 부동산을 매수할 자격이 없는 사람이 최고가매수신고인을 내세워 매수신고를 한 때
> 4. 최고가매수신고인, 그 대리인 또는 최고가매수신고인을 내세워 매수신고를 한 사람이 제108조 각호 가운데 어느 하나에 해당되는 때
> 5. 최저매각가격의 결정, 일괄매각의 결정 또는 매각물건명세서의 작성에 중대한 흠이 있는 때
> 6. 천재지변, 그 밖에 자기가 책임을 질 수 없는 사유로 부동산이 현저하게 훼손된 사실 또는 부동산에 관한 중대한 권리관계가 변동된 사실이 경매절차의 진행 중에 밝혀진 때
> 7. 경매절차에 그 밖의 중대한 잘못이 있는 때

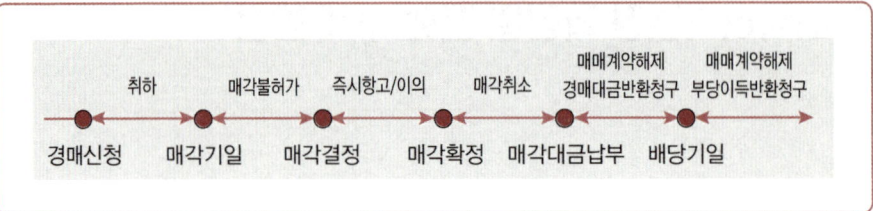

판례에 의하면 피담보채권의 소멸로 저당권이 소멸하였는데도 이를 간과하고 경매개시결정이 되고, 그 경매절차가 진행되어 매각허가결정이 확정되었다면, 이는 소멸한 저당권을 바탕으로 하여 이루어진 무효의 절차와 결정으로서, 비록 매수인이 매각대금을 완납하였다고 하더라도 그 부동산의 소유권을 취득할 수 없다(대판 2011다 68012).

또한 경매개시결정 이전에 피담보채권이 소멸됨에 따라 소멸된 저당권을 바탕으로 한 경매개시결정을 비롯한 일련의 절차와 경락허가결정이 모두 무효인 경우에는, 비록 경락인이 경락대금을 완납하였다고 해도 저당물의 소유권을 취득할 수 없고, 담보부동산 소유자인 채무자는 이에 대한 소유권을 상실할 리가 없으므로 피담보채권자에 대하여 손해배상을 청구할 수 없다(대판 75다 994).

따라서 이를 간과하고 낙찰자에게 소유권이 넘어간 경우 매각절차가 무효라는 것을 주장하여 소유권말소등기 청구의 소를 제기하면 된다.

그러나 이와 반하여 소멸시효 완성 후 시효이익을 포기한 경우, 이의를 제기할 수 없는 판례도 있다.

판례에 의하면 채무자가 소멸시효 완성 후 채무를 일부 변제한 때에는 그 액수에 관하여 다툼이 없는 한, 그 채무 전체를 묵시적으로 승인한 것으로 보아야 하고, 이 경우 시효완성의 사실을 알고 그 이익을 포기한 것으로 추정되므로, 소멸시효가 완성된 채무를 피담보채무로 하는 근저당권이 실행되어 채무자 소유의 부동산이 경락되고, 그 대금이 배당되어 채무의 일부 변제에 충당될 때까지 채무자가 아무런 이의를 제기하지 아니하였다면, 경매절차의 진행을 채무자가 알지 못하였다는 등 다른 특별한 사정이 없는 한, 채무자는 시효완성의 사실을 알고 그 채무를 묵시적으로 승인하여 시효의 이익을 포기한 것으로 보아야 한다(대판 2001다3580).

2. 매각허가결정 확정일 이후 매각대금납부 전 구제방법

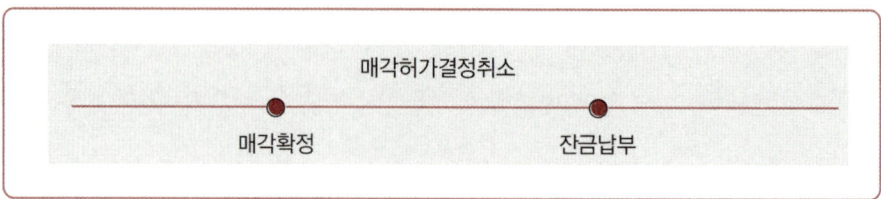

경매절차에서 매각허가결정 확정일 이후 매각대금납부 전에는 매각허가결정 취소신청을 할 수 있다.

판례에 의하면 담보권의 실행을 위한 부동산의 입찰절차에 있어서, 주택임대차보호법 제3조에 정한 대항요건을 갖춘 임차권보다 선순위의 근저당권이 있는 경우에는, 낙찰로 인하여 선순위근저당권이 소멸하면 그보다 후순위의 임차권도 선순위근저당권이 확보한 담보가치의 보장을 위하여 그 대항력을 상실하는 것이지만, 낙찰로 인하여 근저당권이 소멸하고 낙찰인이 소유권을 취득하게 되는 시점인 낙찰대금지급기일 이전에 선순위근저당권이 다른 사유로 소멸한 경우에는, 대항력 있는 임차권의 존재로 인하여 담보가치의 손상을 받을 선순위근저당권이 없게 되므로 임차권의 대항력이 소멸하지 아니한다.

또한 선순위근저당권의 존재로 후순위임차권의 대항력이 소멸하는 것으로 알고 부동산을 낙찰받았으나, 그 이후 선순위근저당권의 소멸로 인하여 임차권의 대항력이 존속하는 것으로 변경됨으로써 낙찰부동산의 부담이 현저히 증가하는 경우에는, 낙찰인으로서는 낙찰허가결정의 취소신청을 할 수 있다(대판 98마1031). 이와 같이 후순위임차인이 선순위근저당에 대하여 대위변제를 하면, 낙찰자는 인수하여야 하는 상황이 발생하게 되는데, 이러한 경우 매각허가결정취소 신청을 하면 된다.

3. 매각대금납부 이후 배당기일 이전 구제방법

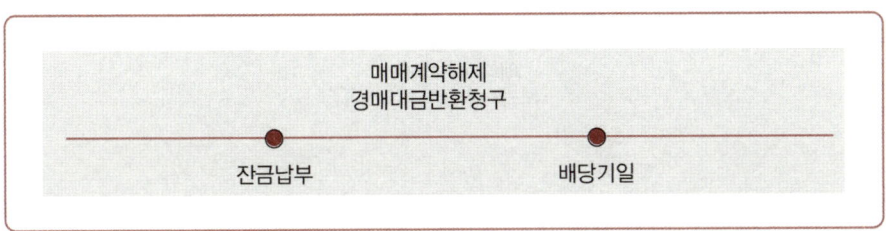

경매절차에서 매각대금납부 이후 배당기일 이전에 낙찰자에게 불리한 경우가 발생되는 경우, 매매계약을 해제하고 납부한 낙찰대금의 반환을 청구할 수 있다.

판례에 의하면 소유권에 관한 가등기의 목적이 된 부동산을 낙찰받아, 낙찰대금까지 납부하여 소유권을 취득한 낙찰인이 그 뒤 가등기에 기한 본등기가 경료됨으로써 일단 취득한 소유권을 상실하게 된 때에는, 집행법원에 대하여 경매에 의한 매매계약을 해제하고, 납부한 낙찰대금의 반환을 청구하는 방법으로 담보책임을 추급할 수 있다(대판 96그64 결정).

4. 배당기일 이후 구제 방법

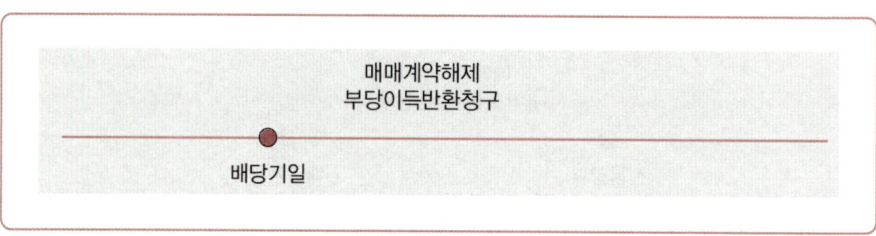

배당기일 이후 구제를 받는 방법으로 낙찰자에게 불리한 경우가 발생되는 경우, 민법 제578조에 의하여 채무자에게 계약의 해제를 요청할 수 있으나, 채무자가 무자력이라면 배당을 받은 채권자에게 부당이득반환청구를 하여야 한다.

판례에 의하면 강제경매의 개시 당시 이미 소멸하였음에도 형식상 등기만 남아 있을 뿐이었던 근저당권보다 후순위라는 이유로 집행법원의 촉탁에 의하여 이루어진 가처분기입등기의 말소등기는 원인무효이고, 가처분채권자는 그 말소등기에도 불구하고 여전히 가처분채권자로서의 권리를 가진다(대판 97다 26104, 26111).

이와 같이 말소기준권리인 근저당권이 효력상실로 인하여 말소되었던 가처분이 회복되면 낙찰자는 불측의 손해를 입게 된다.

따라서 이와 같은 경우, 낙찰자는 채무자에게 계약의 해제를 요청할 수 있으나, 채무자가 무자력이라면 배당을 받은 채권자에게 부당이득반환청구를 하여야 한다.

경매에 있어서 주의하여야 할 사항

PART 6

1. 세대합가는 꼼꼼히 확인한다
2. 대위변제 있는 물건은 가급적 피한다
3. 임차권의 양도와 전대가 있는지 면밀히 체크한다
4. 다가구주택과 다세대주택 및 연립주택의 권리분석
5. 재건축·재개발 아파트의 조합원 지위 승계
6. 입목과 명인방법에는 차이가 있다
7. 분묘기지권에도 지료를 청구할 수 있다
8. 위법건축물은 가급적 피하는 게 좋다
9. 제시외 및 매각제외가 있는 경우
10. 담보책임에 대한 하자는 꼼꼼히 확인하라
11. 경매절차에서 불허가 및 취소 될 수 있는 경우
12. 종중재산은 조심해야 한다
13. 학교법인, 사회복지법인, 의료법인, 종교법인은 특히 주의해야 한다
14. 산업단지 내 산업용지 또는 공장 취득
15. 경매절차에서 상계신청은 가능하다
16. 지분경매의 공유자매수청구권 행사는 가능하다.
17. 물건을 낙찰받았는데, 경매취하 또는 취소, 정지가 될 수 있다
18. 임차인은 배당금 수령 시 명도확인서와 인감증명서가 있어야 한다
19. 건물을 비워주지 않으면 부동산인도명령과 명도소송을 하라
20. 가장임차인이 있는 경우 형사고소를 하라
21. 경매를 통하여 수익률 계산하는 방법을 알자
22. 경매와 공매가 동시에 진행되는 경우 잔금 납부를 우선하는 자가 소유자가 된다.

1. 세대합가는 꼼꼼히 확인한다

1) 의의
주민등록상 두 세대주가 하나의 세대를 구성하는 경우이다. 지방에 발령이 나 혼자 전출한 아버지가 서울 본사로 발령이 나서 다시 집으로 돌아와 가족과 주민등록상 세대를 통합하는 경우가 있을 수 있다.

2) 임차인 조사 및 세대합가 여부 확인
가족이 함께 생활하다가 채무자 또는 소유자만 전출하고 남아 있는 가족 명의로 임대차계약을 체결하고 권리를 신고하거나 부부가 위장 이혼을 가장하여 배우자를 임차인으로 하여 권리를 신고하는 경우가 종종 있다.

경매절차에서 집행관은 부동산에 대한 현황조사 시 집행법원에 권리신고 여부를 따지지 않고 주민등록전입일자를 조사하여 보고서를 작성한다.

통상적으로 집행관이 방문을 하였는데, 부재중인 경우는 주민행정센터를 방문하여 주민등록등본을 발급받아 홍길동이 등재되어 있고, 다른 전입세대는 없음이라고 표기한다.

이런 경우 입찰자는 입찰하기 전에 반드시 전입세대열람을 확인하여야 한다. 또한 임대차와는 상관이 없는 사람이 주민등록을 한 임차인으로서 오인될 소지가 있다. 이러한 가장 임차인이 있는 경우는 항고와 재항고를 통해서 시간을 벌고 또한 이사비용 등을 요구하는 경우가 많다.

따라서 거주 여부와 친인척 관계를 철저히 조사한 후에 입찰에 참여해야 한다.

사례 101 세대합가

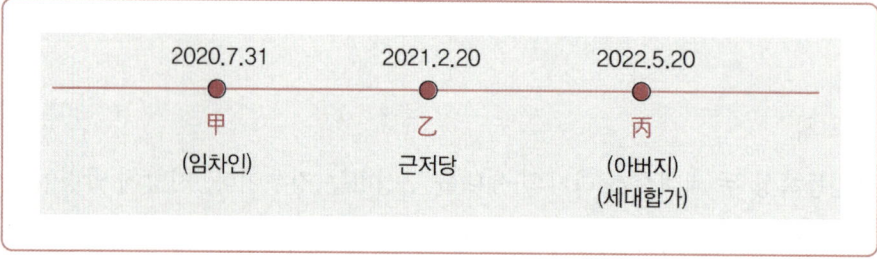

가령 甲이 선순위로 2020.7.31일 전입한 상태에서, 이후에 乙이 근저당을 설정하고 丙이 입주하면서 세대를 합가하면, 먼저 입주하였던 甲의 전입일자는 삭제되고 세대원이 된다.

세대열람 내역서에는 丙이 합가한 일자를 기준으로 전입일자가 다시 잡히게 된다.

따라서 대부분 권리분석 시 말소기준권리인 乙근저당권이 선순위로 생각하고, 인수하는 선순위임차인이 없는 것으로 생각을 하게 된다.

하지만 임차인의 대항력은 합가한 일자가 아닌 가족 구성원 가운데 전입일자가 가장 빠른 甲이 처음 입주하였던 일자를 기준으로 발생한다.

따라서 권리분석 시 세대합가라는 말이 나오면 주민등록초본과 주민등록등본을 발급받아 확인을 하여야 하나, 이해관계인이 아닌 제3자 입장에서 확인하는 것은 사실상 어렵다.

법원 실무에서는 부부간이라든지 부모와 미성년자 간에는 임대차관계를 인정하지 않는다. 그렇지만 부자간이라든지 형제간, 기타 친·인척일 경우에는 실체적 진실에 따라 판단한다.

3) 입찰시 주위 사항

임차인이 많은 다가구에 입찰을 할 경우 특히 조심을 하여야 한다.

가장임차인이 의심되면, 관리사무실이나 반장 또는 통장집에 탐문조사하는 것도 좋은 방법이다.

또한 채권자인 금융기관 담당자에게 문의하는 것도 생각해 볼 수 있다.

그리고 만일 이러한 부동산을 입찰한 이후에 세대가 합가하게 되어 낙찰자가 보증금을 인수하여야 하는 경우가 발생하면, 낙찰자는 경매법원에 낙찰불허가를 신청하여 구제받을 수 있도록 한다..

2. 대위변제 있는 물건은 가급적 피한다

1) 의의

대위변제는 연대보증인, 물상보증인, 담보물의 제3취득자, 후순위담보권자 등이 채무자를 위하여 변제를 하면, 그 변제자는 채무자에 대하여 구상권을 취득하게 되고, 그 구상권의 범위 내에서 종래 채권자가 가지고 있었던 채권에 관한 모든 권리가 법률상 당연히 변제자에게 이전하는 것을 말한다.

민법 제481조에 보면 '변제할 정당한 이익이 있는 자는 변제로 당연히 채권자를 대위한다.'라고 되어 있고 또한 '채권자를 대위한 자는 자기의 권리에 의하여 구상할 수 있는 범위에서 채권 및 그 담보에 관한 권리를 행사할 수 있다.'라고 되어 있다.

2) 대위변제 시기

경매절차에서 대위변제는 낙찰자가 잔금을 납부하기 전까지 가능하다. 통상 후순위권리자가 대위변제를 하게 되는데, 대위변제를 하면 선순위권리자가 되기 위하여 반드시 말소된 부동산등기사항증명서를 법원에 제시하여야 한다. 만일 낙찰자 입장에서 낙찰자가 매각대금 납부 전 대위변제가 있는 경우, 낙찰자는 매각허가를 취소 신청할 수 있다.

담보권의 실행을 위한 부동산의 경매절차에 있어서 주택임대차보호법 제3조에서 규정한 대항요건을 갖춘 임차권보다 선순위인근저당권이 있는 경우에는 낙찰로 인하여 선순위근저당권이 소멸하면 후순위의 임차권도 함께 소멸한다. 그러나 낙찰로 인하여 근저당권이 소멸하고 낙찰인이 소유권을 취득하게 되는 시점인 매각잔금지급일 이전에 선순위근저당권이 다른 사유로 소멸한 때에는, 후순위로 존재하던 임차권이 선순위가 되므로 대항력을 취득하게 된다. 즉 선순위근저당권이 없게 되므로 임차권의 대항력이 소멸하지 않는다.

사례 102 대위변제

배당교부금 : 2억원

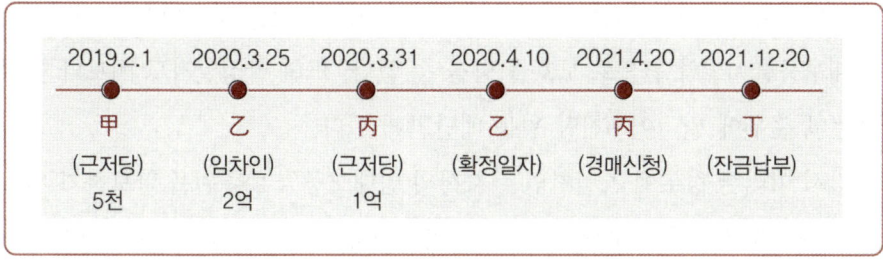

서울지역에 있는 물건이 경매로 나왔다. 丁이 낙찰을 받음으로써 甲근저당권이 말소기준권리가 되어 근저당권과 더불어 모든 권리는 말소된다.
따라서 다음과 같이 배당을 받게 된다.
乙임차인은 최우선변제를 못 받는다.

　　　　1순위 : 甲근저당권자 : 5천만원
　　　　2순위 : 丙근저당권자 : 1억원
　　　　3순위 : 乙임차인(확정일자) : 5천만원

일반적으로 선순위근저당권 뒤에 있는 임차인은 소멸주의 원칙에 따라 경매로 인하여 소멸되며, 배당에서 해결되고, 그 임대보증금액은 대항력 없는 임차인이 되어 매수인과는 관계가 없을 뿐만 아니라 인수할 필요도 없다.
하지만 배당절차에서 본인의 임대보증금액을 받지 못할 것을 확인한 임차인이 잔금납부일까지 선순위의 근저당권을 채무자를 대신하여 변제하게 되면 당연히 근저당권은 말소된다.

따라서 매수인과 관계없을 것으로 알았던 대항력 없는 임차인이 선순위의 근저당권이 말소됨에 따라 임대차보호법상의 대항력 있는 임차인이 되어, 매수인이 임대보증금액을 인수하게 되는 경우가 있다.

상기 사례에서 乙임차인은 최우선소액보증금도 보호를 받지 못한다. 왜냐하면 선순위근저당이 있으므로 당시 서울지역의 주택임대차보호법 소액보증금 보호대상금액이 11000만 원 이하일 경우 3700만 원을 보호받을 수 있는데, 임대보증금이 2억 원으로 보호를 받을 수 없다. 또한 확정일자도 丙보다 늦기 때문에 순위에 밀리어 5천만 원을 배당받게 된다.

따라서 이러한 경우에 乙임차인은 자신의 임대보증금 2억 원을 확보하기 위하여 甲근저당권자에게 5000만 원을 대위변제하고 근저당을 말소시켜 버린다. 이와 같이 乙임차인이 대위변제 후 말소기준권리인 근저당권을 말소하게 되면 乙임차인은 선순위임차인이 되어 대항력을 갖게 돼, 자신의 임대보증금을 지킬 수 있다.

뿐만 아니라 대위변제한 5000만 원에 대한 '대위변제확인서'를 甲으로부터 교부받아서 채무자, 즉 소유자를 상대로 '대위변제금 청구의 소'를 진행하여 청구를 할 수 있다.

대위변제는 언제든지 가능하나 경매절차에서 매각대금납부 전까지만 허용된다. 이때 낙찰자의 입장에서 보면 부담이 될 수 있기 때문에, 매각허가결정 이전에 '낙찰불허가' 신청을 하여 구제를 받을 수 있다.

또한 대위변제는 매각허가결정이 나더라도 매각대금납부 전까지 가능하기 때문에 매각허가결정 이후에는 매각허가결정을 취소하거나 즉시항고를 통하여 낙찰허가조건의 변경을 구하여야 한다.

판례에 의하면 담보권의 실행을 위한 부동산의 입찰절차에 있어서, 주택임대차보호법 제3조에 정한 대항요건을 갖춘 임차권보다 선순위의 근저당권이 있는 경우에는, 낙찰로 인하여 선순위근저당권이 소멸하면 그보다 후순위의 임차권도 선순위근저당권이 확보한 담보가치의 보장을 위하여 그 대항력을 상실하는 것이지만, 낙찰로 인하여 근저당권이 소멸하고 낙찰인이 소유권을 취득하게 되는 시점인 낙찰대금지급기일 이전에 선순위근저당권이 다른 사유로 소멸한 경우에는, 대항력 있는 임차권의 존재로 인하여 담보가치의 손상을 받을 선순위근저당권이 없게 되므로 임차권의 대항력이 소멸하지 아니한다(대판 98마1031).

3) 입찰시 주의

입찰 전에 최선순위 근저당권 채권액이 소액인 경우, 후순위임차인이 근저당금액을 대위변제할 가능성을 사전에 검토하는 것이 필요하다.

특히, 근저당권 다음에 가등기, 가처분이 있는 경우라면 신중하게 검토해야 할 것이다.

낙찰자의 입장에서 대위변제의 가능성이 있는 물건은 가급적 피하는 것이 좋다고 본다. 왜냐하면 대위변제의 가능성이 있는지를 체크하여 보아야 하는데, 선순위말소기준권리금액이 상대적으로 적고, 그다음 순위가 임차인이 있거나 소유권이전보전가등기가 있는 경우는 대위변제 가능성이 높다고 보아야 한다.

대위변제 시 낙찰자는 다음과 같이 대응을 한다.

① 매각기일 전에 대위변제 사실을 안 때는 인수할 금액만큼 떨어진 후 입찰을 고려한다.
② 매각허가결정 전에 대위변제 사실을 안 때는 불허가신청서를 제출한다.
③ 매각대금 납부 전에 대위변제 사실을 안 때는, 즉시항고 후 매각대금 감액 또는 매각허가결정 취소신청을 한다.
④ 매각대금 납부 후 배당기일 전에 대위변제 사실을 안 때는 배당절차 정지신청 및 매각대금 반환신청을 한다.
⑤ 배당 이후라면 부당이득반환청구의 소를 제기한다.

3. 임차권의 양도와 전대가 있는지 면밀히 체크한다

1) 의의

임차권에 대하여 그 동일성을 유지시키면서 임차인이 양수인에게 이전하는 계약이 임차권의 양도이다.

임차권을 양수인에게 양도하면 임차인은 그의 지위를 벗어난다. 양수인이 임차인의 지위를 승계하여 임차인으로서 권리와 의무를 진다.

임차인이 그 권리를 양수인에게 양도하려면, 임대인의 동의를 얻어 적법하게 임차권을 양도한 경우에, 새로운 임차인은 기존 임차인의 주민등록퇴거일로부터 주민등록법상의 전입신고기간 내(14일 이내)에 전입신고를 마쳐야 한다. 그러면 종전의 대항력과 우선변제권은 그대로 유지된다.

만약 임차인이 임대인의 동의 없이 임차권을 양도하거나 또는 임차주택을 전대하면 임대인은 임차인과 임대차계약을 해지할 수 있다.

임대인의 동의를 받는 방법에는 구두 또는 서면, 사후 동의도 가능하다. 다만 후일에 분쟁이 있을 수 있으므로 임대차양도·양수계약서를 작성할 때 임대인의 임차권양도에 동의한다는 확인서를 받아둘 필요가 있다.

임대인의 동의가 없는 임차권의 양도·양수계약은 당사자 간에는 유효하나 임대인 또는 제3취득자에 대해서는 대항력을 주장할 수 없다. 따라서 주의를 해야 한다.

2) 임대인과 임차인, 전차인과의 관계

임차인으로부터 양수한 전차인은 임대인에 대하여 차임을 지급하여야 하는 의무가 있다. 때문에 차임지급을 임차인에게 하지 말고 임대인에게 직접 지급하는 것이 좋다.

또한 임대차계약이 종료되거나 전대차기간이 종료되면 전대차기간은 소멸한다. 다만 임대인과 임차인이 계약의 존속 중에 합의로 임대차계약을 종료한 때에는, 전대차 계약은 당초 임대차계약이 종료되거나 전대차기간이 종료될 때까지 유지된다.

임대차계약이 종료되면 전차인은 임차인에게 목적물을 반환하여야 하고 또한 임대인에 대하여도 반환하여야 할 의무가 있다.

3) 대항력의 문제점

무단양도 또는 무단전대가 아닌 한 정상적으로 임차권의 양도, 양수계약에 의하여 이루어진 임차권의 대항력은 유지된다. 그러나 임차권의 양도나 전대의 경우에는, 양수인이나 전차인이 주민등록을 이전한 다음 애초의 임차인이 퇴거를 하는 경우에도 임차인의 대항력이 유지된다는 것이 문제점이라고 볼 수 있다. 이러한 경우 현재 거주하는 전차인을 기준으로 대항력을 판단하여서는 아니 된다.

따라서 입찰하고자 하는 자는, 현재 거주하는 전차인의 주민등록뿐만 아니라 그 이전의 임차인의 주민등록까지도 확인하여야 낭패를 당하지 않을 수 있다.

4. 다가구주택과 다세대주택 및 연립주택의 권리분석

1) 의의

경매에 참여하기 위해서는, 다가구주택과 다세대주택의 기본적인 개념을 잘 이해할 필요가 있다. 많은 부분에서 다르기 때문이다.

주택법상 주택은 크게 단독주택과 공공주택으로 나뉜다. 단독주택은 다시 단독주택 · 다중주택 · 다가구주택으로 나뉘고, 공동주택은 아파트 · 연립주택 · 다세대주택으로 나뉜다.

투자자들은 각각의 주택에 대하여 장 · 단점을 이해해야 하고, 세금에 대한 차이도 알아야 하고, 수익률도 다르기 때문에 운영방법 및 투자방법이 다를 수밖에 없다.

이 중 다가구주택과 다세대주택에 대하여 많은 혼동이 생긴다.

2) 다가구주택과 다세대주택의 차이점

다음과 같이 차이점이 있다.

● 다가구주택과 다세대주택 비교

구 분	다가구주택	다세대주택
종류	단독주택	공동주택
소유	1인	다수
구분소유	불가능	가능
층수	3층이하	4층이하
연면적	660m^2이하	660m^2이하

세대수	19가구 이하	19세대 이하
전입신고	주소기재(동호수 기재 불필요)	주소기재 + 동호수(必)
일조권사선	도로 끝선	도로 중심선
대지 안의 공지	0.5m	1m
불법건축물 이행강제금	규정 없음	5회 미만(85㎡)
취득세	많다	적다
재산세	많다	적다
종합부동산세	많다	적다
양도소득세	많다	적다
임대사업자혜택	적다	많다
환금성	불리	유리
재개발진행	불리	유리

주) 연립주택은 연면적이 660㎡초과이며, 다세대주택은 660㎡ 이하이다.

3) 대지만 근저당권이 설정된 후 그 지상에 신축된 주택을 임차한 경우

대지에만 근저당을 설정한 근저당권자는 대지뿐만 아니라 건물에 대하여도 일괄 경매를 청구할 수 있으나 건물에 대한 근저당권의 효력은 주장할 수는 없다. 따라서 건물에 아무런 근저당권이 설정되지 않은 상태에서 대항요건을 마친 건물임차인은 건물낙찰인에 대한 대항력을 가진다.

단독주택의 경우 주택에만 전세권설정등기를 한 경우, 토지에는 전세권의 효력이 미치지 않는다. 그러나 집합건물의 경우에는 대지권에 그 효력이 미친다. 판례에 의하면 다가구용 단독주택의 대지 및 건물에 관한 근저당권자가 그 대지 및 건물에 관한 경매를 신청하였다가 그 중 건물에 대한 경매신청만을 취하함으로써 이를 제외한 대지 부분만이 낙찰되었다고 하더라도, 그 주택의 소액임차인은 그 대지에 관한 낙찰대금 중에서 소액보증금을 담보물권자보다 우선하여 변제받을 수 있다(대판 96다7595).

또한 토지와 기존건물에 대하여 공동근저당을 설정하고 임차인이 있었다가 구 건물을 멸실하고 신축한 건물에 다시 근저당을 설정하는 경우가 있다.
이와 같이 토지와 건물의 근저당권설정이 달라져 있는 경우 '토지 · 건물별도 등기'라고 한다.
토지와 건물의 근저당권의 설정일이 다를 경우 임차인의 대항력은 신축한 건물을 기준으로 판단한다.

> 토지 · 건물 공동근저당 → 甲임차인 전입 → 건물멸실 후 신축 → 건물근저당 → 乙임차인 전입
> (대항력 기준)

권리분석 시 토지와 건물이 각각 1순위 근저당이 설정되어 있을 경우 조심하여야 한다.
따라서 이러한 경우에 甲임차인의 대항력은 전입일(선순위임차인)을 기준으로 하고, 乙임차인의 대항력(후순위임차인)은 근저당을 기준으로 말소되기 때문에 낙찰자는 甲임차인의 임대보증금을 인수하여야 한다.

4) 입찰시 주의점

다가구주택의 전입신고는 동호수를 기재하지 않고 지번만 기재하여도 문제가 없다. 하지만 다세대주택과 연립은 반드시 지번과 동호수를 기재하여야 한다. 다가구주택 내에서 이사를 하는 경우는, 주민등록 전입신고를 다시 할 필요는 없으나 다세대주택과 연립주택의 경우엔 전입신고를 다시 하여야 한다.
다가구주택인지 다세대주택인지는 건축물관리대장을 통하여 확인할 수 있다. 간혹 다가구주택이 구분등기가 되어 있는 호수가 경매로 나오는 경우가 있는데, 입찰 시 조심해야 한다. 왜냐하면 그 해당하는 호수에 살고 있는 임차인이

지번상 다른 호수에 전입신고를 하였더라도 선순위로 인정되기 때문이다.

또한 주민등록이 잘못 기재되어 정정한 경우는 소급되지 않고 정정한 익일부터 대항력이 발생한다. 따라서 건축물관리대장과 부동산등기사항증명서가 신규로 작성되기 전에 신축주택에 전입신고한 경우, 이후 작성되는 즉시 주소를 정정신고를 하여야 한다.

그러나 임차인이 전입신고를 바르게 하였는데, 공무원의 착오로 지번이 잘못 등재되어 정정하면 당초의 주민등록전입일자 기준으로 대항력을 취득한다.

따라서 입찰하고자 하는 자는 이러한 제반 사항을 잘 이해하고 참여를 하는 것이 좋다.

5. 재건축·재개발 아파트의 조합원 지위 승계

1) 의의

재건축 또는 재개발 과정 중에 있는 아파트에 대한 경매가 진행 시 조합원의 지위가 승계될 수 있는지, 아니라면 현금청산 대상이 될 수 있기 때문에 이를 확인하고 입찰을 결정해야 한다.

2) 조합원 승계 확인 방법

도시 및 주거환경정비법 제39조 제2항에 의하면 투기과열지구로 지정된 지역에서 재건축사업을 시행하는 경우에는 조합설립인가 후, 재개발사업을 시행하는 경우에는 관리처분계획의 인가 후 해당 정비사업의 건축물 또는 토지를 양수한 자는 조합원이 될 수 없다. 다만, 양도인이 다음에 해당하는 경우 그 양도인으로부터 그 건축물 또는 토지를 양수한 자는 조합원이 가능하다.

① 세대주가 포함된 세대원의 근무상 또는 생업상의 사정이나 질병치료 · 취학 · 결혼으로 세대원이 모두 해당 사업구역에 위치하지 아니한 특별시 · 광역시 · 특별자치시 · 특별자치도 · 시 또는 군으로 이전하는 경우
② 상속으로 취득한 주택으로 세대원 모두 이전하는 경우
③ 세대원 모두 해외로 이주하거나 세대원 모두 2년 이상 해외에 체류하려는 경우
④ 1세대 1주택자로서 양도하는 주택에 대한 소유기간 및 거주기간이 대통령령으로 정하는 기간 이상인 경우
⑤ 지분형주택을 공급받기 위하여 건축물 또는 토지를 토지주택공사 등과 공유하려는 경우

⑥ 공공임대주택에 따른 공공분양주택의 공급 및 대통령령으로 정하는 사업을 목적으로 건축물 또는 토지를 양수하려는 공공재개발사업 시행자에게 양도하려는 경우
⑦ 그 밖에 불가피한 사정으로 양도하는 경우로서 대통령령으로 정하는 경우

다만, 도시 및 주거환경정비법 시행령 제37조 제2항 제5호에서 예외를 두고 있는데, 국가·지방자치단체 및 금융기관에 대한 채무를 이행하지 못하여 재개발사업·재건축사업의 토지 또는 건축물이 경매 또는 공매되는 경우는 조합설립 후에 낙찰을 받더라도 소유권을 취득할 수 있다. 이 경우 경매신청권자는 금융기관이나 국가기관이어야 한다. 개인이 경매를 신청하였다면 해당 물건을 낙찰받아도 분양권을 받을 수 없다.

3) 입찰 시 주의 사항

재건축 또는 재개발 과정 중에 있는 아파트에 대해서는 상기와 같은 내용을 확인하고 입찰에 참여할지 말 것인지를 고민하여야 한다.

만일 조합원자격을 획득하지 못한다면 현금청산을 당하게 된다. 대부분 재건축 아파트가 경매에 나왔다면 거의 현금이 없기 때문에, 가령 3억 원에 재건축 예정 아파트를 낙찰받았는데 1억 원을 추가로 납부하면, 4억 원에 신축아파트에 입주할 수 있다고 판단을 할 수 있다.

주변 시세는 6억 원대라고 보면 시세차익이 2억 원이라고 볼 수 있는데, 조합으로부터 현금청산으로 협의를 했다면 법무사비, 명도비, 관리비 등을 고려했을 때 손해이다.

결국 전 소유주와 조합 간에 재건축을 위한 협의가 되어 있기 때문에, 재건축 시작과 동시에 3억 원만 받게 되고 마무리될 것이다.

6. 입목과 명인방법에는 차이가 있다

지상물에 관한 물권의 변동을 나타내는 공시방법은 ①입목에 관한 법률에 의한 입목등기 ②관습법에 의한 명인방법이 있다.

1) 입목
(1) 의의
입목은 원칙적으로 토지의 정착물로서 독립성이 없는 토지의 구성 부분이며, 토지와 함께 부동산(민법 제99조 ①)으로 취급되고 있다. 그러나 토지로부터 분리된 때에는 독립된 동산(민법 제99조 ②)이 된다.

(2) 부동산 취급
입목은 토지와 분리하여 독립적으로 거래하는 관행이 있었으므로, 입목에 관한 법률(1973.2.6. 법률 2484호)을 제정하여 등기된 입목은 건물과 마찬가지로 토지로부터 독립된 부동산으로 취급한다. 또한 입목만을 양도하거나 저당권의 목적으로 할 수 있다. 토지소유권 또는 지상권의 처분에 대한 효력은 입목에는 영향을 미치지 않는다.

그리고 입목법에 의한 등기를 하지 않고 팻말 또는 나무껍질을 깎아 소유자의 이름을 표시하는 등의 이른바 명인방법을 함으로써, 독립된 부동산으로 거래하는 관행으로 관습법적으로 인정되고 있다. 하지만 명인방법은 공시방법이 불완전하여 소유권 이외의 권리를 공시하는 데는 적당하지 않으므로, 저당권의 목적으로 하는 것은 인정되지 않는다.

이와 같이 수목은 그 생육기반인 토지와 별도로 분리하여 독립한 부동산으로 볼 수 없다. 하지만 입목에 관한 법률에 의하여 소유권보존등기가 된 토지에 부착된 수목의 집단은 입목(立木)으로서 부동산으로 취급된다.

(3) 입목등록원부

수목의 집단을 입목법에 의하여 소유권보존등기를 하기 위해서는 소재지의 시장 또는 군수가 비치하는 '입목등록원부'에 소유권보존등기를 하기 전에 먼저 등록하여야 한다.

2) 명인방법

(1) 의의

토지의 구성 부분인 지상물이 토지소유권으로부터 분리되어 타인에게 귀속되고 있다는 사실을 제3자가 명백하게 인식할 수 있게 하는 상당한 방법을 말한다.

(2) 명인방법으로 공시할 수 있는 물건

관습법적으로 인정되고 있는 명인방법은 수목, 미분리의 과실, 입도, 엽연초, 인삼, 파, 마늘, 뽕잎 기타 농작물에 대하여 이용된다.
명인방법으로는 임야의 여러 곳에 나무껍질을 깎아서 소유자의 성명을 써두거나(입산금지 소유자 한강수) 하는 방법, 나무에 성명을 기재한 표찰을 부착하는 방법, 경계에 따라 일정한 간격을 두고 소유자의 성명을 써서 부착하는 방법, 전답의 주위를 새끼줄을 둘러치고 소유자를 나타내는 표찰을 세우는 방법 등이 이용된다.

(3) 명인방법 특정

명인방법은 전 소유자나 거래 과정은 표시하지 않아도 된다. 또한 지상에 있는 물건이 독립된 거래의 대상이다.

현재의 물건에 대한 소유자가 누구인지를 나타내면 되지만, 지상에 있는 물건이 특정되어야 하고 표시가 계속 유지되어야만 한다.

(4) 독립된 부동산
명인방법을 갖춘 지상물은 그 토지와는 별개로 독립된 부동산으로 취급된다. 따라서 명인방법은 등기가 가능한 건물이나 입목에 대하여는 허용되지 않는다.

(5) 명인방법의 제한
명인방법은 불완전한 공시방법이기 때문에 소유권에 한하여서만 인정되고 있다. 제한물권에 해당하는 전세권, 질권, 근저당권 등의 제한물권에는 이용될 수 없다.

다만 소유권의 양도 및 양도담보 등 소유권의 변동에 관하여 공시가 가능하다고 본다. 명인방법은 물권변동에 대하여 형식주의를 취하고 있기 때문에 지상물에 대한 권리변동의 효력요건이다.

따라서 판례에 의하면 입목의 이중매매에 있어서는 관습법에 의하여 입목소유권 변동에 관한 공시방법으로 인정되어 있는 명인방법을 먼저 한 사람에게 입목의 소유권이 이전된다(대판 66다2442).

(6) 명인방법으로 인정되지 않은 판례
판례에 의하면 소유자 명의표시 없이 단순히 입산금지의 게시판을 부착하거나 입목에 백색횟가루 또는 페인트로 'O'를 한 것만으로써는 입목의 소유권자가 피고임을 인식할 수 없다 할 것이어서 입목의 소유를 공시하기에 적합한 명인방법이라고 할 수 없다(대구고법 79나189). 또한 토지의 주위에 울타리를 치고 그 안에 수목을 정원수로 심어 가꾸어 온 사실만으로는 명인방법을 갖추었다고 보기 어렵다(대법원 90다 20220).

7. 분묘기지권에도 지료를 청구할 수 있다

1) 의의
분묘기지권은 타인의 토지 위에 있는 분묘에 대하여 관습법상 인정되는 지상권에 유사한 일종의 물권이다.

2) 분묘기지권이 성립하는 경우
분묘기지권은 다음의 하나에 해당하면 인정된다.
① 토지소유자의 승낙을 얻어 분묘를 설치한 경우
외부에서 인식할 수 있는 봉분 등이 있어야 하며, 암장이나 평장, 그리고 예장 등은 분묘기지권이 성립하지 않는다.

② 분묘기지권의 시효취득
토지소유자의 승낙을 받지 않았더라도 분묘를 설치하고 20년 동안 평온·공연하게 점유함으로써 시효로 인하여 취득한 경우
하지만 2001년 1월 13일 '장사 등에 관한 법률' 시행 이후로는 토지소유자의 승낙 없이 설치한 분묘의 연고자는 분묘기지권의 시효취득을 주장할 수 없고, 시행일 이전에 분묘를 설치한 경우는 시효취득이 가능하다.
또한 20년 동안 평온·공연하게 점유함으로써 분묘기지권을 시효취득으로 취득하였다 하더라도 토지소유자가 분묘기지에 관한 지료를 청구하면 그 청구한 날부터 지료를 지급하여야 한다.

③ 자기 소유의 토지에 분묘를 설치한 자가 분묘에 관해서는 별도의 특약이 없이 토지만을 타인에게 처분한 경우

3) 입찰 시 주의 사항

분묘기지권이 성립하는 경우에는 그 분묘를 마음대로 이장할 수 없으므로 임야 등을 경매할 때, 단순히 가격만 보거나 등기부상의 상태만 확인할 게 아니라 임장활동을 통하여 주의 깊게 살펴보고 입찰에 응하여야 한다.

8. 위법건축물은 가급적 피하는 게 좋다

1) 의의
현장을 방문하다 보면 위치나 건물의 내외관은 무난해 보이나 불법으로 용도를 개조한 경우가 있다.

이같이 위법건축물은 상업용 건물이 주거용 건물로 용도변경된 경우이거나 또는 다가구를 증축하거나 쪼개기, 공지 비율을 어겼거나 층수 위반·경계선 침범을 한 경우이다.

2) 불법건축물의 문제점
위법건축물은 건축물관리대장에 나타나기 때문에 확인을 할 수 있다. 이러한 경우 관할관청 주택과에서 관리한다.

위법한 건물을 입찰하여 낙찰받은 경우, 원상복구를 하여야 하고 원상복구를 하지 않으면 형사고발과 이행강제금이 6개월마다 수년에 걸쳐 원상복구 될 때까지 부과된다.

또한 주거용 건물은 대출이 어렵고 상가는 영업허가가 나오지도 않는다. 이러한 물건이 경매에 나오면 통상적으로 2, 3차례 유찰이 된다.

3) 입찰 시 주의사항
원상복구에 대한 공사비용과 이에 부합될 옵션 등이 자본적 또는 수익적 지출비용으로 산정되게 된다. 따라서 지출될 비용을 사전에 정리한 후 입찰가격을 정해야 한다.

이러한 위험성을 간과하고 입찰하여 잔금까지 납부할 경우 되돌릴 방법이 사실 없다고 보아야 한다. 그러므로 공사비용 및 기반비용, 취득 시 납부할 세금, 명도비용 등 비용 산정을 명확히 하여 불측의 피해가 없도록 주의해야 한다. 신고된 임차인이 많게 되면, 배당금액 및 임대차에 관한 권리를 개별로 정리하여야 하고, 각각의 임대차 금액이나 권리신고 시점이 서로 상이함으로 개별적 권리분석이 필요하다.

위반건축물이라고 해서 입찰을 할 수 없는 것은 아니다. 간혹 위법건축물을 수년마다 양성화하여 주는 경우가 있는데, 이행강제금이 부과되는 주거용에 대하여 사용승인을 하여 주는 경우이다.

이것을 기대하고 수년 동안 이행강제금을 납부하고라도 수익이 예상된다면 한 번 고민해 볼 수는 있다.

이 같은 여러 가지 소요될 비용을 공제하고도 가격적으로 매력이 있다면 입찰이 가능할 것이나 조심하여야 한다.

9. 제시외 및 매각제외가 있는 경우

1) 의의

부동산경매를 하다 보면 현황조사서에 제시외 건물 및 매각제외 건물에 대하여 가끔 보게 된다. 주로 오래전에 건축된 주택들에서 자주 보게 된다.

제시외 건물은 등기사항증명서상에는 나타나지 않은 미등기건물이나 무허가 건물을 말한다. 매각제외 건물은 입찰제외라고도 하는데, 이는 건축허가나 부동산등기사항증명서는 나왔으나 경매신청목록표에는 없는 경우이다.

이러한 경우는 경매절차에서 채권자가 신청한 경매신청 목록표에는 없으나, 주로 감정평가사들이 경매물건을 평가하기 위해 방문한 현장에서 발견하게 된다. 낙찰자는 제시외 건물 및 매각제외가 있는 경우 소유권을 과연 취득할 수 있는지 없는지가 중요하다.

이와 관련하여 민법조항을 살펴보자.

2) 종물, 부합물, 독립된 건물

제시외 건물은 종물, 부합물, 독립된 건물로 분류할 수 있다.

> 민법 제100조(주물, 종물)
> ① 물건의 소유자가 그 물건의 상용에 공하기 위하여 자기 소유의 다른 물건을 이에 부속하게 한 때에는 그 부속물은 종물이다.
> ② 종물은 주물의 처분에 따른다.

이와 같은 종물에는 백화점건물의 지하 2층 기계실에 설치되어 있는 전화교환설비, 보일러시설, 지하수펌프, 농지에 부속한 양수시설, 주요소의 주유기, 별동의 화장실, 목욕탕, 창고 등이 있다.

> 민법 제256조[(동산에의 부합)
> 부동산의 소유자는 그 부동산에 부합한 물건의 소유권을 취득한다. 그러나 타인의 권원에 의하여 부속된 것은 그러하지 아니하다.

이와 같은 부합물에는 정원수, 정원석, 담장, 수목, 주유소의 땅속에 부설된 유류저장탱크 등이 있다.

> 민법 제358조(저당권의 효력의 범위)
> 저당권의 효력은 저당부동산에 부합된 물건과 종물에 미친다. 그러나 법률에 특별한 규정 또는 설정행위에 따른 다른 약정이 있으면 그러하지 아니하다.

따라서 제시외 건물은 종물과 부합물에 해당될 경우는 근저당권의 효력이 이에 미치게 되고 또한 감정평가금액에 포함되었든지, 포함되지 않았든지 간에 낙찰자는 소유권을 취득하게 된다.

그러나 제시외 건물이 독립된 건물인 경우가 문제가 된다. 이것은 정상적으로 건축허가를 받아 등기까지 했는데, 경매지에 매각제외로 나타나는 경우로서 독립된 건물인 경우 근저당권의 효력이 미치지 않게 된다.

더불어 감정평가금액에도 제외되어 있다면 낙찰자는 소유권을 취득할 수 없다. 또한 법정지상권 등의 문제가 발생할 수 있기 때문에 면밀히 검토한 후 입찰에 응하여야 한다.

이와 관련하여 감정평가금액에 포함되었지만 독립된 건물로 법원이 판단한 경우로 다음의 경우를 보자.

판례를 보면 ① 건물이 증축된 경우에 증축 부분의 기존건물에 부합 여부는 증축 부분이 기존건물에 부착된 물리적 구조뿐만 아니라 그 용도와 기능의 면에서 기존건물과 독립한 경제적 효용을 가지고 거래상 별개의 소유권의 객체가 될 수 있는지의 여부 및 증축하여 이를 소유하는 자의 의사 등을 종합하여 판단하여야 한다.

② 어느 건물이 주된 건물의 종물이기 위하여는 주된 건물의 경제적 효용을 보조하기 위하여 계속적으로 이바지되어야 하는 관계가 있어야 한다.

③ 경매법원이 기존건물의 종물이라거나 부합된 부속건물이라고 볼 수 없는 건물에 대하여, 경매신청된 기존건물의 부합물이나 종물로 보고서 경매를 같이 진행하여 낙찰 허가를 하였다 하더라도 그 독립된 건물에 대한 낙찰은 당연무효이고 따라서 그 낙찰인은 위 독립된 건물에 대한 소유권을 취득할 수 없다.

2) 입찰 시 주의사항

증축된 건물이 종물이나 부합물로 본다면 별다른 문제가 없다. 하지만 독립된 경우는 소유권을 취득할 수 없어 주의해야 한다. 다만 건물제외 토지만 매각물건으로 나온 경우, 법정지상권을 주장하는 경우가 있는데, 이를 살펴보고 깰 수만 있다면 입찰에 참여하여 소유권 취득 후 협상을 통한 건물매수, 지료청구, 건물철거 등을 통하여 수익을 실현할 수 있을 것이다.

10. 담보책임에 대한 하자는 꼼꼼히 확인하라

1) 의의

경매사건의 경우 법원에서 권리에 대한 하자의 책임은 지지만 물건에 대한 하자의 책임은 지지 않는다.

가령 물건의 외관상 벽에 금이 갔다는 하자가 있는 경우는 법원에서 책임을 진다. 하지만 내부의 기능상 수돗물이 잘 안 나오고, 화장실 물이 잘 안 내려간다는 등에 대한 하자는 낙찰자가 책임을 진다.

경매는 매각물건명세서상에 명시된 대로 진행이 된다. 매수신고인이 되면 물건에 대하여 조사를 할 수 있다.

만일 조사 중에 매각물건명세서와 차이가 있는데, 이를 감정평가에 반영이 안 되어 있다면, 매각허가결정 전이라면 매각불허가신청을 할 수 있고 매각허가결정이 나고 매각대금납부 전이라면 매각허가결정 취소를 신청할 수 있다.

매각불허가 또는 매각허가결정 취소를 신청하여 법원에서 받아들여지면, 매각 불허가가 되어 매수에 관한 책임이 면제되고 매수인은 입찰보증금을 반환받을 수 있다. 그리고 경매는 다시 진행된다.

또한 소유자는 부채를 청산하고 부동산의 소유권을 지킬 수 있기 때문에 다양한 사유를 들어 매각불허가를 위한 이의신청을 하기도 한다.

매각불허가신청은 매수인이 매각일 이후 7일 내에 최고가매수인으로 선정됐지만 최고가매수인으로서의 지위를 철회해달라는 취지의 신청을 법원에 구하는 방식이다.

매각불허가신청은 주로 매수인이 하는 경우가 많지만 채권자, 채무자, 소유자 등 해당 경매물건의 이해관계인이면 누구나 할 수 있다.

2) 권리의 하자에 대한 담보책임

권리상의 하자가 있으면 민법 제578조에 의하여 ① 경락인은 채무자에게 계약의 해제 또는 대금감액의 청구를 할 수 있고 ② 채무자가 자력이 없는 때에는 경락인은 대금의 배당을 받은 채권자에 대하여 그 대금 전부나 일부의 반환을 청구할 수 있다. ③ 2항의 경우에 채무자가 물건 또는 권리의 흠결을 알고 고지하지 아니하거나 채권자가 이를 알고 경매를 청구한 때에는 경락인은 그 흠결을 안 채무자나 채권자에 대하여 손해배상을 청구할 수 있다.

따라서 현황보고서에 임대차의 현황을 살펴보니 '확인안됨', '없음' 등으로 되어 있었으나, 입찰 후에 임차인이 있는 것으로 나타나 낙찰자가 보증금을 인수하여야 하는 경우라든지, 입찰기록상에 임대보증금과 실제임대보증금이 차이가 발생되어 추가로 부담을 하여야 하는 경우라든지, 후순위권리자가 선순위권리자에게 대위변제를 하여 낙찰자가 인수를 하여야 하는 경우가 발생하면, 매각불허가 또는 매가허가결정취소를 신청하여, 법원에서 받아들여지면 매각불허가가 되어 다시 경매가 진행된다.

만일 배당 이후라면 채권자에 대하여 그 대금 전부나 일부의 반환을 청구할 수 있다. 또한 채무자나 채권자가 하자를 알고 있었다면 손해배상청구도 할 수 있다.

또한 주택임대차보호법 제3조 제5항은 '주택임대차보호법에 따라 임대차의 목적이 된 매매나 경매의 목적물이 된 경우에는 민법 제578조를 준용한다.'고 규정되어 있으며, 민법 제578조 제1항은 '임대차의 목적이 된 주택이 경매의 목적물이 된 경우 경락인은 채무자에게 계약의 해제 또는 대금감액을 청구할 수 있다.'고 규정하고 있다.

판례에 의하면 경매의 목적물에 대항력 있는 임대차가 존재하는 경우에 경락인이 이를 알지 못한 때에는, 경락인은 이로 인하여 계약의 목적을 달성할 수 없는 경우에 한하여 계약을 해제하고, 채무자 또는 채무자에게 자력이 없는 때에는 배당을 받은 채권자에게 그 대금의 전부나 일부의 반환을 구하거나, 그 계약해제와 함께 또는 그와 별도로 경매목적물에 위와 같은 흠결이 있음을 알고, 고지하지 아니한 채무자나 이를 알고 경매를 신청한 채권자에게 손해배상을 청구할 수 있을 뿐, 계약을 해제함이 없이 채무자나 경락대금을 배당받은 채권자들을 상대로 경매목적물상의 대항력 있는 임차인에 대한 임대차보증금에 상당하는 경락대금의 전부나 일부를 부당하게 이익을 얻었다고 하여 바로 그 반환을 구할 수 있는 것은 아니다(대판 선고 96다 7106).

3) 입찰시 주의 사항

입찰에 참여할 때 물건에 대한 하자가 있는 경우, 담보책임을 물을 수 있기 때문에 상황에 따라 매도인이 부담하여야 할 담보책임, 즉 계약해제권, 대금감액청구권, 손해배상청구권을 선택적으로 행사할 수 있다.

따라서 이러한 내용을 잘 이해하고 대응하여야 한다.

11. 경매절차에서 불허가 및 취소 될 수 있는 경우

1) 의의

경매절차는 매각물건명세서상에 명시된 대로 진행이 되고, 매수신고인이 되면 물건에 대하여 조사를 할 수 있다.

경매물건 조사 중에 매각물건명세서와 차이가 있는 경우 이의를 할 수 있는데, 매각허가에 관한 이의는 매각허가가 있을 때까지 신청하여야 한다(민사집행법 제120조 2항).

예를 들어 감정평가에 반영이 안 되어 있다면, 매각허가결정 전이라면 매각불허가신청을 할 수 있고 매각허가결정이 나고 매각대금납부 전이라면 매각허가결정취소를 신청할 수 있다.

매각불허가 또는 매가허가결정취소를 신청하여 법원에서 받아들여지면 매각불허가가 되어 매수에 관한 책임이 면제되고 매수인은 입찰보증금을 반환받을 수 있다. 그리고 경매는 다시 진행된다.

2) 경매불허가 사유에 해당되는 경우

① 이해관계인의 이의신청이 정당하다고 인정한 때 불허가 하는 경우

법원은 이의신청이 정당하다고 인정한 때에는 매각을 허가하지 아니한다(민사집행법 제123조 제1항).

② 경매법원의 직권으로 불허가하는 경우

민사집행법 제121조에 규정한 7가지 사유가 있는 때에는 직권으로 매각을 허가하지 아니한다.

> **민사집행법 제121조에 규정한 7가지 사유**
>
> 매각허가에 관한 이의는 다음 각호 가운데 어느 하나에 해당하는 이유가 있어야 신청할 수 있다.
>
> 1. 강제집행을 허가할 수 없거나 집행을 계속 진행할 수 없을 때
> 2. 최고가매수신고인이 부동산을 매수할 능력이나 자격이 없는 때
> 3. 부동산을 매수할 자격이 없는 사람이 최고가매수신고인을 내세워 매수신고를 한 때
> 4. 최고가매수신고인, 그 대리인 또는 최고가매수신고인을 내세워 매수신고를 한 사람이 제108조 각호 가운데 어느 하나에 해당되는 때
> 5. 최저매각가격의 결정, 일괄매각의 결정 또는 매각물건명세서의 작성에 중대한 흠이 있는 때
> 6. 천재지변, 그 밖에 자기가 책임을 질 수 없는 사유로 부동산이 현저하게 훼손된 사실 또는 부동산에 관한 중대한 권리관계가 변동된 사실이 경매절차의 진행 중에 밝혀진 때
> 7. 경매절차에 그 밖의 중대한 잘못이 있는 때

다만 민사집행법 제121조 제2호 또는 제3호의 경우에는 능력 또는 자격의 흠이 제거되지 아니한 때에 한한다(민사집행법 제123조 2항).

가령 경매물건의 공고된 면적과 실제의 면적이 크게 다른 경우, 선순위임차인이 있음에도 불구하고 이를 누락한 경우, 감정평가와 시가가 현저히 차이가 나는 경우, 감정평가서 및 현황조사서와 매각물건명세서의 기재에 관하여 오류 및 누락이 있는 경우, 경매진행의 절차상에 문제가 있는 경우가 이에 해당된다고 볼 수 있다.

그러나 매각기일 당시에 존재하였던 흠결이 그 후 매각허가결정 여부의 재판

시까지 추인이나 관할관청의 증명 또는 인·허가(예 농지의 경우 농지취득자격 증명)로 추후 보완된 경우에는 불허가결정 대상은 아니라고 본다.

③ 채무자가 부채를 상환한 경우
경매가 진행되고 있는 물건 채무자, 즉 소유자가 부채를 청산하고 부동산의 소유권을 지키기 위하여 다양한 사유를 들어 매각불허가를 위한 이의신청을 하기도 한다.

④ 과잉매각되는 경우
여러 개의 부동산을 매각하는 경우, 한 개의 부동산의 매각대금으로 모든 채권자의 채권액과 강제집행비용을 변제하기에 충분하면 다른 부동산의 매각을 허가하지 아니한다(민사집행법 제124조 1항).
다만, 토지와 그 위의 건물을 일괄매각하는 경우나 재산을 분리하여 매각하면, 그 경제적 효용이 현저하게 떨어지는 경우 또는 채무자의 동의가 있는 경우에는 매각이 가능하다(민사집행법 제101조 3항 단서).

⑤ 집행정지결정 정본이 제출된 경우
강제집행의 정지를 명하는 취지를 적은 집행력 있는 재판의 정본이 제출된 경우는 민사집행법 제121조 제1호의 '집행을 계속 진행할 수 없을 때'에 해당하여 매각허가에 대한 이의신청사유에 해당하고, 이러한 사유는 매각허가가 있을 때까지 신청하여야 하며(민사집행법 제120조 제2항), 이러한 사유가 있는 경우 집행법원은 직권 또는 당사자의 이의신청에 의해 매각을 허가하지 아니하는 결정을 하여야 하고(민사집행법 제123조), 여기에 집행법원의 재량이 허용될 여지는 없다고 할 것이다(대판 2008마 1855).
그러나 경락허가결정이 된 후 경락대금이 납부되기 이전에 강제집행정지결정이 제출되어 강제경매절차를 필요적으로 정지하여야 함에도, 경매법원이 대금납부기일을 지정하고 이에 따라 경락인들이 경락대금을 완납하였다면 이러한 대금납부 기일지정 조치 등은 위법하다 할 것이나, 경락대금이 완납된 이후에는 이해관계인이 이러한 위법한 처분들에 관하여 민사소송법 제504조 소정의 집행에 관한 이의, 나아가 즉시항고에 의하여 그 시정을 구할 수 없으며, 또한 민사소송법 제511조에 의한 집행처분의 취소신청도 할 수 없다(대판 94마1871).

3) 경매 취소 사유에 해당 되는 경우
① 경매신청권자에게 실익이 없는 경우
경매를 신청한 채권자에게 배당될 금액이 있어야만 경매를 속행하고, 그렇지 않은 경우에는 법원에서 경매를 취소한다. 이를 '무잉여금지원칙'이라고 한다. 이를 판단하는 기준은 매각절차에서 최저매각가격을 기준으로 경매비용과 압류채권자에 우선 변제하고 남는 금액이 없다고 판단할 때이다.
즉, 법원은 채권회수를 위해 경매를 신청한 채권자에게 배당해야 할 금원이 없다면, 경매를 진행하는 의미가 없다고 판단하여 경매를 직권으로 취소한다.

예를 들어보자.
가령 갑돌이가 채권을 회수하기 위하여 경매를 실행하였다.
최초감정가액이 5억 원인 경매물건이 2회 유찰(20%씩 저감)되었다. 따라서 최저경매가가 3억2000만 원으로 떨어졌다.
이 물건에 대한 채권자는 A은행 2억 원, B금고 2억 원, 갑돌이 1억 원이 순차적으로 근저당이 설정되어 있다.
각각 배당받아야 할 채권액은 2억 원, 2억 원, 1억 원이라는 것을 알 수 있다.
그러나 최저매각가격 3억2000만 원을 기준으로 보면, 우선 경매비용 300만

원이 배당되고, 순차적으로 A은행 2억 원이 배당되고 B금고에 2억 원이 배당되고 나면 경매를 진행하였던 갑돌이에게는 배당할 금액이 없다.
이와 같은 경우 법원은 '무잉여'를 이유로, 직권으로 경매를 취소하게 된다.

② 중대한 권리관계가 변동된 사실이 있는 경우
경매취소사유에 해당하는 경우는 민사집행법 제121조 제6호에서 규정한 사실이 매각허가결정의 확정 뒤에 밝혀진 경우에는 매수인은 대금을 낼 때까지 매각허가결정의 취소신청을 할 수 있다(민사집행법 제127조 1항).
민사집행법 제121조 제6호는 천재지변, 그 밖에 자기가 책임을 질 수 없는 사유로 부동산이 현저하게 훼손된 사실 또는 부동산에 관한 중대한 권리관계가 변동된 사실이 경매절차의 진행 중에 밝혀진 때이다.
판례에 의하면 매각허가결정 단계에서 부동산의 현저한 훼손 등을 간과하여 매각허가결정이 되고, 매수인도 이를 모르고 즉시항고를 제기하지 않아 매각허가결정이 확정된 경우에는, 민사집행법 제127조 제1항에 의한 매각허가결정의 취소신청만 할 수 있다. 또한 선순위근저당권의 존재로 후순위임차권의 대항력이 소멸하는 것으로 알고 부동산을 매수하였으나, 이후 선순위근저당권의 소멸로 인하여 임차권의 대항력이 존속하는 것으로 변경됨으로써 매각부동산의 부담이 현저히 증가하는 경우에도, 매수인은 자신에 대한 매각허가결정의 취소신청을 구할 수 있다(대판 98마1031).
하지만 매수인이 대금을 납부한 후에는 그 훼손이 대금납부 전에 생긴 것이라 하더라도 민사집행법 제127조 제1항에 의한 매각허가결정의 취소신청을 할 수 없다.

③ 공매와 경매가 동시에 진행되는 경우
경매와 공매가 모두 개시되면 두 매각절차는 함께 진행하게 되는데, 법원과 자

산관리공사가 협의하여 경매 또는 공매 중 하나로 매각을 진행한다.
그리고 진행되지 않는 나머지 절차는 정지시킨다. 이와 같이 매각이 진행되는 경우 입찰자가 별도로 주의해야 할 것은 없다.

이와 같이 경매와 공매가 이중으로 매각이 진행된 경우에는, 민법 제187조에 따라 상속, 공용징수, 판결, 경매 기타 법률의 규정에 의한 부동산에 관한 물권의 취득은 등기를 요하지 아니하기 때문에 두 낙찰자 중 먼저 잔금을 납부하는 사람이 소유권을 취득한다.

그리고 소유권을 취득하지 못한 낙찰자는 보증금을 돌려받는다.

경매절차에서 잔금납부는 다음과 같이 순서에 따라 납부하면 된다.

경매로 낙찰받고 난 뒤, 이해관계인의 항고가 없으면 법원에서는 낙찰자에게 잔금납부기한통지서를 발송한다.

경매는 잔금을 납부하기까지 2주가 지나야 하는데, 낙찰이 되고 매각허가결정이 나고, 항고기간이 지나면 매각허가결정이 확정된다. 그리고 잔금납부기간이 정해지면 바로 납부를 할 수 있다.

그러면 먼저 법원경매계에서 법원보관금납부명령서를 받아서 은행에 가서 잔금을 납부한다. 그 다음으로 법원경매계에서 매각대금완납증명서를 작성하고 법원민사신청과에서 접수 확인을 받고 마지막으로 모든 서류를 경매계에 제출한다.

하지만 공매는 매주 월요일부터 수요일까지 입찰하고, 목요일에 개찰이 되면서 낙찰이 결정되는데, 통상적으로 낙찰일 다음 주 월요일에 매각허가결정이 되어 매각허가결정통지서를 수령하고 이날부터 바로 잔금납부가 가능하다.

④ 경매신청 후 가등기에 기한 본등기한 경우

선순위가등기가 있는 경우, 경매신청을 하더라도 이후에 가등기에 기한 본등기를 하면 등기관은 경매등기를 직권말소하게 되고 경매는 취소된다.

판례에 의하면 가등기는 그 성질상 본등기의 순위보전의 효력만이 있어 후일 본등기가 경료된 때에는 본등기의 순위가 가등기한 때로 소급하는 것뿐이지 본등기에 의한 물권변동의 효력이 가등기한 때로 소급하여 발생하는 것은 아니다(대판 92다 21258).

이때 채권자가 확인해 보아야 하는 것은 선순위가등기가 허위가등기가 아닌지 여부이다. 만약 가등기가 채무자와 가등기권자 사이에 강제집행면탈을 위한 허위가등기에 해당한다면 강제경매등기회복절차에 대한 승낙청구소송을 제기하거나 채무자를 대위하여 가등기나 본등기의 말소를 구할 수 있다(대판 2001다 84367, 2016다 28897, 2015다 253573).

⑤ 경매대상 부동산이 동일성을 상실할 정도로 멸실된 경우

경매대상의 부동산이 동일성을 상실할 정도로 멸실된 경우는 경매가 취소된다. 법원에서 감정을 하는데, 감정 결과에 따라 사실관계가 밝혀지면 채권자에게 경매신청취하를 하도록 보정을 한다.

만일 채권자가 응하지 않으면 경매개시결정을 취소하고 경매신청을 기각한다.

사례 103 경매절차에서 매각물건명세서가 하자인 경우

● 상황

홍길동이 甲소유의 주택을 경매절차에서 매수하고자 매각물건명세서를 열람하였는데, 임차인 乙의 주민등록전입에 관하여 '미상'으로 기재되어 있다. 이 경우 위 주택을 경매절차에서 매수하여도 문제가 없는가?

● 해결 방안

매각물건명세서만 믿고 경매절차에서 매수를 하였는데, 가령 선순위임차인 기재가 누락되어, 매수인에게 예측하지 못한 손해가 발생한 경우 구제받을 수 있을지가 문제된다.

법원은 경매개시결정을 한 뒤에 집행관에게 부동산의 현상, 점유관계, 차임 또는 보증금의 액수, 그 밖의 현황에 대하여 조사하도록 명하는데(민사집행법 제85조), 매각법원은 매각물건명세서를 작성하여야 한다(민사집행법 제105조). 판례에 의하면 민사집행법 제85조 및 제105조의 취지는 입찰대상 부동산의 현황을 되도록 정확히 파악하여 일반인에게 그 현황과 권리관계를 공시함으로써 매수희망자가 입찰대상물건에 필요한 정보를 쉽게 얻을 수 있게 하여 예측하지 못한 손해를 방지하고자 함에 있고, 선순위임차인의 주민등록에 대한 기재가 누락된 임대차조사보고서 및 매각물건명세서의 하자는 낙찰불허가사유가 된다고 판시하고 있다(대판 95마1197).

따라서 乙의 주택임차권이 대항력이 없다는 판단 아래, 위 주택을 경매절차에서 매수하였는데, 대항력 있는 주택임차권이 있는 것으로 밝혀진다면 홍길동의 매수가격의 신고 후 매각허가결정이 있기 전에는 매각불허가신청을 하여 구제받아야 할 것이고, 매각허가결정이 있은 후 대금납부 이전까지는 매각허가결정의 취소신청을 할 수 있을 것이다(대판 98마1031).

그러나 매각대금 납부 뒤에는 매수인은 소유권을 취득하게 되므로, 구체적 사정에 따라 채무자의 손해배상책임은 변론으로 하고, 매각불허가신청 또는 매각허가결정취소를 구할 수 없다고 보아야 한다(대판 2002다70075).

12. 종중재산은 조심해야 한다

1) 의의
종중재산은 종중이 소유한 매장·제사용의 토지·건물·제비의 재원인 전답이나 임야, 위토와 종산 등의 재산을 말한다.

종중재산은 종중인 사회단체의 목적을 위한 재산이므로, 그 권리는 종중에 귀속된다. 종중재산은 권리능력 없는 사단으로 종원 각자를 그 권리의 주체로 하게 된다. 따라서 종원 각자가 그 지분비례에 따라 사용·수익할 수 있다. 종중재산은 민법 제275조에서 총유로 규정하고 있는데, 이 지분의 분할과 양도는 종회의 결의에 의하여야 한다(민법 제276조).

2) 종중재산 처분이 무효인 경우
판례에 의하면 종중 소유의 재산은 종중원의 총유에 속하는 것이므로 그 관리 및 처분에 관하여 먼저 종중규약에 정하는 바가 있으면 이에 따라야 하고, 그 점에 관한 종중규약이 없으면 종중총회의 결의에 의하여야 하므로, 비록 종중대표자에 의한 종중재산의 처분이라고 하더라도 그러한 절차를 거치지 아니한 채 한 행위는 무효이고, 이러한 법리는 종중이 타인에게 속하는 권리를 처분하는 경우에도 적용된다(대판 96다18656).

종중 소유의 재산은 종중 총유에 속하는 것이므로 그 관리 및 처분에 관하여 먼저 종중규약에 정하는 바가 있으면 이에 따라야 하고, 종중규약이 없으면 종중 총회의 결의를 거쳐야만 처분할 수 있음에도 종중재산의 처분에 관한 적법한 총회결의나 이사회의 위임결의 또는 그와 같은 내용의 종중회칙의 변경 없이 종중회장이 종중이사회를 개최하여 임의로 이사회를 구성하고, 종중재산의 처분을 이사회결의만으로 가능하도록 임의로 정관을 변경하여, 이에 따라 개최한 이사회에서 종중재산의 처분을 결의한 후 종중재산을 처분한 경우, 그 종중재산의 처분은 무효이다(대판 2000다 22881).

3) 입찰 시 주의사항

종중재산은 잔금을 납부하였어도 소유권을 잃을 수 있다. 종중소유의 재산에 대하여 입찰에 참여하고자 하는 경우 종중총회의 재산매각에 대한 의사결정회의록이 첨부되었는지 반드시 확인하여야 한다.

금융기관은 종중재산의 부동산에 대한 종중총회의 서명, 날인이 있어야 근저당권 설정이 가능하다. 따라서 금융기관은 신뢰성이 있지만, 개인이 채권자일 경우는 의심해 볼 여지가 있다.

13. 학교법인, 사회복지법인, 의료법인, 종교법인은 특히 주의해야 한다

1) 의의

학교법인, 사회복지법인, 의료법인, 전통사찰에서 부동산을 매도, 증여, 임대, 교환, 담보제공, 경매할 때는 별도의 허가를 받아야 한다. 이와 같은 행위는 법인의 종류에 따라 허가권자와 절차는 다르지만, 그 효력은 같다.

특히 경매절차에서 주무관청의 허가가 있어야 낙찰허가가 난다. 따라서 입찰 시에 반드시 주무관청의 허가서가 제출되었는지를 확인하여야 한다.

이러한 특수법인이 소유한 부동산이 경매가 진행되는 경우, 최고가매수신고인은 부동산을 취득하는 허가를 받아야 한다.

만일 허가를 받지 못하면 경매법원은 매각불허가결정을 내리게 된다. 허가를 받지 않는 한 해당 부동산을 낙찰받아도 소유권을 가져올 수가 없다.

문제는 처분허가를 신청하는 권한이 소유자인 특수법인에 있기 때문에, 낙찰자는 사실상 매각불허가결정을 막을 방법이 없다.

판례에 의하면 담보제공에 관한 보건사회부장관의 허가를 받았을 경우에 저당권의 실행으로 경락될 때에 다시 그 허가를 필요로 한다고 해석되지 아니하는 이치에서 이 사건과 같은 경락의 경우에도 별도의 허가를 필요로 하지 않는다(대판 65마 1166).

그러나 담보로 제공하도록 허가를 받았더라도 경매 절차가 그 담보권에 의해 개시된 것이 아니라 집행권원에 의하여 강제경매가 진행되었다면 따로 허가를 받아야 한다(대판 77다1476).

다만 낙찰대금이 모두 근저당권자에게 배당되어 근저당권이 소멸되었다면,

그 근저당권에 의한 임의경매와 구별할 이유가 없다고 볼 수 있기 때문에, 근저당권자의 실행으로 경락될 때에 다시 별도의 허가가 필요하지 않다(대판 93다 2094).

2) 특수법인
① 학교법인
사립학교법 제28조 제1항에 의하면 학교법인이 그 기본재산에 대하여 매도·증여·교환·용도변경하거나 담보로 제공하려는 경우 또는 의무를 부담하거나 권리를 포기하려는 경우에는 관할청의 허가를 받아야 한다.

판례에 의하면 학교법인이 그 기본재산을 매도, 증여, 임대, 교환 또는 용도변경하거나 담보에 제공하고자 할 때 또는 의무의 부담이나 권리의 포기를 하고자 할 때에는 감독청의 허가를 받아야 한다고 규정하고 있으므로, 학교법인이 그 의사에 의하여 기본재산을 양도하는 경우뿐만 아니라 강제경매절차에 의하여 양도되는 경우에도 감독청의 허가가 없다면, 그 양도행위가 금지된다고 할 것이고, 따라서 학교법인의 기본재산이 감독청의 허가 없이 강제경매절차에 의하여 경락되어 이에 관하여 경락을 원인으로 하여 경락인명의의 소유권이전등기가 경료되었다 하더라도 그 등기는 적법한 원인을 결여한 등기로 효력이 없다(대판 93다 42993).

또한 학교법인이 학교교육에 직접 사용되는 교지 등의 재산은 매도 또는 담보에 제공할 수 없도록 규정하고 있어 이러한 재산은 강제집행의 대상이 되지 않는다(대판 96누4947).

따라서 감독청의 허가가 없었다면 설령 소유권이전등기가 경료되었다 하더라고 무효가 될 수 있으니 조심하여야 한다.

② 사회복지법인
사회복지사업법 제23조 제3항에 의하면 매도·증여·교환·임대·담보제공 또는 용도변경을 하려는 경우 시·도시사의 허가를 받아야 한다.
따라서 감독청의 허가가 없었다면 설령 소유권이전등기가 경료되었다 하더라고 무효가 될 수 있으니 조심하여야 한다.

③ 의료법인
의료법 제48조 제3항에 의하면 의료법인이 재산을 처분하는 경우는 시·도지사의 허가를 받아야 한다.
따라서 시·도지사의 허가가 없었다면 설령 소유권이전등기가 경료되었다 하더라고 무효가 될 수 있으니 조심하여야 한다.

④ 종교법인
전통사찰의 보존 및 지원에 관한 법률에 의하여 사찰을 양도하려면, 사찰이 속한 단체 대표자의 승인서를 첨부하여 문화체육부장관의 허가를 받아야 한다. 또한 전통사찰의 주지는 동산 또는 부동산을 대여하거나 담보로 제공하려면, 사찰이 속한 단체 대표자의 승인서를 첨부하여 시·도지사의 허가를 받아야 한다.
따라서 관할관청 및 시·도지사의 허가가 없었다면 설령 소유권이전등기가 경료되었다 하더라고 무효가 될 수 있으니 조심하여야 한다.

3) 특수법인 입찰 시 주의사항
특수법인에 대하여 입찰 시는 원칙적으로 처분허가서를 받을 수 있는지 입찰 전에 확인하여야 한다.
특수법인에 대하여 허가를 받지 않고 낙찰을 받았다면, 이는 민사집행법 제

121조 제2호의 '최고가매수신고인이 부동산을 매수할 능력이나 자격이 없는 때'에 해당되어 입찰은 무효가 된다. 다만 낙찰자는 보증금을 되돌려 받을 수 있다.

하지만 매각물건명세서에 특별매각조건이나 주의사항을 잘 확인하여야 한다. 특별매각조건에서 매각 시 허가가 필요하다고 되어 있고, 매각물건명세서에 기재가 되어 있다면, 매각으로 인한 '소유권이전승낙서'를 매각결정일까지 경매법원에 제출하여야 한다. 만일 이를 간과하고 낙찰을 받은 경우는 보증금을 되돌려 받을 수 없다.

투자에서 제일 중요한 것은 무엇보다도 투자금을 잃지 않는 것이다. 이는 수익보다 더 중요하다고 생각한다.

학교법인, 사회복지법인, 의료법인, 종교법인, 장학재단법인인 경우는 특히 주의를 해야 한다.

이러한 법인의 부동산이 경매에 나오면 주무관청의 허가서가 첨부되었는지 반드시 확인을 하여야 한다. 만약에 첨부되지 않았다면 채무자 겸 소유자를 통하여 관할청에 소유권이전승낙서를 신청하여 허가를 받아서 낙찰자에게 주면, 이를 매각결정기일까지 경매법원에 제출하여야 한다.

하지만 매각일로부터 매각결정일까지 1주일 정도의 시간이 걸리는데, 현실적으로 받아내기가 어렵다고 본다.

이와 같이 기한 내 제출하지 않으면 관계 법률에 따라서 매각결정이 불허가 되고 입찰보증금은 몰수되어 돌려받을 수 없는 상황이 발생한다.

따라서 특수법인에 입찰하고자 할 경우엔 소속법인 이사회의 처분(설정)행위가 있었는지 잘 살펴보고 대응을 하여야 한다.

14. 산업단지 내 산업용지 또는 공장 취득

1) 의의
산업단지 내의 산업용지 또는 공장을 경매로 취득하는 경우에 영위하고자 하는 업종이 산업단지 내 입주 가능한 업종이어야 입주계약체결이 가능하다.

2) 입찰 전 허가 여부 확인
산업집적활성화 및 공장설립에 관한 법률 제40조에는, 경매나 그 밖의 법률에 따라 입주기업체의 산업용지 또는 공장 등을 취득한 자가 그 취득한 날부터 산업통상자원부령으로 정하는 기간 내에 입주계약을 체결하지 못한 경우에는 그 기간이 지난 날부터 산업통상자원부령으로 정하는 기간 내에 이를 제3자에게 양도하여야 한다.

3) 입찰 시 주의사항
입찰 전에 관리기관에 업종에 대한 허가 여부가 가능하고 입주계약체결이 가능한지 여부를 반드시 확인하여야 한다.
미리 확인하지 않아 후일에 허가가 나지 않을 경우 잔금을 미납하는 경우가 있다. 이렇게 되면 입찰보증금이 몰수되는 안타까운 상황에 놓이게 된다.

15. 경매절차에서 상계신청은 가능하다

1) 상계

상계란 채권자와 채무자가 서로 동종의 채권, 채무를 가지는 경우에 당사자의 일방적 의사표시에 의하여 그 채권, 채무를 대등액에서 소멸시키는 것을 말한다.

상계는 채권자와 채무자가 서로 청구하고 이행하는 번거로움을 덜고, 어느 일방이 파산 등 자력이 악화된 경우에, 다른 일방이 불이익을 입는 불공평한 결과를 방지하는 담보작용을 한다.

상계에 있어서 상계를 하는 자의 채권을 자동채권 또는 능동채권이라 하고 상계를 당하는 자의 채권을 수동채권이라 한다.

상계가 유효하기 위해서는 채권, 채무가 상계적상(민법 제492조)에 있어야 한다. 즉 자동채권과 수동채권은 상계자와 피상계자 사이의 채권이어야 하고, 상계되는 양 채권은 동종의 목적을 가져야 하고, 자동채권은 반드시 변제기에 있어야 하고, 채권의 성질이 상계를 허용하는 것이어야 한다.

2) 법원경매에서 상계

법원경매에서 낙찰자가 채권자 또는 배당요구권자인 경우 자신의 배당금액과 매각대금과 상계할 것을 법원에 신청하는 것을 의미한다.

상계신청은 임차인 등 채권자가 경매 절차에서 낙찰자가 된 경우, 법원에 신고해서 배당받아야 할 금액을 제외한 나머지 대금만을 낙찰금액으로 낼 수 있도록 하는 제도이다.

상계신청이 받아들여지면 배당금액만큼의 매각대금지급의무를 면할 수 있다.

상계신청은 채권액 또는 배당요구액이 매각대금액보다 많은 경우에 할 수 있으며, 채권액이 매각대금액보다 적은 경우 차액을 납부해야 한다.

다만 상계할 낙찰자의 채권에 대하여 이의 있는 이해관계인이 있는 때에는 이에 상당한 대금을 지급하거나 담보를 제공하여야 한다. 법원은 채권자 또는 배당요구권자가 낙찰자인 때에는 대금지급이 확실하고 또한 상계의 기회를 주는 차원에서 매각대금지급기일과 배당기일을 동일한 일시에 지정하고 있다.

3) 상계신청 절차

민사집행법 제143조 제2항에 따라 채권자가 매수인인 경우 매각결정기일이 끝날 때까지 법원에 상계신청하고 배당받아야 할 금액을 제외한 대금을 배당기일에 낼 수 있다.

① 매각기일에 경매집행법원에 출석하여 입찰가격을 지정해 최고하여야 한다.
② 상계신청 채권자가 매수인인 경우에는 매각결정기일이 끝날 때까지 법원에 상계신청서를 제출해야 한다.

일반적으로 매각일에 낙찰됐다면 낙찰 후 바로 신고하는 것이 좋다. 이후 법원 경매계에 '채권상계신청서'를 직접 또는 등기우편을 통해 접수하고, 담당자에게 확인해야 한다.

만일 상계신청을 했는데도 불구하고 법원이 대금지급기한을 정했다면 매수인은 법원의 대금지급기한 지정 결정에 대한 집행에 이의를 제기할 수 있다.

상계신청은 10일 정도 이후에 법원경매담당자에게 상계신청 허가 여부를 확인한다. 매수인은 대법원사이트 혹은 법원우편물 등을 통해 확인할 수 있다. 상계신청이 허가되면 입찰일로부터 한두 달 내에 잔금 및 배당기일이 지정된다. 배당일 3일 전에 매수인이 납부할 금액이 정확하게 계산된다.

일반적으로 민사집행법 제143조 제2항과 같이 배당받아야 할 금액을 제외한 대금을 배당기일에 내면 된다.

그런데 다른 배당채권자들 또는 소유자가 배당기일 당일 법정에서 배당이의를 제기한다면, 임차인이 상계 신청한 배당받을 금액을 포함하여 전액 모두 잔금을 배당 당일에 납부해야 한다.

또한 배당에 대하여 이의(민사집행법 제154조)자가 있는 경우는 1주 이내에 '배당이의의 소'를 제기하여 해당 경매계에 접수증명원을 제출하여야 한다.

만일 상계신청자가 잔금을 납부기일까지 납부하지 못하면, 바로 다시 재경매로 들어가고 입찰보증금은 배당금에 편입되니 매우 주의가 필요하다.

16. 지분경매의 공유자매수청구권 행사는 가능하다

1) 의의

공유자우선매수청구권은 부동산경매물건의 일부 지분이 경매로 나왔을 때 다른 공유자가 해당 경매물건에 대하여 우선매수를 할 수 있도록 허용하는 제도이다. 민사집행법 제140조에서 공유자는 매각기일까지 보증을 제공하고, 최고매수신고가격과 같은 가격으로, 채무자의 지분을 우선매수 하겠다는 신고를 할 수 있다. 이 경우에 법원은 최고가 매수신고가 있더라도 그 공유자에게 매각을 허가하여야 한다.

공유자가 우선매수신고를 한 경우에는 최고가매수신고인은 차순위매수신고인으로 본다.

따라서 매각물건명세서에 특별매각조건으로 비고란에서 공유자우선매수신고를 확인할 수 있다. 단, 공유자우선매수신고는 1회에 한해서만 허용하고 있다.

2) 공유자우선매수신고 행사기한

공유자가 우선매수권을 행사할 수 있는 기한은 매각기일까지이다. 즉, 매각의 종결을 선언하기 전까지 행사를 하여야 한다.

따라서 입찰마감시간이 지나지 않았더라도 매각기일의 종결을 선언한 다음에는 공유자우선매수권을 행사할 수 없다.

3) 공유자우선매수신고 사례

甲과 乙은 토지의 공유자이고, 甲토지 전체가 경매에 부쳐진 경우, 공유자 중 한 사람인 甲은 우선매수권을 행사할 수 없다.

전체면적 1000 m²	
甲 700 m²	乙 300 m²

공유자에게 우선매수권을 인정하는 것은 공유물지분에 대한 경매에 한한다. 따라서 甲은 우선매수권을 행사할 수 없으나 乙은 공유자우선매수권 청구가 가능하다.

또한 만일 공유자 중 한 사람이 공유물분할청구소송을 통하여 경매가 진행되는데, 이 경우에도 공유물지분에 대한 경매가 아니라 공유물 전체를 경매에 붙여, 그 매매대금을 가지고 분배하는 것으로 공유자우선매수권이 인정되지 않는다.

공유물분할청구소송 시 그 결과 토지는 분할이 가능하나 건물은 현실적으로 분할이 불가능하다.

따라서 건물인 경우는 공유물 전부를 경매신청하여 자신의 지분만큼 환가대금으로 변제를 받는다.

4) 입찰시 주의 사항

지분경매는 일반 경매 부동산에 비하여 대체적으로 유찰 횟수가 많아 큰 수익을 기대하여 볼 수 있으나, 공유자가 우선매수신고를 하게 되면 입찰자 입장에서 불안전한 지위에 놓이게 된다.

공유자우선매수청구권 행사는 매각결정 직전까지 가능하다. 따라서 입찰장에서 매각 당일 예상하지 못한 우선매수신고가 있게 되면 무용지물이 되므로 신중히 분석하고 판단하여야 한다.

17. 물건을 낙찰받았는데, 경매취하 또는 취소, 정지가 될 수 있다

1) 의의

경매절차의 매각기일에서 최고가매수인이 되었다 하여도, 낙찰 후 소유권이 전등기 때까지 여러 상황 변수가 생길 수 있다

강제경매나 임의경매의 매각기일에서 최고가매수신고인이 결정되기 전에 채권자가 전부 변제받거나 채무변제를 유예하여 주기로 합의를 한 경우에 경매신청권자는 경매를 취하할 수 있다.

또한 이해관계인이 대위변제를 하여 주고 '제3자 이의의 청구의 소'를 제기하고 경매를 취하할 수도 있다.

취하는 매각기일까지는 언제나 가능하나 최고가매수신고인이 결정되었다면 반드시 최고가매수신고인의 동의가 필요하다.

하지만 채무자의 입장에서 최고가매수신고인의 동의를 못 받으면 경매신청에 대하여 취소를 하여야 한다.

그리고 경매신청권자에게 남을 가망이 없는 경우에 법원은 직권으로 취하하기도 한다.

2) 경매 취하 및 취소 시기

취하는 매각기일에서 최고가매수신고인이 결정되기 전에 채무자가 전부 변제하거나 채무변제를 유예받았다면 언제든지 경매를 취하할 수 있다.

하지만 최고가매수신고인이 결정되었다면 반드시 최고가매수신고인(차순위매수신고인이 있을 경우 포함)의 동의가 있어야 취하가 될 수 있다.

그러나 최고가매수신고인이 잔금을 납부하면 소유권이 넘어간다. 따라서 최고가매수신고인이 동의를 하여 주지 않으면 이때는 경매 자체를 취소시켜야 한다.

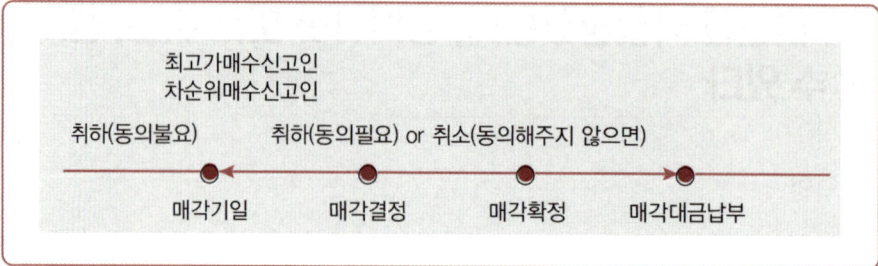

법원에서 경매절차를 취소하면 취소결정을 채권자와 채무자에게 고지한다. 취소는 이미 발생한 법률행위가 없었던 것으로 청구한 금액이 부당하거나 신청 사항이 위법한 경우 판결을 받아서 경매법원에 제출하면 경매절차를 취소한다.

3) 경매 취하 및 취소 방법

○ 관할 법원 및 취소 절차

[소제기 관할법원]
청구이의의 소제기 → 소제기접수증명원발급 → 집행정지신청 → 강제집행정지결정문발급 →

[경매법원]
경매집행정지신청 → 승소판결문제출 → 강제경매개시결정등기 말소 → 경매취소

① 경매취하

경매취하는 '청구이의의 소'를 제기하고 소제기접수증명원을 발급받아 첨부하여, 법원에 집행정지신청을 하여 강제집행정지결정문을 발급받아 경매법원에 제출하면 경매절차는 정지된다. 이때 법원은 낙찰자의 대금납부를 받지 않는

다. 이후 승소판결문을 제출하면 경매절차는 원인이 없어져 취하된다.

② 경매취소

민사집행법 제96조 제2항에 의거 경매취소는 매수인이 매각대금을 납부하기 전까지 할 수 있는데, 매수인의 동의 여부와 상관없이 채무변제 후 청구이의의 소를 제기하여 경매 자체를 취소시키는 것이다.
또한 매수인이 입찰을 잘못하였을 때 불허가신청을 하다가 받아들이지 않는 경우, 취소를 통해 보증금을 돌려받는 경우도 있다.
경매절차에서 매각허가결정이 된 후라도 매수인이 매각대금을 납부하기 전까지 경매법원은 경매절차의 일시정지를 명하는 결정정본이 제출된 경우 경매절차의 진행을 정지하여야 한다.
또한 강제집행을 허가하지 아니한다는 취지의 집행력 있는 판결정본이 제출된 경우에는 이미 실시한 집행처분을 취소하고 경매개시결정도 취소하게 된다.

가. 강제경매

강제경매의 경우 채무의 변제 등의 실체상 사유는 경매개시결정에 대한 이의 사유가 되지 못하기 때문에 경매개시결정에 대한 이의로는 경매절차의 정지나 취소를 할 수 없다.
따라서 경매를 취소하기 위해서는 채무를 변제하거나 법원에 변제공탁한 후 '청구이의의 소'를 제기하여 소제기접수증명원을 발급받아 첨부하여 집행정지신청을 한다.
그러면 법원으로부터 '강제집행정지결정'을 부여하는데, 강제집행정지결정문을 첨부하여 경매법원에 집행정지신청을 한다.
이후, 청구이의의 소에서 승소한 판결문을 받아서 경매법원에 제출한다. 그러면 경매법원은 직권으로 등기소에 촉탁명령을 하여 강제경매개시결정등기를 말소하고 경매절차를 취소시킨다.

나. 임의경매

임의경매의 취소는 채무자가 채무를 변제한 후 근저당권말소등기에 필요한 서류를 받아서 근저당권을 말소한 후, 말소된 등기사항전부증명서를 첨부하여 경매개시결정에 대한 이의신청서를 제출한다. 또한 동시에 경매절차정지신청서를 제출한다.

이후에 법원으로부터 강제집행정지결정문을 발급받아 경매법원에 제출하면 경매절차가 정지된다.

경매개시결정에 대한 이의신청을 받은 법원은 채권자와 채무자를 심문한 후에, 그 결과를 경매법원에 제출한다.

그러면 경매법원은 직권으로 등기소에 촉탁명령을 하여 임의경매개시결정등기를 말소하고 경매절차를 취소시킨다.

4) 주의사항

경매개시결정에 대한 '청구이의의 소'를 법원에 제기하였다는 사실만으로는 경매절차를 정지할 수 없다. 소송이 진행되는 동안 경매절차는 진행된다.

따라서 경매절차가 진행되는 것을 막기 위해서 '청구이의의 소'를 관할하는 법원과 경매법원은 재판부가 다르기 때문에, 소를 제기하고 반드시 경매법원에 강제집행정지결정문을 첨부하여 집행정지신청을 하여야 한다.

판례에 의하면 제1, 2순위의 근저당권 사이에 소유권이전청구권보전의 가등기가 경료된 부동산에 대하여 제2순위 근저당권 실행을 위하여 실시된 경매절차에서 낙찰허가결정이 선고되기 전에 그 근저당권보다 선순위인 가등기에 기한 소유권이전의 본등기가 경료되었다고 하더라도, 경매절차가 그대로 진행되어 낙찰허가결정이 확정되고 낙찰자가 낙찰대금을 완납한 이상 낙찰의 효력은 이를 더 이상 다툴 수 없게 되었는바, 우선순위로서 그때까지 유효하게 존재하고 있던 제1순위 근저당권이 그 낙찰로 인하여 소멸하고 따라서 그보다 후순위인 가등기 및 그에 기한 본등기의 효력도 상실되었으므로, 낙찰대금의 완납 후에 제기된 가등기 및 그에 기한 소유권이전등기명의인의 경매취소신청은 이유 없다(대판 96마231).

그리고 낙찰자가 매각대금을 납부기일까지 납부를 하면 소유권을 취득하기 때문에 취소를 더 이상 할 수 없다. 또한 경매절차를 진행하기 위하여 채권자가 지급한 경매실행비용을 변제하여야 한다.

18. 임차인은 배당금 수령 시 명도확인서와 인감증명서가 있어야 한다

1) 의의

경매절차가 사실상 종료되고 임차인이 있는 경우 마지막 관문이 명도이다. 배당이 종료되어야 매수자는 완전한 채권행사를 할 수 있다. 즉 배당표가 확정되어야 임차인을 상대로 명도 계획을 세울 수 있다.

임차인이 거주하고 있는 물건이 경매로 넘어가게 되면 대부분의 임차인들은 법원에 권리신고 및 배당을 요구하게 된다.

경매법원에서 낙찰자가 잔금을 납부하면 배당기일을 정하게 된다. 이때 임차인이 배당금을 수령하기 위해서는 매수인에게 임차부동산을 명도하였다는 사실을 입증하기 위한 것이 필요한데, 명도확인서와 인감증명서 1통이 제출되어야 한다.

2) 명도확인서 작성 시 주의 사항

명도확인서에 주소를 기록할 때에는 경매기록에 기재된 주소를 기록해야 하며 주민등록상 주소여야 한다.

또한 매수인과 임차인 간의 협의하에 명도받기 전에 매수인은 명도확인서를 발급해 줄 수 있다.

명도확인서를 작성할 때에는 반드시 다음의 항목들이 들어가야 한다. 즉 사건번호(관리번호), 성명, 주소 및 내용, 매수인 연락처, 도장 날인이 포함되어 있어야 한다.

인적사항은 임차인에 대한 정보이며, 주소에 대한 내용을 작성할 때에는 경매기록에 적혀 있는 주소를 적어야 하고, 주민등록상에서 확인되는 주소여야 한다. 그리고 낙찰자 인감증명서 1통을 받고, 날인한 인감도장과 일치하는지 확인을 하여야 한다.

3) 명도확인서는 낙찰자의 협상카드로 활용한다

위에서 언급하였듯이 임차인이 배당금을 수령하기 위해서는 명도확인서와 인감증명서가 필요한데, 보증금 전액을 배당받지 못하는 후순위임차인의 경우, 매수인에게 일부 보증금을 요구하는 경우라든지 과도한 이사비용을 요구하는 경우가 있을 수 있다.

이 경우에 임차인이 일부라도 배당금을 받기 위해서는 명도확인서와 인감증명서가 필요하기 때문에 협상용으로 잘 활용할 필요가 있다.

가장 좋은 방법은 집을 인도받는 것과 명도확인서를 동시이행으로 하면 된다. 임차인은 배당기일에 참석하여 배당을 받으면 되나, 혹시 배당기일이 지난 경우는 법원에서 공탁을 하여 두게 되는데, 이때는 공탁소를 통하여 수령하면 된다.

그런데, 집을 비워주기 전에 임차인이 먼저 명도확인서를 요구한 경우, 작성하여 주었다가 명도를 하여 주지 않게 되면 낭패가 아닐 수 없다.

협의가 안 되면 결국 인도명령 또는 명도소송을 하여야 하는 문제가 발생할 수도 있다. 결국 신뢰의 문제인데, 가장 좋은 방법은 동시이행으로 하는 것이 유리하다고 본다.

19. 건물을 비워주지 않으면 부동산인도명령과 명도소송을 하라

1) 의의

인도명령은 법원이 경매로 부동산을 취득한 매수인이 대금을 납부한 뒤 6월 이내에 신청하면 채무자·소유자 또는 부동산점유자에 대하여 부동산을 매수인에게 인도하도록 명할 수 있다.

> **민사집행법 제136조**
> ① 법원은 매수인이 대금을 낸 뒤 6월 이내에 신청하면 채무자·소유자 또는 부동산 점유자에 대하여 부동산을 매수인에게 인도하도록 명할 수 있다. 다만, 점유자가 매수인에게 대항할 수 있는 권원에 의하여 점유하고 있는 것으로 인정되는 경우에는 그러하지 아니하다.
> ② 법원은 매수인 또는 채권자가 신청하면 매각허가가 결정된 뒤 인도할 때까지 관리인에게 부동산을 관리하게 할 것을 명할 수 있다.

2) 인도명령 신청권자

인도명령을 신청할 수 있는 자는 매수인, 매수인의 상속인, 승계인만이 할 수 있다.
매수인이나 상속인이 매각대금을 납부한 후에는 소유권이전등기가 경료되기 전에도 할 수 있으나, 매수인이나 상속인을 통하여 매수한 사람은 신청할 수 없다.

부동산인도명령은 집행문을 부여받아야만 집행을 할 수 있지만, 관리를 위한 인도명령은 집행문이 필요 없고, 승계가 있을 경우에는 승계집행문을 받아야 한다.

인도명령을 신청할 때는 매각대금완납증명원과 납부확인증, 기타 증빙서면을 제출하여야 한다.

3) 인도명령 신청 시 특정

인도명령 신청 시 부동산을 특정하여야 하는데, 토지는 지목 및 면적을 기재하고, 건물은 지번, 층수, 건물구조, 용도, 건축면적 등을 자세히 기록한다.

또한 집합건물인 아파트, 연립, 다세대 등 전유부분이 있는 공동주택의 경우 1동의 건물의 표시와 전유부분의 표시를 자세히 기재하여야 한다.

그리고 토지 및 건물의 일부 등에 대한 인도와 철거 등의 경우에는 방위와 거리, 척도 등으로 그 부분을 특정하는 도면을 첨부한다.

또한 무허가건물인 경우는 목적물의 구조, 층수, 면적 등 건물의 현황을 자세히 표시한다.

4) 집행정지 및 즉시항고

채무자는 인도명령에 대하여 불복할 경우, 7일 이내에 즉시항고를 할 수 있는데, 즉시항고는 집행정지의 효력을 가지지 아니한다. 다만, 항고법원은 즉시항고에 대한 결정이 있을 때까지 담보를 제공하게 하거나, 담보를 제공하게 하지 아니하고 원심재판의 집행을 정지하거나 집행절차의 전부 또는 일부를 정지하도록 명할 수 있고, 담보를 제공하게 하고 그 집행을 계속하도록 명할 수 있다(민사집행법 제15조 제6항).

또한 인도명령이 확정된 때에는 인도명령의 상대방은 '청구에 관한 이의의 소'를 제기할 수 있고, 상대방이 아닌 제3자가 인도집행을 받게 된 경우는 '제3자

이의의 소'를 제기할 수 있는데, 이 경우는 민사집행법 제46조의 잠정처분을 받아 집행관에게 제출하여 그 집행을 정지할 수 있도록 하여야 한다.

5) 입찰 시 주의 사항

잔금을 납부하고 명도를 수월하게 하면 좋겠지만, 명도진행과정에서는 점유자가 원만한 합의를 하여 주지 않는 경우가 있다.

낙찰자의 입장에서는 애를 태울 수 있는데, 이 경우는 '점유이전금지가처분'을 하고 인도명령을 신청한다.

만일 경매를 통하여 부동산을 낙찰받고 대금을 지급한 후 6개월이 경과 되었는데도 점유자가 스스로 집을 비워주지 않으면 낙찰인이 관할법원에 명도소송을 제기한다. 승소 판결을 받으면 강제로 점유자를 내보낼 수 있다.

혹시, 인도명령 대상자 이외의 사람이 해당 부동산을 점유하고 있는 경우에도 명도소송은 가능하다.

따라서 승소 판결을 획득한 후 집행문을 부여받아 강제집행으로 점유자를 내보내고 부동산을 인도받을 수 있다.

20. 가장임차인이 있는 경우 형사고소를 하라

1) 의의

경매절차에서 채무자와 제3자가 통정하여 허위의 임대차계약을 체결하고 제3자가 소액임차인이라고 주장하며 허위의 권리를 신고하고 배당을 요구하는 경우가 있다.

판례에 의하면 채권자가 채무자 소유의 주택에 관하여 채무자와 임대차계약을 체결하고 전입신고를 마친 다음 그곳에 거주하였다고 하더라도, 실제 임대차계약의 주된 목적이 주택을 사용수익하려는 것에 있는 것이 아니고, 실제적으로는 소액임차인으로 보호받아 선순위담보권자에 우선하여 채권을 회수하려는 것에 주된 목적이 있었던 경우에는 그러한 임차인을 주택임대차보호법상 소액임차인으로 보호할 수 없다(대판 2001다 14733).

대항력 있는 임차인이라고 하더라도 허위로 배당을 요구하면 처벌받는다.

2) 형사 책임

경매절차에서 가장임차인을 통하여 다른 채권자들에 우선하여 배당금을 지급받을 목적으로 권리신고 및 배당요구하는 경우는 다음의 형사 책임을 져야 할 수 있다.

① 사기죄

사기죄 요건이 기망행위, 착오, 재산적 처분행위가 있으면 가능하다.

경매절차에서 허위의 권리행사는 기망행위로 본다. 가장임차인을 내세우는 경우는 소액임대차보증금을 최우선변제금으로 받을 목적이다.

만일 허위 신고하게 되면 배당표가 잘못 작성된다. 이렇게 되면 선순위였던 다른 채권자가 후순위로 밀려 배당을 받지 못하게 되는데, 이는 재산상의 이익이 침해되어 사기죄로 볼 수 있다. 배당받지 못하면 사기미수죄, 배당받으면 사기죄가 된다.

② 경매방해죄
대항력 있는 임차인이라고 하더라도, 이 사건 범행과 같이 허위임대차계약서를 작성하여 경매절차에서 권리신고 및 배당요구를 하면, 이로 인하여 그 임차인이 소액보증금을 최우선적으로 배당을 받게 되면, 그만큼 다른 배당권자의 배당받을 권리를 침해하는 결과 배당절차의 공정을 해할 우려가 있게 된다. 이는 경매방해죄가 성립할 수 있다.

③ 강제집행면탈죄
강제집행을 면할 목적으로 허위의 임대차보증금 채무를 부담한 것으로 평가할 수 있다면, 강제집행면탈죄도 성립한다.

3) 허위의 임대차 증명 방법
① 임차인이 실제 그 주택에 거주하지 않는다.
가장임차인이 연고도 없고, 주택과 직장이 상당히 멀거나, 주택에 입주해 살 만한 특별한 이유가 없는 경우 등을 들 수 있다.

② 임대차보증금이 정상적으로 지급되지 않았다.
정상적으로 임차인이 임대인에게 임대차보증금이 지급되지 않았다면, 이는 허위 임대차계약이라고 볼 여지가 있다.

③ 임대차계약이 경매개시 직전 또는 직후에 체결되었다.
경매개시 직전 또는 직후에 임대차계약이 체결되었다는 것은 허위의 가능성이 있다고 보아야 한다.

④ 임차인이 임대인에게 차임을 지급한 사실이 없다.
임대차계약서상 차임 약정이 있음에도 불구하고 임차인이 임대인에게 차임을 지급한 사실이 없고, 임대인이 임차인에게 차임을 독촉한 사실도 없다면, 이는 의심의 여지가 있다고 본다.

21. 경매를 통하여 수익률 계산하는 방법을 알자

1) 의의

낙찰받은 물건을 매매하거나 임대할 경우, 최소 어느 정도 수익률이 나왔는지 경매를 통하여 수익률을 계산하여 보자.
임대수익률 계산은 은행대출이자가 연금리를 기준으로 하기 때문에 통상적으로 연단위로 계산한다.

2) 수익률 계산 양식

다음의 사례를 분석하여 보자.

구 분	산 식	경매 투자 수익률	비 고
감 정 가		300,000,000	
낙찰가격	①	240,000,000	
대출금액	②	168,000,000	낙찰가의 70% 가정
대출이자(%)	③	년 5%	
대출이자(월)	④ = ③ × 이율	700,000	
임대보증금	⑤	20,000,000원, 월100만원	
월 순수익	⑥ = ⑤ - ④	300,000	월세-대출이자
실 투자금	⑦ = ① - ② - ⑤	52,000,000	
연간 임대 수익	⑧ = ⑥ × 12월	3,600,000	
매도가격	⑨	400,000,000	
매매차익	⑩ = ⑨ - ①	160,000,000	
양도세	⑪	96,000,000	양도세율 1~2년 미만 60%

총순수익	⑫ = ⑧ + ⑩ − ⑪	67,600,000	
투자대비수익률	⑬ = ⑫ / ⑦	130%	
임대수익률	④ = ⑧ / ⑦	6.9%	

▶ 기타 취등록세와 인테리어, 명도비는 반영하지 않음.

- 실제투자금 = 낙찰가격−(대출금+임대보증금)
- 월순수익 = 월세×12개월−(대출금×연 금리)
- 매매수익 = 매도가격−낙찰가격−양도세(처분 시 반영)
- 임대수익률 = 월세수익/실제투자금액×100
- 매매수익률 = 매매수익/실제투자금액×100

▶ 대출금이 없다면 제외하고 계산한다.

투자를 할 때 적절한 대출금을 이용하는 것도 좋은 방법이다. 하지만 무리한 대출은 피하는 것이 좋다.

통상적으로 임대수익률이 4% 이상이면 안정적이라고 볼 수 있는데, 위 사례에서 임대수익률 6.9%, 매매 시 총투자수익률이 130%를 나타내어 대단히 훌륭한 투자라고 볼 수 있다.

22. 경매와 공매가 동시에 진행되는 경우 잔금 납부를 우선하는 자가 소유자가 된다.

1) 의의

경매와 공매는 서로 별도로 진행이 된다. 경매와 공매가 동시에 진행되더라도 관련 법률과 집행절차가 다르다.

민사집행법상의 경매와 국세징수법상의 공매에 따라서 진행을 한다. 현재 경매는 기일입찰에 진행하고, 공매는 온비드사이트를 통한 월~수요일 기간입찰로 진행하고 있다.

2) 소유권 취득

가끔 동일한 물건인데 경매와 공매가 따로 따로 진행되는 경우가 있다.

이 중 한 건이라도 먼저 낙찰이 되어 잔금을 납부 후 종결된 상황이라면 소유권 취득에 대해 문제가 없다.

그렇지만 만약 경매와 공매가 동시에 낙찰이 된 경우라면 소유권은 낙찰자 중 잔금 납부를 먼저 한 사람에게 있다.

경매의 경우 잔금을 납부하려면 실무적으로 1주일의 매각결정기간과 1주일의 항고기간(매각확정)이 지나면 납부가 가능하지만, 공매의 경우 매각결정 후 다음날 납부가 가능하다.

다시 말해, 경매의 잔금 납부 기한은 낙찰 → 매각결정(1주일 후) → 매각확정(1주일 후, 항고기간) → 대금지급기한통지(대략 30일 정도)로서 이때, 언제든지 납부가 가능하다.

공매는 3000만 원 미만인 경우는 7일 이내, 3000만 원 이상인 경우는 30일

내 납부해야 하는데, 매각결정 후 언제든지 납부가 가능하다.
경매와 공매의 잔금 납부 기한은 서로 다르지만 동시에 낙찰이 된 경우 잔금을 납부기한에 상관없이 최대한 빨리 납부해야 소유권을 취득할 수 있다.
만일, 경매가 먼저 낙찰이 되더라도, 공매에서 1주일 이내에 낙찰이 된다면 공매 매수인이 1주일 정도의 차이가 있어서 유리할 수 있다.

3) 채권자의 권리신고 및 배당요구

동일한 물건에 경매, 공매가 서로 다르게 진행되는 경우 언제 낙찰이 될지 모르기 때문에 임차인 및 채권자들은 각각 권리신고 및 배당요구를 해야 한다.
경매와 공매에서 낙찰자가 먼저 매각대금을 납부한 경우 경매 또는 공매낙찰자의 보증금은 반환이 된다.
만일 경매로 소유권이 이전된 경우 역시 공매가 해제된 것으로 표시되며 공매절차가 종결되고 또한 공매로 소유권 이전이 된 경우 공매집행기관은 경매법원 경매중지요청서를 보내게 되며 해당 경매는 기각 처리된다.

				부동산 공매절차 공고 등기	

순위번호	등기목적	접 수	등기원인	권리자 및 기타사항

1	소유권보존	2019년2월28일
		제22808호
				공유자
				지분 100분의 30
				이 1111-*******
				경기도 성남시 분당구 중앙공원로 17,
				  동 호 (서현동,한양아파트)
				지분 100분의 20
				       0115-*******
				서울특별시 강남구 선릉로 221, 동
				호 (도곡동,도곡렉슬아파트)
				지분 100분의 25
				이 1005-*******
				경기도 성남시 분당구 불정로 361, 동
				호 (서현동,효자촌)
				지분 100분의 25
				       0820-*******
				서울특별시 송파구 오금로32길 14, 동
				  (송파동,송파삼성래미안아파트)

2	공유자전원지분전부 이전	2019년9월2일 제92465호	2019년2월1일 매매	소유자 0107-******* 광주광역시 남구 월산로 (월산동)
3	압류	2020년1월30일 제14096호	2020년1월30일 압류(체납징세 과-티1399)	권리자 국 처분청 광주세무서장
3-1	공매공고	2021년7월28일 제105480호	2021년7월28일 공매공고(한국 자산관리공사 2021-07457-143)	
4	가압류	2021년2월23일 제22434호	2021년2월23일 서울중앙지방법 원의 가압류 결정(2021카단3	청구금액 금63,339,736 원 채권자 주식회사신한은행 110111-0012809 서울특별시 중구 세종대로9길 20 (태평로2가)

순위번호	등기목적	접 수	등기원인	권리자 및 기타사항
			0446)	(여신관리부)
5	압류	2021년5월3일 제60375호	2021년5월3일 압류(세무과-44 57)	권리자 과천시 3121
6	강제경매개시결정	2021년10월15일 제140433호	2021년10월15일 수원지방법원 안양지원의 강제경매개시결 정(2021타경179 8)	채권자 0611-******* 과천시 부림4길 45, 호 (부림동)

실전사례 103가지로 파헤치는
부동산 경매와 권리분석 완전정복

개정증보2판 1쇄 인쇄 2023년 03월 10일
개정증보2판 1쇄 발행 2023년 03월 17일
지은이 이충호
펴낸이 노소영
펴낸곳 도서출판 마지원
등록번호 제559-2016-000004
전화 031)855-7995
팩스 02)2602-7995
주소 서울 강서구 마곡중앙로 171
메일 editgarden@naver.com
블로그 http://blog.naver.com/wolsongbook
ISBN 979-11-92534-07-7 13320

정가 23,000원

* 잘못된 책은 구입한 서점에서 교환해 드립니다.
* 이 책에 실린 모든 내용 및 편집구성의 저작권은 도서출판 마지원에 있습니다.
  저자와 출판사의 허락 없이 복제하거나 다른 매체에 옮겨 실을 수 없습니다.